ELLI H. RADINGER

DAS GESCHENK
DER WILDNIS

ELLI H. RADINGER

DAS GESCHENK
DER WILDNIS

Freiheit, Gelassenheit, Mut, Dankbarkeit
Wie die Natur jedem das gibt,
was er braucht

LUDWIG

Sollte diese Publikation Links auf Webseiten Dritter enthalten,
so übernehmen wir für deren Inhalte keine Haftung,
da wir uns diese nicht zu eigen machen, sondern lediglich
auf deren Stand zum Zeitpunkt der Erstveröffentlichung verweisen.

Verlagsgruppe Random House FSC® N001967

Originalausgabe 09/2020

Copyright © 2018 by Ludwig Verlag, München,
in der Verlagsgruppe Random House GmbH,
Neumarkter Straße 28, 81673 München
Redaktion: Ulrike Strerath-Bolz
Umschlaggestaltung:
Eisele Grafik Design, München,
unter Verwendung der Fotos von
© Mauritius Images (Bernd Römmelt, Westend61) auf dem Cover und
© Mauritius Images (Westend61/Fotofeeling) auf der Rückseite
Satz: Leingärtner, Nabburg
Druck und Bindung: Pustet, Regensburg
Printed in Germany
ISBN: 978-3-453-28122-6

www.Ludwig-Verlag.de

Schau ganz tief in die Natur,
und dann verstehst du alles besser.

Albert Einstein

INHALT

DIE GROSSE SEHNSUCHT	11
IN DIE WILDNIS	17
IM WOLFSREVIER	37
AUF DER SPUR DER GRIZZLYS	59
LAND DER BISONS	83
MEINE LIEBLINGE, DIE KOJOTEN	103
WALE UND ADLER	125
STILLE TAGE IM GRAND CANYON	151
BEGEGNUNGEN IM NAVAJO-LAND	177
AM WALDEN POND	197
DIE GROSSE STILLE	221
DUNKELHEIT UND STERNE	239
SAGT DEN WÖLFEN, ICH BIN ZU HAUSE	257
DANKE	263
ANMERKUNGEN, QUELLEN, LESETIPPS	265
BILDNACHWEIS	271

DIE GROSSE SEHNSUCHT

Plötzlich ist sie wieder da. Sie überfällt mich mitten im Alltag und reißt mich aus der Sicherheit meines perfekten Lebens heraus. Sie treibt mir Tränen in die Augen und schickt ein heißes Brennen in mein Herz. Ich will sie nicht, nicht jetzt, aber sie lässt sich nicht vertreiben: die Sehnsucht. Besonders heute, wo der erste Schnee fällt, beginnen meine Gedanken zu wandern. Zu einer Blockhütte in Montana, einem kristallklaren Morgen und dieser alles umfassenden Stille. Zu meinem Wildnisleben.

Ich leide unter einem Virus: dem Wildnisvirus. Hat man sich einmal angesteckt, wird man ihn ein Leben lang nicht mehr los. Er bricht zu den unpassendsten Momenten aus. Wenn ich einen Manuskriptabgabetermin einhalten oder eine Lesereise vorbereiten muss, zum Beispiel. Lass mich in Ruhe, rufe ich ihm zu. Ich hab keine Zeit für dich. Später!

Aber die Sehnsucht lässt sich nicht zurückweisen. Sie meldet sich, wann es ihr passt. War es das Knirschen des Eises auf zugefrorenen Pfützen beim morgendlichen Hundespaziergang? Oder die Schneeflocken, die auf der Nase meiner Hündin liegen blieben? Vielleicht war es das heisere »Kra« des Kolkraben, der auf einem Baum neben mir landete. Ich schließe kurz die Augen. Erinnerungen.

Ich schüttele den Kopf, als wollte ich einen Albtraum vertreiben. Aber es ist kein Albtraum. Es ist ein Traum, den ich gelebt habe. Viele Male. Es sind die Rückblicke auf mein Leben in den Wäldern von Minnesota, im Busch von Alaska oder in der Leere der Wüste von Arizona. Die Sehnsucht danach lässt mich nicht mehr los. In solchen Momenten möchte ich alles hinter mir lassen und wieder aufbrechen, dem Ruf der Wildnis folgen. Raus aus meinem bequemen Leben, zurück in die Einsamkeit und Kälte, die Stille.

Die Magie der Wildnis hat mich vor vielen Jahren gepackt und mich süchtig gemacht. Nun bin ich traurig, weil ich sie loslassen musste und vermisse. Gleichzeitig empfinde ich ein tiefes Glücksgefühl und eine große Dankbarkeit für die Zeit, die ich mit ihr verbracht habe. Mein Leben in unberührter Natur war – und ist – ein Geschenk.

Es gibt Geschenke, die wünscht man sich so sehr, dass man sie ganz oben auf die Wunschliste setzt. Andere sind wie Omas gestrickte Socken, die man nicht so recht will, weil sie immer ein wenig kratzen, für deren Wärme man jedoch in kalten Zeiten unendlich dankbar ist. Bei manchen Geschenken hat man Angst, sie auszupacken, weil man den Schmerz ahnt, der damit verbunden ist. Beides, Glück und Wärme auf der einen Seite und Angst auf der anderen, bestimmt mein Verhältnis zur Wildnis. All dies *ist* meine Wildnis.

Wie bei allem, was wir zu verdrängen versuchen, kommen wir gegen unsere tiefsten Sehnsüchte nicht an. Es ist sinnlos, sie beiseitezuschieben. Ich kenne das. Mit dem ersten Schnee des Jahres starten sie ihren Angriff. Ich weiß, heute wird sich die Sehnsucht wieder in mein Herz drängen.

Ich gebe auf. Mit einer Tasse Tee mache ich es mir im Sessel am Fenster bequem. Ich schaue dem stärker werdenden Schneefall zu und fange an zu träumen.

Ich träume vom weiten Himmel Montanas, den tiefen Schluchten des Grand Canyon, dem unfassbaren Sternenhimmel einer klaren, kalten Wüstennacht und dem magischen Tanz der Nordlichter. Aber auch von meinen zahlreichen Begegnungen mit wilden Tieren. Allen voran die klugen, trickreichen Kojoten, über die ich immer wieder lachen musste. Die sanften Bisons, die mir Gelassenheit beigebracht haben. Die mächtigen Furcht einflößenden Grizzlys, in deren Gegenwart ich mich so lebendig gefühlt habe wie nie. Die Wale, deren unvorstellbare Größe mich so winzig fühlen ließ. Und natürlich die Wölfe, deren Leben ich begleiten durfte und die meine Lehrmeister wurden.

Ich habe einen großen Teil meines Lebens in der Natur verbracht. Es war die Wildnis, die mich am meisten gefordert hat, mehr über mich selbst zu erfahren, über andere und über diese wunderbare und zugleich so verrückte Welt, in der wir leben. Hier habe ich wahre Schönheit und Wunder gesehen. Und ich habe Begegnungen erlebt, die mir den Atem raubten. Die Wildnis hat mein Leben und Denken verändert. In ihr finde ich immer wieder Frieden.

Sich in die Erde und ihre Geschöpfe zu verlieben, ist eines der großen Abenteuer unseres Lebens. Es ist eine Herzensangelegenheit wie keine andere; eine verzückende Erfahrung, die sich ein Leben lang endlos wiederholt.

Ich möchte Sie mitnehmen in *meine* Wildnis, an unberührte Orte und zu wilden Tieren, so wie ich sie kennengelernt habe.

Wildnis ist nicht immer das, was wir uns darunter vorstellen. Sie ist nicht Natur pur ohne Menschen oder Gebäude. Sie ist überall. Im Wald, am Meer, in der Wiese vor der Haustür – und manchmal auch ganz nah, in uns selbst. Was uns da ruft, ist unsere eigene Wildnis, die Sehnsucht, zur eigenen Natur zurückzukehren. Unsere persönlichen Grenzen zu spüren und zu erweitern, uns selbst zu überwinden. Uns neuen Situationen auszusetzen und uns frei zu fühlen von alltäglichen Rollen und Verpflichtungen, die wir erfüllen müssen. Das kann jeder überall.

Um das Geschenk der Wildnis zu erleben, gibt es keinen Fünf-Punkte-Plan. Gehen Sie hinaus in die Natur, seien Sie neugierig und offen für die Gaben, die sie Ihnen anbietet. Und nehmen Sie dankbar an, was Sie für sich umsetzen können.

Die Wildnis verändert unser Leben und Denken. Sie beschenkt uns täglich neu und gibt jedem von uns das, was er braucht.

IN DIE WILDNIS

Zion-Nationalpark, Utah, USA

Das Heulen eines Kojoten weckte mich. Es klang, als würde er seinen jubelnden Gruß an die aufgehende Sonne direkt neben meinem Ohr singen. Vorsichtig schälte ich mich aus dem Schlafsack und wischte mit dem Ärmel meiner Fleecejacke das beschlagene Fenster frei. Ich war in der Nacht auf dem Lava Point Campground angekommen und hatte im Auto geschlafen. Früh morgens – noch vor dem Ansturm der Touristen – wollte ich durch die *Narrows* laufen, einen berühmten Wanderweg inmitten von meterhohen Sandsteinfelsen.

Von meinem singenden Wecker sah ich leider nur noch den Schweif und eine Bewegung im Gebüsch. Ich zog einen warmen Pullover an und machte mir mit dem Gaskocher einen Pulverkaffee.

Als die Sonne über die Klippen stieg und die Felsen erwärmte, spürte ich, wie sich meine Stimmung hob. Mit einer zweiten Tasse Kaffee in der Hand lief ich ein Stück den Virgin River entlang und setzte mich auf einen Stein ans Ufer. Auf der anderen Seite des Wassers sah ein Reh zu mir hin; ich hatte es beim Äsen gestört. Es erstarrte kurz und rannte dann davon. Eine halbe Stunde später beobachtete ich ein Stachelschwein auf einem Ast ausgestreckt, ein Blatt kauend. Dieses einsame, meist nachtaktive Tier schien meine Anwesenheit ebenso wenig zu bemerken wie die aufgehende Sonne.

Ich war mir sicher, es würde ein Tag voller Wunder werden.

In sicherer Entfernung zum noch fressenden Stachelschwein ließ ich mich in das Gras sinken und schaute die Canyonwände hoch, die an einigen Stellen mit einem Hauch Schnee eingepudert waren. Das unschuldige Weiß verwandelte sich im Licht der langsam höher steigenden Sonne nach und nach in Rot, Orange und Gold. Innerhalb weniger Minuten legte sich ein feuriger Schein auf die Felsen. Ich werde nie müde zuzusehen, wie im Südwesten die dunklen Sandsteinfelsen anfangen zu glühen und im Tageslicht immer heller werden.

Es sind diese stillen, einsamen Momente in der Natur, die mich am glücklichsten machen und für die ich vor langer Zeit meine Karriere als Rechtsanwältin aufgegeben habe.

Warum? Warum die Wildnis?, werde ich oft gefragt.

Sir Edmund Hillary bestieg 1953 als erster Mensch den Mount Everest. Als er nach seiner Rückkehr gefragt wurde, warum er überhaupt auf hohe Berge steige, antwortete er ganz lapidar: »Weil sie da sind.«

Ähnlich lautet auch meine Antwort: Ich gehe in die Wildnis, weil sie da ist. Weil sie mir den Atem raubt in all ihrer Schönheit – und Gefährlichkeit. Weil sie mich täglich herausfordert. Weil sie mir so fremd ist wie nichts auf der Welt und ich mich dennoch in ihr wiedererkenne. Die Wildnis schenkt mir Inspiration, Anregungen und einen großen Frieden. So wie an jenem Morgen im Zion-Nationalpark.

»Ich möchte auch so leben wie Sie – frei und in der Natur«, schreiben mir Leser – meist sind es Leserinnen. Sie stellen sich vor, wie sie auf der Bank vor ihrer Blockhütte sitzen, der untergehenden Sonne zuschauen und dabei einen Wolf heulen hören.

Ich frage zurück: »Sind Sie bereit, den Preis für diese Freiheit zu bezahlen? Möchten Sie ohne festes Einkommen und Familie leben? Auf Sicherheit und Rente verzichten?« *Das* wollen die wenigsten.

Die Wildnis ist kein Hochglanzprospekt. Sie ist hart, schmutzig, nass und kalt. Sie ist gefährlich und sie macht einsam. Das ist die Realität hinter den romantischen Bildern. Die Vorstellungen, die viele Menschen sich davon machen, sind trügerisch.

Wildnis als Paradox: ein Ort des Schreckens und der Sehnsucht, Quelle des Lebens und Verpackung für Träume. Wir scheinen eine Art Hassliebe für sie zu empfinden. Je mehr sie verschwindet, desto größer wird unser Verlangen nach ihr. Wir lesen Bücher über sie, tragen Kleidung mit dem Logo einer Wolfspfote und rüsten uns in Outdoorläden für eine Trekkingtour mit der neuesten Multifunktionskleidung aus. Mit dem SUV fahren wir zum Resort-Hotel oder zum Glamping[1] und gönnen uns am abendlichen Lagerfeuer ein Glas Rotwein. Wildnis light!

Gleichzeitig wird rückkehrenden Wölfen und einwandernden Bären der Garaus gemacht, werden die letzten Grünflächen versiegelt und die eingezäunten Vorgärten in Steinwüsten verwandelt.

Wir verbinden in unserem Kopf Wildnis mit unberührter Natur, Dschungel, Einöde und heiler Welt. Wir sind in ihr zu Hause. Unser Verstand hat sich über Millionen von Jahren entwickelt, solange wir noch Jäger und Sammler unter Wildnisbedingungen waren. Erst in den letzten zwei Jahrhunderten wurden wir ins Industriezeitalter katapultiert, in eine Welt der Komplexität.

Heute sind wir überzeugt davon, die Natur kontrollieren zu können, aber sie macht uns einen Strich durch die Rechnung. Das sehen wir immer dann, wenn die Menschen sich aus der Natur zurückziehen. Schauen Sie nur, wie schnell Pflanzen den Asphalt einer verlassenen Straße aufbrechen. Oder wie die Wildtiere während der strikten Ausgangssperre bei der Corona-Pandemie in die Städte zurückkehrten.[2]

Wir können die Natur nicht kontrollieren, und sie erinnert uns daran, wie weit wir uns von ihr entfernt haben. Sie kommt bestens ohne uns zurecht. Wir hingegen nicht ohne sie, auch wenn wir uns das gerne einreden wollen. Es fühlt sich beruhigender an, die Wahl zu haben: Wildnis auf Zeit mit der Möglichkeit, ihr jederzeit den Rücken kehren zu können, wenn sie uns unbequem, lästig oder anstrengend wird – oder einfach nicht unseren Erwartungen entspricht.

Dabei hat sie uns in Wahrheit stets in ihrer Hand, ob wir wollen oder nicht, weil aus ihr unsere Wurzeln entspringen. Die Wildnis, von der wir so leidenschaftlich träumen, ist nichts anderes als die Sehnsucht, zur eigenen Natur zurückzukehren. Was da nach uns ruft, ist unsere eigene Wildnis.

Ich bin diesem Ruf gefolgt und habe meinen Traum vom Leben in der Wildnis verwirklicht. Wir alle haben das Recht, nach unseren Vorstellungen zu leben und dem zu folgen, was uns die Stimme des Herzens sagt. Haben Sie eine Vision, die immer wiederkehrt, die Sie nicht schlafen lässt und die schmerzhaft in Ihnen brennt? Sind Sie bereit, diesem Traum alles unterzuordnen? Dann folgen Sie ihm. Probieren Sie es aus. Was kann schon passieren? Vielleicht geht es schief und Sie fallen hin. Stehen Sie auf, klopfen sich den Dreck aus der Kleidung, schütteln sich einmal heftig und fangen wieder von vorn an. Geben Sie nicht auf. Sie können stolz auf sich sein, denn im Gegensatz zu Ihren Mitträumern haben Sie es gewagt und damit allein schon gewonnen.

Vielleicht erfüllt sich auch Ihr Traum. Aber das werden Sie erst wissen, wenn Sie es probiert haben. Es ist nie zu spät. Wenn Sie bereit sind, Risiken einzugehen, und Vertrauen haben, können Sie das werden, wozu Sie bestimmt sind.

Um meine eigenen Träume von Freiheit und Wildnis zu leben, habe ich immer wieder neu angefangen, habe das eine Leben aufgegeben und ein anderes ausprobiert. Meist bin ich dabei nur meiner Intuition gefolgt. Manchmal bin ich hingefallen – und wieder aufgestanden in dem Vertrauen darauf, dass alles gut werden wird. *Andrà tutto bene* haben es die Italiener während der Corona-Krise genannt.

Ich habe gelernt, der Natur zu vertrauen, dem Werdegang des Lebens, darauf, dass alles so geschieht, wie es sein soll. Ich setze meine Hoffnung darauf, dass ich Entscheidungen treffe, die gut für mich sind und mit denen ich leben kann.

Unser Leben wird von Entscheidungen bestimmt und zusammengehalten. Eine nach der anderen, große und kleine, richtige oder falsche. Es spielt keine Rolle. Denn das Leben entwickelt sich weiter. Es wartet nicht auf mich. In der Wildnis bin ich ständig gezwungen, mich zu entscheiden. Welche Abzweigung nehme ich? Suche ich Schutz vor einem herannahenden Unwetter oder laufe ich weiter? Was tue ich, wenn ein Bär auf mich zurennt? Jeder Weg, den ich einschlage, stellt mich vor eine neue Wahl. Und manche Entscheidungen verändern alles.

Bei den wirklich großen Veränderungen meines Lebens bin ich meist meinem Bauchgefühl gefolgt: Weil ich in meinem Job als Rechtsanwältin unglücklich war, bin ich ausgestiegen und habe angefangen zu reisen. Als ich mich in Minnesota in einen Kanubauer verliebte, beschloss ich spontan, zu ihm zu fliegen, um mit ihm in seiner Blockhütte zu leben. Um mehr über Wölfe zu lernen, machte ich ein Verhaltensforschungspraktikum in einem amerikanischen Wolfsgehege und arbeitete anschließend als Freiwillige im Yellowstone-Nationalpark, um dort das Verhalten wilder Wölfe zu erforschen.

Leidenschaftlich und mutig habe ich mich aus ganzem Herzen in jedes Abenteuer gestürzt. Nicht alle Entscheidungen waren richtig und gut. Aber sie alle haben mich gelehrt, geprägt, geformt. Und vor allem: Ich *habe* mich entschieden. Dadurch habe ich mein Schicksal stets in die eigene Hand genommen. Wann immer ich in einer Situation unglücklich war und das Gefühl bekam, keine Kontrolle mehr über mein Leben zu haben, habe ich einen Neuanfang gewagt.

Während meiner Rechtsanwaltstätigkeit vertrat ich in einem

Scheidungsverfahren die Ehefrau. Das Paar lag miteinander im Krieg, und kämpfte schon wochenlang erbittert um jedes kleinste Detail ihres Vermögens. Die entscheidende Verhandlung stand an und mir war übel vor Aufregung, weil ich mich vor den Aggressionen und Anfeindungen beider Seiten fürchtete. Ich erinnere mich genau an den Moment, als ich im Waschraum des Gerichts in den Spiegel schaute und mein kreidebleiches Gesicht sah, das in starkem Kontrast zur schwarzen Anwaltsrobe stand. So hatte ich mir den Beruf nicht vorgestellt, als ich Jura studierte. Ich wollte die Welt verändern und war damals davon überzeugt, dass das Gute gewinnt. Aber die Realität war völlig anders als meine idealisierte Vorstellung. Da draußen war ein Dschungel, und für den harten Überlebenskampf im Anwaltsgeschäft war ich nicht geschaffen. Ich wollte meine wahre Bestimmung leben und traf eine Entscheidung. Kurze Zeit später gab ich meine Zulassung zurück, verschenkte meine Robe und kündigte den Mietvertrag für das Büro – sehr zum Unverständnis meiner Familie und Freunde.

»Du willst deine Karriere aufgeben? Für was?«

Ja, für was? Das wusste ich selbst noch nicht. Ich wollte einfach wieder glücklich sein, mich lebendig fühlen und meinem Herzen folgen. Ich hatte genug gespart und würde erst einmal reisen und offen sein für das, was kommt. Alles andere würde sich schon ergeben. Ich war frei.

Neuanfänge sind etwas Großartiges. Die Natur ist eine Meisterin der Neuanfänge. Nach dem Winter fängt sie im Frühjahr immer wieder neu an. Mit jedem Beginn eines neuen Abenteuers habe ich den Eindruck, dass die ganze große Welt leer vor mir liegt und auf mich wartet. Ein unbeschriebenes weißes Blatt Papier. Ich habe alle Chancen, etwas Tolles daraus zu machen – oder es gründlich zu vermasseln. Das ist beängstigend, jedoch nehme ich in meiner Euphorie die Möglichkeiten eines Scheiterns nicht wahr. Das ist gut so, denn sonst wäre ich vermutlich so gelähmt, dass ich gar nichts mehr wagen würde. Ich darf Fehler machen, nur sollte ich versuchen, nicht immer die gleichen zu machen. Die Natur hat mir beigebracht, zu vertrauen. Manchmal gehen Dinge schief. Nichts bleibt, wie es war. Unser ganzes Leben kann sich von einem Tag zum anderen komplett auf den Kopf stellen. »Leben ist das, was passiert, während wir andere Pläne machen«, hat schon John Lennon gesagt. Ich nenne es schlicht und einfach »Shit happens«. Nur ein Wimpernschlag, und unsere Welt ist von Grund auf verändert. Das zeigt uns, gerade während ich dies schreibe, die Corona-Krise, in der ein winziges Virus in der hübschen Form eines Igelballs die Welt stilllegt.

Im Gegensatz zu uns Menschen ist es der Natur egal, mit welchen Schwierigkeiten wir zu kämpfen haben und wie sehr wir uns bemühen, alles richtig zu machen. Sie nimmt keine Rücksicht darauf. Sie folgt ihrem eigenen Plan und wir müssen sehen, wie wir damit zurechtkommen. Ob es uns gefällt oder nicht, sie ist mächtiger als wir. Sie ist ganz. Wir sind nur ein winziges Teil von ihr, das womöglich – vermutlich – sogar verzichtbar wäre, wenn es nicht mehr ins Gesamtkonzept passt. Das ist eine wunderbare Lektion, die uns lehrt, uns selbst nicht so wichtig zu nehmen.

Zurück zu meinem Neuanfang. Ich hatte meine Anwaltstätigkeit aufgegeben, die Mietwohnung gekündigt und war bereit für das nächste Abenteuer in meinem Leben. Mit einem Seesack und meinem Hund Klops flog ich im Oktober 1986 nach Kanada. In Vancouver hatte ich mich an der University of British Columbia für ein Semester *Business English* eingeschrieben.

Dort angekommen, suchte ich vergeblich eine Wohnung. Es war die Zeit der Weltausstellung *Expo '86,* alle Unterkünfte waren ausgebucht. Außerdem lehnten die meisten Vermieter Hunde ab. Kurzerhand mietete ich einen Camper, der in den nächsten

Monaten das Zuhause für Klops und mich werden sollte. Unter der Woche parkte ich auf dem Universitätsgelände, am Wochenende fuhren wir in die Berge oder ans Meer, übernachteten auf abgelegenen Plätzen und wanderten viel. So gut gefiel mir dieses freie Leben, dass ich nach dem Abschluss des Studiums noch ein halbes Jahr kreuz und quer durch die USA reiste, um das Land besser kennenzulernen.

Reisen ist eine Leidenschaft von mir. Darum habe ich auch vor dem Jurastudium fünf Jahre als Flugbegleiterin bei der Lufthansa gearbeitet, um all die wunderbaren Orte zu entdecken, die auf dieser Welt existieren. Wenn ich unterwegs bin, wird der unterbewusste »Autopilot«, der meinen Alltag steuert, abgeschaltet und ich fühle eine stärkere Verbindung zu mir selbst. Das Reisen lehrt mich Demut. Es schenkt mir Ehrfurcht vor dem Leben der anderen und macht mir bewusst, dass ich nur ein ganz kleines Menschlein unter vielen bin, das bald schon wieder von der Erde verschwunden sein wird. Mit offenem Herzen unterwegs zu sein, schützt uns vor Selbstüberschätzung und macht uns dankbar.

Wieder zurück in Deutschland fing ich an, zwischen Jobs und Kontinenten hin- und herzupendeln. Im Sommer verdiente ich als Reisejournalistin mein Geld, um den Winter über in den USA zu leben. Besonders der Südwesten hatte es mir angetan. In Santa Fe, New Mexico, mietete ich mir drei Winter lang ein kleines Haus. Der Ort liegt auf zweitausend Metern Höhe und war in den 1980er-Jahren das spirituelle Zentrum Amerikas. Hier lebten viele Künstler und Heiler, und ich verbrachte endlose Zeit damit, durch die Museen und Galerien zu schlendern und die zahlreichen Feierlichkeiten der Ureinwohner (Navajo und Hopi) zu besuchen.

Drei Sommer lang arbeitete ich als Reiseleiterin für einen deutschen Studienreise-Veranstalter und zeigte den – meist älteren – Gästen die Nationalparks der USA und Kanadas. Ich fuhr Vans, schleppte Koffer und pries die Schönheiten des Landes. Dabei fiel mir auf, wie unterschiedlich Menschen ihre Begegnung mit der Natur und der Wildnis aufnehmen und verstehen. Manchmal war meine Arbeit eine echte Herausforderung, wenn sich beispielsweise Gäste über die Natur beschwerten, die ihrer Meinung nach nicht so »funktionierte«, wie sie es sich vorgestellt hatten. Der Grand Canyon im Nebel? Geht gar nicht. Ein Sonnenaufgang in der falschen Himmelsrichtung, sodass es mit dem Fotomotiv nicht klappt? Bitte ändern!

Leider gibt es auch Menschen, die selbst das Auftauchen einer Grizzlymutter mit Zwillingen nicht mehr begeistern kann. Besonders traurig fand ich die Reaktion eines Gastes auf eine solche Begegnung: »Das kann ich auch im Zoo sehen.«

Angesichts der Schönheit der Tiere in der Nähe unseres Autos, konnte er sich nur beschweren, dass er sie woanders leichter sehen konnte. In einem Moment, als er an der Schwelle zu der vielleicht dauerhaftesten Liebesaffäre seines Lebens – der Liebe zur Natur – stand, konnte er den Charme seiner Geliebten nicht erkennen.

Wir haben unser Leben so mit künstlichem Unsinn und Zerstreuung gefüllt, dass viele von uns die Stimme der Erde nicht mehr hören können. Wir brauchen neue Lehrer, die uns helfen, wieder Kontakt aufzunehmen. Unsere Beziehung zur Erde zu erneuern. Wieder auf unsere Instinkte und Gefühle zu lauschen, sie zu begreifen und nach ihnen zu handeln. Die uns beibringen, das uralte Vertrauen in uns selbst und die Natur wiederaufzubauen, damit wir unser Leben im Einklang mit ihr führen und es genießen können.

Manchmal kann auch ein Foto ein solcher Lehrer sein. Im Dezember 1968 verließen drei NASA-Astronauten als erste Menschen die Erdumlaufbahn, um zum Mond zu reisen. Frank Borman, James Lovell und William Anders sollten den Himmelskörper umkreisen und die Möglichkeiten einer zukünftigen Mondlandung ausloten. Diese Mission wurde bekannt als *Apollo 8*.

Das Foto, das William Anders schoss, als die Erde aus der Schwärze des Weltalls über der grauen steinernen Mondlandschaft aufging, veränderte für immer unsere Sicht auf die Welt. *Earthrise* zeigt die aufgehende Erde in vierunddreißigtausend Meilen Entfernung. Es ist im NASA-Archiv unter der schlichten Nummer AS8-14-2383 veröffentlicht[3] und zählt zu den »100 einflussreichsten Bildern aller Zeiten«, so das *Time Magazine*[4]. Sieben Monate später betrat Neil Armstrong als erster Mensch den Mond.

Neben dem Earthrise-Bild gibt es eine andere Abbildung von der Erde, die als das meistpublizierte Foto der Mediengeschichte gilt. Auf der Aufnahme von Apollo 17[5] sahen die Menschen den ganzen Globus zum ersten Mal vollständig von außen. Das Bild erstreckt sich vom Mittelmeer bis zur südlichen Polkappe der Antarktis. Auf der Südhalbkugel liegt starke Bewölkung. Fast die gesamte Küstenlinie Afrikas ist gut sichtbar. Neben den Wolkenfeldern am Äquator zeichnet sich das Grün des tropischen Regenwaldes ab. Die wolkenlosen Wüstengebiete im Norden Afrikas sind deutlich an ihrer erdig-braunen Farbe zu erkennen. Die Arabische Halbinsel ist am nordöstlichen Rand Afrikas zu sehen. Die große Insel vor der Küste Afrikas ist Madagaskar. Das asiatische Festland befindet sich am Horizont in Richtung Nordosten.

Alle Astronauten, die die Erde von außen gesehen haben, waren überwältigt von ihrer Zerbrechlichkeit und Schönheit. Der Kommandant von Apollo 17, Eugene Cernan, sagte: »Wir brachen auf, um den Mond zu erkunden, aber wir entdeckten die Erde.«

Beim Blick auf die Aufnahme der Erde von 1972 empfinde ich eine tiefe Ehrfurcht und Demut. Es fällt mir schwer, mir vorzustellen, dass auf dieser wunderschönen blauen Murmel ein solches Chaos herrscht und wir Menschen diejenigen sind, die sie zerstören. Traurig macht mich, dass sich der Anblick der Erde heute (2020) schon drastisch verändert hat. Die große weiße Fläche der Antarktis schmilzt und wird in ein paar Jahrzehnten nicht mehr zu sehen sein. Und die schrumpfende grüne Urwaldfläche, die ja als »Lunge des Planeten« immer wichtiger wird, zerstören wir ebenfalls. Wir suchen Schutz vor Corona, das unsere Lungen bedroht, zerstören aber die Lunge des Planeten, die uns Sauerstoff gibt, gedankenlos weiter.

Man mag über die Notwendigkeit der Raumfahrt denken, wie man will, aber erst von oben, aus dem Fenster einer Raumfähre, der ISS oder vom Mond, haben wir einen Blick auf unseren Planeten.

Was bringt uns das? Hat uns das umweltbewusster gemacht? Mit Sicherheit jeden, der all dies mit eigenen Augen gesehen hat. Dennoch scheint es auch fünfzig Jahre nach der Landung auf dem Mond noch nicht in das Bewusstsein von uns Menschen vorgedrungen zu sein, wie kostbar und einzigartig unser Heimatplanet ist.

Durch die Earthrise-Bilder entstand ein kollektives Bewusstsein für die Erde als Ganzes. Ihre Schönheit und zugleich Verletzlichkeit war Inspiration für die Gründung der Umweltbewegung und den ersten »Earth Day« am 22. April 1970. Gleichzeitig entstand das naturwissenschaftliche Denkmodell der Erde als *Gaia*, das die Erde und ihre Biosphäre wie ein einziges Lebewesen betrachtet, ein sich selbst regulierender Superorganismus, bei dem sich alles auf der Erde mit dem Ziel entwickelt hat, den Planeten stabil und für alle Lebensformen optimal zu erhalten. Alles ist untrennbar miteinander verbunden – einschließlich dem Menschen. Durch jeden Atemzug, jedem Schluck Wasser stehen wir mit jeder unserer Zellen in Verbindung mit Erde und Kosmos. Die Sehnsucht nach dem Heimatplaneten ist ein Teil unserer Verbundenheit mit ihm. Völlig unabhängig von der Frage, wo wir leben – wir sind alle Bewohner der Erde. Was ihr geschieht, geschieht auch uns. Wenn wir die Artenvielfalt vernichten oder unser Klima verändern, dann wird Gaia einen Weg finden, sich anzupassen, zur Not auch ohne uns.

Die Erde braucht uns nicht, aber wir brauchen sie. Darum reicht es nicht, staunend und ehrfürchtig auf das Bild des blauen Planeten zu starren. Wir müssen ein aktiver Teil von ihm werden und uns für seinen Schutz einsetzen. Die Erde von außen zu sehen, rückt die Bedeutung vieler Dinge zurecht. Um sie wirklich zu verstehen, müssen wir sie verlassen. Es ist der Blick von oben, der uns das ganze Bild sehen lässt und der uns daran erinnert, wie wertvoll die Erde ist.

Für manche Menschen und besonders für die Ureinwohner ist die Wildnis ein Tempel, in dessen stillen, heiligen Räumen die göttliche Botschaft am deutlichsten zu hören ist. Sie verehren sie. Andere haben Beweise für Gott in der Natur gefunden, und wieder andere haben in der Wüste einen geeigneten Ort zum Beten und Nachdenken gefunden. Jesus war nicht der einzige religiöse Führer, der in der Wildnis mit einer Gottheit kommunizierte. Henry David Thoreau und Ralph Waldo Emerson, die amerikanischen Transzendentalisten, glaubten, dass die Natur das Symbol der geistigen Welt sei. John Denver sang über die Bergkathedralen.

Nirgendwo lernt man so sanft etwas über Demut wie in der Natur. Mein Leben in Wildnisgebieten hat mich gelehrt, die Zusammenhänge im Ökosystem zu erkennen und zu verstehen. Von den Wölfen habe ich gelernt, zu *beobachten* – nicht nur *anzusehen*. Dazu gehört es, den Alltag zurückzulassen und sich von den Vorstellungen, die man von einer Tierart hat, zu lösen. Wir können die Wildnis nicht »managen«. Dazu ist sie viel zu komplex. Es genügt, wenn wir still teilnehmen und versuchen zu verstehen. Ich habe erfahren, dass ich manche Zusammenhänge in der Natur nur begreife, weil ich sie über einen sehr langen Zeitraum hinweg beobachtet habe.

Ein wunderbares Beispiel hierfür ist die Wiederansiedlung der Wölfe im Yellowstone-Nationalpark, die ich von Anfang an mit verfolgt habe. Fünfundzwanzig Jahre lang konnte ich beobachten, wie sich das Ökosystem veränderte, als die Wölfe nach siebzig Jahren Abwesenheit zurückkehrten. Ich durfte das Netz der Natur, in dem alles verbunden ist, im Zeitraffer erleben: In den ersten zwei Jahren töteten die Wölfe die Hälfte der Kojotenpopulation. Das wiederum führte dazu, dass die Zahlen der kleinen Nagetiere, Hauptbeute der Kojoten, anstiegen. Weniger Kojoten und mehr Nager bedeutete mehr Nahrung für Greifvögel, Marder, Dachse und Füchse. Wölfe töteten Hirsche, deren Lieblingsspeise, die jungen Weiden an den Flussufern, nun ungestört wachsen konnten. Mehr Büsche an den Flussufern boten Singvögeln Schutz und führten zu kühlerem Wasser und der Rückkehr von Forellen. Letztendlich kam der Biber zurück und veränderte mit seinen Bauten den Lauf der Flüsse und die Landschaft. So weit die Kurzversion.[6] Unser Ökosystem ist ein feines, sensibles Geflecht, in dem alles, jede Pflanze, jedes Lebewesen, ja sogar jeder Stein und jedes Sandkorn, seinen Platz hat – auch wir.

Es reicht also nicht, Tiere oder Pflanzen isoliert voneinander zu schützen, wenn nicht auch ausreichend große und miteinander verbundene Lebensräume vor der Zerstörung bewahrt werden und erhalten bleiben.

Von all den interessanten, seltsamen und schönen Dingen, die ich in der Wildnis gesehen und gefühlt habe, hat mich nichts mehr aufgewühlt und verwirrt als meine Begegnungen mit Tieren. Ich sage »verwirrt«, weil mir kein besseres Wort einfällt. Sie haben etwas in mir berührt, das so tief ist wie das Leben selbst. Nach jeder dieser Begegnungen hatte ich für den Bruchteil einer Sekunde das Gefühl, einen Blick auf die Entstehung der Vision einer universellen Einheit werfen zu können.

Jedes Jahr saß ich in Yellowstone, allein mit einem Rudel Wölfe. Die Wölfe wussten nichts von mir. Sie hatten keine Ahnung, dass ich jede ihrer Bewegungen beobachtete und aufzeichnete. Es hätte sie auch nicht interessiert. Sie machten einfach nur ihr Ding.

Mir wurde bewusst: Ich kannte ihr Alter und ihre Verwandtschaftsverhältnisse. Ich hatte sie bei der Jagd beobachtet, bei der Paarung und der Aufzucht ihrer Jungen. Aber wie ihr Leben wirklich aussah, wusste ich nicht. Hatte einer von ihnen Schmerzen oder Liebeskummer? Machten sich die Eltern Sorgen um ihren Nachwuchs? Es gab so viel, was ich zu wissen glaubte, aber doch nur annahm. Ich konnte nicht in die Tiere hineinsehen. *Kannte* ich die Wölfe wirklich, nur weil ich sie so lange beobachtet hatte? Kann ich einen Menschen kennen, auch wenn ich lange mit ihm zusammenlebe?

Ich schätzte diese Momente und tue es noch immer, weil sie mir viel gegeben haben und für immer ein Teil von mir sind. Die stille Schönheit, die mich ringsum umgab, und die Anwesenheit der Wölfe. Sie ließen mich tief über das Leben nachdenken. Der unaufhörliche, alles übertönende Lärm der Menschheit war abgeschaltet. In solchen Augenblicken wäre es völlig okay für mich gewesen, dort zu bleiben – für immer.

Für mich war es ein unglaubliches Privileg, mit den Wölfen zu sitzen – und mit den Bisons, den Grizzlys, den Kojoten, den Adlern und all den anderen Tieren, die ich in der Wildnis von Yellowstone täglich erleben durfte. Die Dynamik der Natur aus erster Hand über Jahrzehnte hinweg zu beobachten hat meinen Blick auf sie verändert.

Wenn ich heute über meine Forschung nachdenke, wird mir die Kluft bewusst, die uns Menschen von den Tieren trennt. Ich dringe in ihre Lebensräume ein, aber sie sind es, die ihr Leben riskieren, wenn sie sich in die unseren begeben. Ich bin glücklich, wenn ich wilde Tiere beobachte. Jedoch bin ich noch nie auf die Idee gekommen, sie zu fragen, ob es ihnen recht ist, dass ich ihnen in ihrem Alltag zuschaue. Ob meine Anwesenheit überhaupt erwünscht ist.

Ich fühle mich von der Idee angezogen, mit der Natur zu kommunizieren, mir vorzustellen, dass sie irgendwie in eine Art Austausch mit mir tritt. Aber dem ist nicht so. Ich denke, dass die meisten Tiere es vorziehen, in Ruhe gelassen zu werden. Die Natur braucht uns nicht, ich sagte es schon. Die Erde wurde in geologischer Zeit durch Wasser, Wind und Eis geformt. Wir hatten keinen Einfluss auf diesen Prozess. Die wilden Tiere jedoch sind unmittelbar von unserem Handeln, schon von unserer bloßen Anwesenheit betroffen. Wir zerstören ihre Lebensräume, vergiften ihr Wasser, bauen Straßen über ihre Wanderwege und verschmutzen die Luft, die sie atmen. Ihr Leben wird nicht besser durch uns. Im Gegenteil: Wir sind gefährlich für sie. Aber das scheinen sie bereits zu wissen.

Wildtiere haben keine wirkliche Verbindung zum Menschen. Keines von ihnen würde uns aussuchen, um mit uns zu kommunizieren. Wölfe, Bären, Wale und Delfine wären ohne den Menschen viel besser dran. Auch wenn ich es mir wünschen würde: Ich glaube nicht, dass wilde Tiere in der Lage sind, eine spirituelle Verbindung mit uns herzustellen. Etwas an der Art und Weise, wie der Kojote, der mich morgens im Zion-Nationalpark geweckt hat, in die Büsche geflohen ist, lässt mich vermuten, dass wilde Tiere mehr als alles in der Welt in Ruhe gelassen werden wollen.

Im Laufe der vielen Jahre, die ich in der Wildnis verbracht habe, hat sich meine Einstellung zu ihr und den Tieren in ihr stark verändert. Wollte ich früher möglichst nah dran sein, trete ich heute demütig einen Schritt zurück und bleibe Beobachterin. Ich freue mich und bin dankbar für den Augenblick, den sie mir schenken – furchtlos, oder besser noch: ignorant. In dem sie trotz meiner Anwesenheit sie selbst sind.

Heute bin ich älter geworden und blicke auf viele Jahrzehnte Leben in der Wildnis zurück. Ich gehe jetzt noch achtsamer durch die Natur. Meine Augen mögen schlechter geworden sein, und ich höre nicht mehr jedes Wispern einer Maus. Aber ich höre noch den Gesang der Vögel und das Flüstern des Windes. Andere Sinne ersetzen das, was verloren gegangen ist: Ich nutze jetzt mehr meine Intuition, mein Bewusstsein für das Ganze, die Erinnerung an Begegnungen mit wilden Tieren, die ich nie vergessen werde und die ich jederzeit in meinem Kopf abrufen kann.

Im Rückblick erkenne ich, dass mein mäandernder Lebensweg mich in und durch die Wildnis geführt hat – genau dorthin, wo ich sein soll – und dass er noch lange nicht zu Ende ist. Darauf vertraue ich.

IM WOLFSREVIER

Ein Wolfsrudel ist eine Familie, bestehend aus Eltern, Kindern, Enkeln, Großeltern, Onkeln und Tanten. Alles dreht sich um ein gemeinsames Ziel: das Wohlergehen der Familie. In den dreißig Jahren, die ich wild lebende Wölfe beobachte, habe ich viel gelernt, nicht nur über die Wölfe und ihr Sozialverhalten, sondern auch über die Menschen, die sich für diese Tiere begeistern. Sie kommen aus allen Ländern, sprechen verschiedene Sprachen, haben einen unterschiedlichen Hintergrund und Bildungsstand, aber eines eint sie: die Leidenschaft für die Wölfe.

Der amerikanische Yellowstone-Nationalpark ist der beste Ort auf der Welt, um Wölfe in ihrem natürlichen Verhalten zu beobachten. Und so kommen wir alle dorthin und werden Teil der großen Gemeinschaft der »Wolfwatcher«. Der US-Präsident Barack Obama hat es ebenso getan wie sein Amtsvorgänger Bill Clinton. Ich tue es ebenfalls mit Zehntausenden Besuchern jährlich. Wir alle folgen den Wölfen wie Groupies den Rockstars. Fast jeder, der einmal hierherkommt, hat eine Geschichte, die er erzählen kann. Für manche ist das Erlebnis, einen Wolf zu sehen, ein Wendepunkt im Leben.

Ich habe die Wölfe beobachtet, seit sie 1995 wiederangesiedelt wurden, und habe fünf Jahre später angefangen, Interessierte zu meinen Wolfsbeobachtungen mitzunehmen. Zwei- bis dreimal jährlich bot ich Wolfsreisen für kleine Gruppen an. Die neuntägigen Reisen waren teuer und auf vier Teilnehmer beschränkt, die eine Art Auswahlverfahren – ein »Wolf-Casting« – bestehen mussten. Dennoch waren die Touren zwei bis drei Jahre im Voraus ausgebucht. Die meisten erfüllten sich mit der Teilnahme einen Lebenstraum.

Wir, die wir im Wolfsprojekt mitarbeiten durften, waren eine kleine verschworene Gemeinschaft von Freiwilligen, die mit ihrer Freizeit und viel Geld dafür bezahlten, den Wölfen besonders nahe zu sein. Die Forscher, allen voran der leitende Biologe Rick McIntyre, waren auf unsere Hilfe angewiesen, denn sie konnten nicht überall sein. Die Territorien der einzelnen Wolfsrudel waren im Park weit verteilt. Wir erhielten ein Sprechfunkgerät und eine Funknummer, mit der wir uns identifizieren konnten. Dann standen wir uns von Sonnenauf- bis Sonnenuntergang bei Temperaturen von minus dreißig bis plus dreißig Grad die Beine in den Bauch, beobachteten die Wolfsrudel und meldeten jede Bewegung der Kaniden an den Biologen. Unsere Aufzeichnungen waren von unschätzbarem Wert für das Wolfsprojekt, das – wie jedes staatliche Projekt – unter chronischem Geldmangel litt.

Als im Januar 2004 im Zusammenhang mit einer neuen Studie des Wolfsprojekts Freiwillige für eine »Summer Predation Study« gesucht wurden, eine Studie zum Verhalten von Beutegreifer zu Beute, meldete ich mich sofort. Für Wolfsbeobachtungen bevorzugte ich normalerweise den Winter und mied die Sommermonate, weil sich dann im Nationalpark zu viele Touristen aufhalten und die Wölfe kaum zu sehen sind. Dies war jedoch die Gelegenheit, endlich einmal das einsame und abgelegene Hinterland von Yellowstone kennenzulernen, gemeinsam mit anderen Wolfsfans und Biologen. Es klang nach einer perfekten Wildnis-Auszeit.

Der Flug von Frankfurt über Denver und Salt Lake City hatte mit Umsteigen achtzehn Stunden gedauert, doch trotz meiner Erschöpfung und des Jetlags war ich um acht Uhr morgens bereit zum Aufbruch. Die Wildnis rief.

Die Strecke von Salt Lake City in den Yellowstone-Nationalpark verläuft von Utah nach Wyoming durch den Teton-Nationalpark und ist nur im Sommer in der ganzen Länge befahrbar. Mit dem Mietwagen fuhr ich auf schmalen Landstraßen entlang der schneebedeckten Teton-Bergkette. Mehrere Cowboys trieben ruhig eine Gruppe Rinder über die Weiden. Gabelböcke und Wapitihirsche grasten friedlich neben Pintos – bunt gescheckten Pferden – und machten die Idylle perfekt. Ich holte mir an einer Tankstelle einen Kaffee und schaltete den örtlichen Country-Sender ein. Laut mitsingend fuhr ich durch die Prärie und hielt für Fotostopps, wenn beispielsweise ein Fischadler auf einem Baum nach Nahrung Ausschau hielt.

In dem kleinen Westernstädtchen Jackson Hole hielt ich kurz an, um mich mit Lebensmitteln einzudecken. Mini-Salamis, Käsesticks, Knäckebrot und Äpfel sollten für die nächsten Tage ausreichen. In dem Ort trifft sich eine Mischung aus Einheimischen, Cowboys und Künstlern, gewürzt mit einer ordentlichen Prise »Schickimicki«. Zahlreiche Läden mit Westernkleidung, elegante Wildlife-Galerien und gemütliche Cafés ziehen die Touristen in Scharen an. Zu viele, für meinen Geschmack. Ich war innerlich schon ganz auf die Wildnis eingestellt.

Um möglichst schnell zu den Wölfen zu kommen, verschlang ich mein Sandwich im Auto. Allerdings sind die Entfernungen in den USA weiter, als man denkt. Die »Abkürzung« durch die Tetons brachte keinen Zeitvorteil, da ich an einer Großbaustelle warten musste. In den beiden zusammenhängenden Nationalparks Teton und Yellowstone wird in der kurzen Sommersaison gebaut, was das Zeug hält: Schlaglöcher werden aufgefüllt, Straßen verbreitert. Im Winter machen dann Schäden durch Frost und Schneepflüge die neue Pracht wieder zunichte.

Ich wartete geduldig eine halbe Stunde im Stau, bis ein Baustellenfahrzeug sich an die Spitze setzte und uns auf der staubigen einspurigen Straße an Teermaschinen und Planierraupen vorbeiführte. Die tief stehende Sonne strahlte den Südeingang von Yellowstone rot an, als ich hindurchfuhr.

Erfahrungsgemäß sind in Yellowstone gerade nachts sehr viele Tiere auf den Straßen unterwegs. Bisons, Kojoten und auch Wölfe nutzen die Möglichkeit, bequem und von Touristen unbehelligt ihrer Wege zu gehen. In der Dunkelheit weiterzufahren wurde mir zu riskant. Also steuerte ich den Madison Campground an. Für satte achtzehn Dollar wurde mir ein Zeltplatz zugewiesen. Es war empfindlich kalt geworden und fing an, heftig zu stürmen. Ich überlegte kurz, ob ich doch besser im Wagen schlafen sollte, entschied mich aber dafür, mein Ultralight-Zelt aufzuschlagen. Eine letzte Mahlzeit im Auto und ab in den Schlafsack. Die Tannennadeln rieselten, und Zapfen der Bäume schlugen dumpf auf das Zeltdach. In der Ferne grollte Donner, Blitze zuckten am Himmel. Ob meine Familie es jemals erfahren würde, wenn mich in der Nacht ein Baum erschlug? Nur langsam driftete ich in den Schlaf – bis gegen ein Uhr nachts mein neuer Nachbar eintraf und in seinem VW-Bus rumorte. Als er das Radio einschaltete und Heavy-Metal-Musik durch meine dünne Zeltwand drang, kletterte ich aus dem Schlafsack, klopfte an die Tür des Störers und forderte ihn auf, die Musik leise zu stellen. Ich würde sonst die Ranger informieren. Die Antwort war ein wütendes »F... you!«, gefolgt von weiteren Flüchen. Wenig später hörte ich den Mann aus dem Wagen aussteigen und um mein Zelt herumlaufen. Nun war es völlig aus mit meiner Nachtruhe. Niedergemetzelt von einem irren Drogensüchtigen – oder was auch immer er war: So hatte ich mir mein Wildnisabenteuer nicht vorgestellt. Unter Bären und Wölfen fühlte ich mich sicher. Jetzt geriet ich in Panik vor einem ... Menschen. Ich blieb noch eine Weile mucksmäuschenstill liegen und lauschte in die Nacht. Irgendwann entfernten sich die Schritte, ab und zu schrie ein Tier. Doch ich hatte genug, stand auf, warf Zelt und Schlafsack ins Auto und fuhr los.

Der Sturm hatte die Wolken vertrieben, als ich in der Morgendämmerung im Lamar Valley ankam. Dort traf ich meine Clique der »Hardcore Wolfwatcher«; wir hatten uns schon per Mail verabredet. Mark und Carol begrüßten mich mit Umarmungen. Sie fuhren fast ebenso lange wie ich nach Yellowstone. Mark war Anästhesist und Carol Krankenschwester. Sie wohnten in Boulder, Colorado, und hatten sich vor Kurzem erst ein Haus am Rande von Yellowstone gekauft. »Für die Hunde«, hatte mir Carol augenzwinkernd erzählt. Weil sie ihre beiden Hunde nicht mit ins Hotel nehmen durften, kauften sie kurzerhand ein Blockhaus.

Auch Brian Connolly kam jeden Sommer, um mitzuhelfen. Meist blieb er länger, zuletzt drei Monate. Um den Wölfen näher zu sein, zog auch er um – von New York nach Oregon.

Wir alle standen gemeinsam auf einem Hügel im Lamar Valley und beobachteten, wie zwei Wölfinnen mit ihren Welpen in der Morgensonne spielten. Mein Transatlantikflug, die schlaflose Nacht und der Jetlag waren vergessen, jede Müdigkeit verflogen.

Schnell stellte ich fest, dass sich die Wolfsbeobachtungen im Sommer deutlich von denen im Winter unterschieden. Im Braun und Grün der Landschaft waren die Wölfe nur schwer zu finden. Ohne ihr dichtes Winterfell sahen sie schmaler aus.

Meine Freunde brachten mich auf den aktuellen Stand der Wolfsereignisse. Viele Rudel hatten sich bereits in höhergelegene Gebiete zurückgezogen, sie folgten den Hirschen. Im Tal waren nur noch die Wolfsfamilien geblieben, die mit der Aufzucht ihrer Welpen beschäftigt waren. Später würden die Kleinen gemeinsam mit den Erwachsenen ins Backcountry wandern und erst im Herbst wieder ins Tal zurückkehren.

Offensichtlich war nun die wölfische Spielstunde beendet und Familie Wolf trottete weiter und verschwand. Nun konnte ich mich auf die anderen Jungtiere konzentrieren. Orangefarbene

Bisonkälbchen sprangen umeinander, Elchkinder staksten ihren Müttern hinterher, und überall erhoben sich frisch geborene Hirschkälber auf wackeligen Beinen aus dem Gras. Eine Grizzly-Mutter trottete mit zwei Jungen durch das Tal. Die Babys tapsten ihr zwischen die Beine und drängten so lange nach Nahrung, bis sie sich auf den Rücken warf, um sie zu säugen. Nach meinen Lieblingen, den Kojoten, suchte ich allerdings vergeblich.

Am Nachmittag fuhr ich zum Pebble Campground, dem Campingplatz, der in der hintersten nördlichen Ecke des Lamar Valley liegt. Dort leiteten meine Freunde Ray und Darlene den Sommer über den Zeltplatz und kümmerten sich um die Gäste. Die beiden hatten mir bereits einen ruhigen Stellplatz in der Nähe eines Baches reserviert. Hier würde ich ungestört sein. Wieder baute ich mein Zelt auf und richtete mich häuslich ein – soweit das im Bärengebiet möglich ist. Mein Seesack mit der Kleidung, der kleine Campingkocher, Teller, Tasse und Geschirr kamen ins Zelt. Die Lebensmittel, Zahnpasta, Seife und was auch immer ein Bär für »essbar« befinden würde, deponierte ich in einer »bärensicheren« Kiste aus Stahl, die neben einem hölzernen Picknicktisch samt Bänken zur Grundausrüstung eines jeden Stellplatzes gehört. Im Auto bereitete ich mir mit der Isomatte und dem Schlafsack einen gemütlichen Schlafplatz vor. Hier fühlte ich mich im Bärengebiet nachts sicherer als im Zelt.

Nach einem langen, tiefen Schlaf wachte ich am Morgen erfrischt auf. Die rote Scheibe der Sonne stieg hinter den Gipfeln der Berge auf und trocknete die Tautropfen auf meinem Zelt. Mit meinem Campingkocher machte ich mir einen ersten Kaffee. Ich genoss die Stille und beobachtete zwei Raben, die sich mit angelegten Flügeln Schrauben drehend in die Tiefe stürzten und gleich darauf mit ausgebreiteten Schwingen wieder emportragen ließen. Dann entdeckten sie mich und setzten zum Sturzflug an. Wohl in der Hoffnung auf einen Brocken Futter hüpften sie näher. Aber bei mir war nichts zu holen, denn ich füttere grundsätzlich keine Wildtiere. Es erschwert ihnen das Überleben, wenn sie von menschlicher Nahrung abhängig werden, die zudem sogar tödlich für sie sein kann.

Heute sollte mein Wildnisabenteuer beginnen. Ich packte die Ausrüstung in den Wagen und fuhr nach Gardiner, um die anderen Teilnehmer des »Hellroaring Wolf Base Camp« zu treffen. Zuvor stärkte ich mich im Town Café mit einem Frühstück aus Eiern, Speck und einer großen Kanne Kaffee. Etwas derartig Leckeres würde es in den nächsten Tagen im Camp nicht geben. Die Vorabinformation, die ich erhalten hatte, besagte, dass abseits offizieller Feuerstellen wegen der Bären nicht gekocht werden dürfe.

Das Hauptquartier des *Yellowstone Institute* befindet sich kurz vor dem Roosevelt Arch, dem berühmten steinernen Bogen, der den Eingang zum Nationalpark markiert. Hier traf ich die Frauen und Männer, die gemeinsam mit mir die nächsten Tage verbringen sollten:

Dan Stahler war der leitende Biologe des Wolfsprojektes und für den wölfischen Teil der Expedition zuständig. Wir kannten uns schon seit der Wiederansiedlung der Wölfe.

Angela Patnode lehrte an der Outdoor Leadership School und war unsere Backcountry-Spezialistin. Sie sollte uns körperlich auf den Trip vorbereiten.

Alle anderen hatten sich wie ich freiwillig für dieses Abenteuer gemeldet: Rick, Informatiker, und seine Tochter Sarah, Politikstudentin, aus Kalifornien; Don, Buchhändler, und sein sechzehnjähriger Sohn Eric aus Kansas City, sowie die beiden Freunde Joe und Tim, beide Flugzeugingenieure aus Seattle.

In dieser bunt zusammengewürfelten Gruppe waren die Greenhorns in Sachen Wildniserfahrung eindeutig in der Mehrzahl.

Heute stand zunächst Theorie auf dem Programm. Wir beschäftigten uns intensiv mit dem Studium von topografischen

Landkarten und übten mit dem Kompass die Orientierung im Gelände.

Die drahtige Angela brachte uns bei, wie wir uns abseits der Zivilisation verhalten mussten.

»Wir leben hier nach dem Leave-no-Trace-Prinzip«, erklärte sie. »Das bedeutet, dass wir keine Spuren hinterlassen. Selbst das kleinste Fitzelchen Müll müsst ihr wieder mitnehmen.«

»Jetzt kommt Angelas Lieblingsthema: How to shit in the woods.« Dan grinste breit, als er in die ungläubigen Gesichter sah.

Angela kniete sich hin und zeigte, wie es geht: »Mit einer kleinen Schaufel stecht ihr ein etwa zwanzig Zentimeter großes Quadrat aus. Das Innere wird noch einmal vertieft. In dieses Loch deponiert ihr euer ›Geschäft‹. Das alles verrührt ihr mit einem Stock und etwas Erde gründlich, damit es sich zersetzt. Dann schaufelt ihr das Loch zu und setzt das ausgestochene Stück Erde wieder obenauf – voilà, alles wie unberührt.« Sie klopfte sich die Erde von den Händen und schaute befriedigt auf ihr Werk.

Ach ja, und statt Klopapier empfahl die Expertin »natürliche« Mittel wie Gras oder Tannenzapfen. »Aber Vorsicht! Immer in die richtige Richtung verwenden, sonst besteht Verletzungsgefahr«, warnte sie. Wer nicht auf sein Toilettenpapier verzichten wollte, musste das benutzte Papier in einer Plastiktüte wieder zurück in Zivilisation mitnehmen und dort entsorgen.

»Nee!«, sagte Eric, der die Prozedur mit offenem Mund verfolgt hatte, entschieden. »Dann geh ich lieber gar nicht aufs Klo.«

Es folgte der wichtigste Punkt der Vorbereitung: das Bärentraining. Obwohl ich während der vielen Jahre, die ich in Yellowstone verbracht hatte, schon oft Bären gesehen hatte, war ich gespannt auf diese Lektion.

»Vergesst, was ihr bisher gehört habt, dass man bei einem Grizzly auf den Baum klettert und vor einem Schwarzbären davonrennt oder sonstigen Blödsinn«, forderte uns Angela auf. »Man kann einem Bären nicht davonrennen, und auch Grizzlys können vorzüglich klettern.« Ein Pflicht-Video, das von einem Bärenbiologen gedreht worden war, sollte uns verständlich machen, wie unterschiedlich sich Bären verhalten, wie sie angreifen und wie wir darauf reagieren müssen.

»Die meisten Angriffe geschehen, wenn eine Bärin mit Jungen überrascht wird«, erklärte Angela. »Alles, was sie will ist, ihren Nachwuchs zu beschützen. Es kann auch sein, dass ein Bär seine Beute verteidigt. Versucht also unter allen Umständen ruhig zu bleiben und euch langsam zurückzuziehen. Wenn das keine Wirkung zeigt und sie auf euch zurennt, müsst ihr euch auf den Boden werfen, Beine gespreizt und die Hände hinter dem Kopf verschränkt. So!«

Bei Angelas Demonstration bekam Sarah, die sich bisher zurückgehalten hatte, große Augen und wurde blass um die Nase.

»Ihr müsst euch tot stellen. Rührt euch nicht! Vielleicht versucht der Bär, ein wenig an eurem Rücken oder Kopf zu knabbern oder euch umzudrehen. In diesem Fall rollt euch immer wieder auf den Bauch zurück. Über kurz oder lang wird der Bär aufgeben, weil er seine Jungen oder seine Beute gegen einen ›toten‹ Angreifer nicht verteidigen muss. Bleibt noch eine ganze Weile liegen, bis der Bär sicher verschwunden ist, und macht euch dann schleunigst aus dem Staub.«

»Neunzig Prozent aller Bärenangriffe sind Scheinangriffe«, versuchte Dan zu beruhigen. »Ihr müsst die Nerven behalten und stehen bleiben. Wenn der Bär es aber ernst meint, dann könnt ihr euch mit dem Bärenspray wehren. Ihr müsst leicht nach unten zwischen euch und den Angreifer feuern. Das ist sehr schmerzhaft, und der Bär ist erst einmal für eine Weile ausgeschaltet.«

Das Spray wurde am Gürtel getragen und sollte in den nächsten Tagen unser ständiger Begleiter werden. Wir durften uns nicht mehr davon trennen. Eric probierte es sogleich aus und stolzierte breitbeinig wie John Wayne vor uns umher. Als der Teenager die »Waffe« zog und sie schussbereit hielt, prusteten wir alle los.

Das Lachen verging uns, als wir ein weiteres Video anschauen mussten, das Bärenopfer nach einem Angriff zeigte. Sarah zog bei den blutigen Bildern die Luft ein und krallte sich in den Unterarm ihres Vaters.

»Jetzt wisst ihr, warum Alleingänge nicht gut sind«, sagte Angela. »Wenn ihr in der Gruppe bleibt, kann euch nichts passieren.«

Nach der Mittagspause gab uns Dan einen Überblick über unsere Aufgabe während der nächsten Tage: Wir mussten Wolf 392M folgen. Er trug ein GPS-Halsband, mit dem man seine Wanderungen aufzeichnen konnte – selbst in der Nacht und vom Computer aus.

392M war ein zweijähriger Rüde des Geode-Rudels, das sich überwiegend im Gebiet von Hellroaring aufhielt. Wir wollten herausfinden, wovon sich dieser Wolf und seine Familie – elf Erwachsene und vierzehn Welpen – ernährten.

Bisher waren die Studien immer im Spätwinter durchgeführt worden. Im Schnee konnte man leichter erkennen, wo die Wölfe ein Beutetier gerissen hatten. Die Untersuchung der Überreste hatte beispielsweise ergeben, dass die Wölfe – im Gegensatz zu menschlichen Jägern – überwiegend ältere Tiere töteten und so die Hirschpopulationen gesund hielten.

Im Sommer war es bisher noch nicht möglich gewesen, solche Untersuchungen durchzuführen. Die Wölfe folgten ihren Beutetieren in höhere Gebiete. Sie teilten sich in kleinere Gruppen auf und wanderten über längere Strecken. Selbst aus der Luft gelang es kaum, sie mit konventioneller Technik zu orten. Mit der Einführung der neuen Satellitenhalsbänder änderte sich das. Jetzt konnte man einem besenderten Wolf vom heimischen Computer aus per Mausklick folgen. Die Biologen hatten 392M im Winter eingefangen und mit einem Sender ausgestattet, der darauf programmiert war, sich im Mai selbst zu aktivieren.

Dan wollte seinen Laptop mit ins Camp nehmen und jeden Tag die Daten des Wolfs abrufen. 392M hinterließ eine Spur von roten Punkten (»Cluster«) auf dem Monitor. Überall, wo er sich lange oder oft aufgehalten hatte, häuften sich die Punkte. Unsere Aufgabe würde es sein, zu den Orten zu wandern, an denen sich der Wolf mindestens zwei Stunden lang aufgehalten hatte, um herauszufinden, warum er das getan hatte.

Damit wir die Wanderung in die Schlucht auch körperlich »überlebten«, kontrollierte Angela zum Abschluss des Tages, ob wir die Rucksäcke richtig gepackt hatten: unten und oben leicht, Mitte schwer. Es war erstaunlich, wie viel Gepäck manche für eine dreitägige Tour mitschleppen wollten. Don hatte zwei Handbücher über Vogelarten und die Geologie von Yellowstone eingepackt. Rick schien Angst vor dem Verhungern zu haben; mehrere Rationen Trockennahrung und ein Vorrat von Müsliriegeln sollten ihn und seine Tochter eine Weile ernähren. Joe und Tim wollten sich mit vier Dosen Bier die Abende verschönern. Joe, ein leidenschaftlicher Hobbyfotograf, bestand außerdem darauf, seine Kamera mitzunehmen. Nur das schwere Teleobjektiv ließ er im Wagen.

Angela klassifizierte bei den meisten die Hälfte der Rucksackinhalte als »überflüssig« und »bleibt hier«. Nur ihr eigener Campingkocher war für die ganze Gruppe erlaubt. Er musste reichen, um allen einen Kaffee zu machen, heiße Mahlzeiten fielen aus.

Damit war die Einführung in das Projekt beendet. Ich übernachtete in Gardiner im Hotel und träumte in der Nacht von angreifenden Grizzlys.

Am nächsten Morgen trafen wir uns um neun Uhr am Ausgangspunkt der Wanderung. Der Trail zum Yellowstone River führte steil bergab durch felsiges Gebiet mit teilweise hüfthohen Wüstenbeifußbüschen, die einen aromatischen Duft verbreiteten.

Nach einer Stunde verdunkelte sich der Himmel, und wenig später brach ein Hagel- und Gewittersturm über uns herein. Da es keine Deckung gab, hockten wir uns auf den Boden, die Rucksäcke als Schutz vor den tischtennisballgroßen Hagelkörnern über dem Kopf. Beim Anblick der zuckenden Blitze fiel mir Angelas Spruch beim gestrigen Bärentraining ein: »In Yellowstone werden mehr Menschen vom Blitz erschlagen als von Bären angegriffen.« Gestern hatte das noch beruhigend geklungen …

Sobald der Sturm vorübergezogen war, stiegen wir pudelnass und mit weichen Knien weiter in die Schlucht hinunter. Langsam wich die gedrückte Stimmung der Euphorie, überlebt zu haben. Über eine schmale eiserne Hängebrücke überquerten wir den tosenden Yellowstone River. Oben auf einem der stählernen Brückenpfeiler thronte ein verlassenes Fischadlernest. Wir folgten dem Fluss und erreichten über einen hölzernen Steg das Basislager. Eine kurze Wolkenlücke reichte für den Aufbau der Zelte, bevor es von Neuem zu regnen begann.

Die Lebensmittel und alles, was für Bären essbar ist, auch diesmal einschließlich Zahnpasta und Kaugummi, wurden in Säcke gepackt und mit einem Seil hoch oben zwischen zwei Bäumen befestigt. Äußerste Vorsicht und Sauberkeit waren die Devise, solange wir uns unter Grizzlys aufhielten.

Trotz unserer müden Beine gönnten uns die beiden Chef-Antreiber keine Zeit zum Ausruhen: 392M wartete auf uns. Dan lud die ersten Daten auf seinen Laptop. Mit einem GPS-Peilgerät machten wir uns auf die Suche und fanden nach einigem Klettern die etwa vier Tage alten Überreste eines toten Hirschkalbs. Auf einem Formblatt notierte der Biologe den Fundort, das mutmaßliche Gewicht und das Geschlecht des Jungtieres. Dann verteilte er Plastikbeutel an jeden zum Einsammeln von Knochenresten. Während sich Eric mit einem »Cool« daranmachte, so viele Knochen wie möglich einzusacken, hockte sich Sarah neben den angenagten Schädel des Kalbs und streichelte sanft das eine noch erhaltene Ohr des Tieres. »Mach's gut!«, flüsterte sie mit einem nachdenklichen Ausdruck auf ihrem Gesicht. Nach unserer Rückkehr aus der Schlucht würde Dan die Reste des Hirschkalbs im Labor untersuchen und zur DNA-Analyse einschicken.

Immer noch im Regen liefen wir ins Camp zurück und nahmen schweigend im Stehen unser Abendbrot ein. Wir alle waren müde von den vielen Eindrücken und Erlebnissen. Angela hatte eine Plane zwischen zwei Bäume gespannt, sodass wir wenigstens hier trocken waren. In den Zelten durften wir nicht essen, weil das die Bären anlocken konnte.

Ich legte meine durchnässte Kleidung am Fußende des Zeltes auf einen Haufen und schlüpfte in den zum Glück noch trockenen Daunenschlafsack. Tausend Mal hatte ich mich an diesem Tag gefragt, warum um alles in der Welt ich mir das antat. Nun war ich völlig erschöpft, und es gab keinen Muskel mehr in meinem Körper, der nicht schmerzte. Dennoch schlief ich tief und fest – neben mir griffbereit das Bärenspray, die Taschenlampe und die Schippe, falls ich in der Nacht mal raus musste.

Im Leben gibt es Augenblicke, wo einfach nichts mehr geht. Wo du nur noch versuchst, zu überleben, dich anzupassen und die Sache irgendwie hinter dich zu bringen. So fühlte ich mich am nächsten Morgen, als es immer noch regnete. Regen, der auf ein Zeltdach trommelt, mag romantisch klingen, ist es aber nicht, wenn man aus der schützenden Behausung raus muss. Jetzt wurde ich für einen Anfängerfehler bestraft: keine trockene Extrakleidung, keine Plastiktüte, um die nassen Sachen einzupacken und darüber hinaus – die völlig falsche Kleidung. Mit Jeans eine Mehrtageswanderung zu wagen, das war einfach nur dumm. Ich krabbelte aus dem warmen Schlafsack, stieg in die feuchten Hosen und in die nassen Schuhe, kaute ein weich gewordenes Knäckebrot mit Käsesticks und versuchte, mir am heißen Kaffeebecher die Hände zu wärmen. Zum Glück reichte Angelas Campingkocher für eine große Portion Kaffee für alle. Während Don, Eric und ich noch durchnässt waren und nur schwer in die Gänge kamen, schienen die anderen echte Camper-Profis zu sein. Ich beneidete sie um ihre trockene Funktionskleidung.

Es half alles nichts, die Arbeit musste getan werden. Langsam hatte das Wetter ein Einsehen, die Wolken rissen auf und ließen ein paar Sonnenstrahlen durch.

Nach dem Frühstück brachen wir auf. Außer den Frequenzen von 392M hatte Dan die Daten von fünfzig Hirschkälbern auf dem Laptop, die alle einen Chip im Ohr trugen. Fanden wir ein solches Tier tot auf, mussten wir es genau untersuchen und möglichst die Todesursache feststellen. Unser Wolf führte uns zunächst zu den relativ frischen Knochen eines erwachsenen Hirsches. Dan machte sich an die Arbeit. Mit einer Säge durchtrennte er den Oberschenkelknochen.

»Verhungert ist der Bursche auf jeden Fall schon mal nicht.« Dan deutete auf das noch fast vollständig vorhandene Knochenmark. »Das ist das Letzte, was aufgebraucht wird, wenn ein Tier verhungert. Es sind übrigens die großen Hirschbullen, die im Winter als Erste den Wölfen zum Opfer fallen. Könnt ihr euch vorstellen, warum?«

Ahnungsloses Schulterzucken. Jetzt kam Angelas Part. Die beiden spielten sich die Stichworte zu wie Tennisbälle.

»Die Jungs haben im Herbst zu viel zu tun. In der Brunft müssen sie ihren Harem zusammensuchen und bewachen. Außerdem müssen sie ihre Damen gegen die Rivalen verteidigen. Da haben sie keine Zeit zu fressen. Und schließlich verausgaben sie sich bei der Paarung.«

Grinsend fuhr Angela fort: »Während die Mädels entspannt im Gras liegen und sich den Bauch vollhauen, sind ihre Männer rund um die Uhr beschäftigt. Darum gehen sie sehr geschwächt in den kalten Winter.«

Das System leuchtete mir ein. Mutter Natur hatte alles perfekt arrangiert: Die Männchen wurden nach der Zeugung schließlich nicht mehr gebraucht. Die Hirschkühe dagegen brauchten im Winter all ihre Kraft für das neue Leben, das in ihnen wuchs. Nach der Geburt der Kälber kümmerten sie sich allein um den Nachwuchs. Die einzige Aufgabe der so stolzen Hirschbullen war es, ihre Gene möglichst großflächig zu verteilen.

»Wie im richtigen Leben«, kommentierte Rick trocken und hatte die Lacher auf seiner Seite, während seine Tochter Sarah ihm den Ellbogen in die Seite stieß.

Wir folgten weiter den Spuren unseres Wolfes. Ich genoss die einzigartige Gelegenheit, das Hellroaring-Plateau zu erkunden. Hellroaring – die brüllende Hölle. Die ersten Pioniere in Yellowstone hatten dem Gebiet seinen Namen gegeben. Wahrscheinlich hörte sich im Frühjahr nach der Schneeschmelze das Tosen des Flusses wie ein Höllenfeuer an. Wir befanden uns jetzt auf einem Hochplateau weit über unserem Camp. Hier gab es keine Wanderpfade mehr, nur noch endlose Wiesen und Wüstenbeifußsteppe, durchsetzt von Blumenschönheiten wie den gelben Balsamwurzeln, weißem Phlox und rotem und orangefarbenem Indian Paintbrush. Die Hänge des Hellroaring Mountain waren in allen Brauntönen gesprenkelt: dem dunklen Braun der Bisonherden und dem helleren Braunbeige der Wapitis. In wenigen Wochen würde das Grün des Grases zu einem hellen Gelb vertrocknet sein. Jetzt war die Zeit der Grasfresser – aber auch der großen Beutegreifer. Sie mussten sich wie im Schlaraffenland wähnen. Überall fanden wir Spuren des jahrtausendealten Rituals von Jägern und Gejagten. Fellreste, Knochen, einen Bisonschädel. Neunzig Prozent der neuntausend Quadratkilometer von Yellowstone sind Wildnis. Ich beneidete die Wölfe, die in dieser wunderschönen Landschaft lebten.

Dan trieb uns an. Überall fanden wir nun Spuren von 392M. Anhand der Daten sahen wir, dass er sich kurz zuvor hier aufgehalten haben musste. Sogar in einem kleinen Teich war er gewesen. Dort gab es jede Menge Frösche. Ich weiß, dass sich einige Wölfe in Kanada auf das Fangen von Lachsen spezialisiert haben. Bisher hatte ich aber noch nie etwas von Wölfen gehört, die Frösche fressen. Vermutlich hatte der Rüde nur ein erfrischendes Bad genommen.

Als wir ins Camp zurückkamen, war es schon spät. Wir aßen unser Abendbrot erneut im strömenden Regen. Die Sommermonate sind mit ihren regelmäßigen Nachmittagsgewittern nicht die beste Jahreszeit für eine Wandertour. Als die Wolkendecke aufriss, setzten wir uns zusammen, um über die Erlebnisse und Entdeckungen des Tages zu sprechen. Ich vermisste ein wärmendes Lagerfeuer. Aber das war hier wegen der extremen Waldbrandgefahr strengstens verboten.

Eric freute sich darauf, in der Schule über sein Backcountry-Abenteuer zu berichten. »Die werden voll neidisch sein. Bloß schade, dass wir keinen Grizzly gesehen haben.«

»Und was ist mit dem da hinten?«, fragte sein Vater im Scherz. Alle lachten, als Eric erschrocken aufsprang.

»Kommt mal her«, rief Dan und zeigte ein Stück abseits auf den Boden. Tierspuren. Sie waren groß und schwer zu identifizieren.

»Puma! Oder auch Berglöwe oder Cougar. Die Felsen hinter euch sind die Heimat von Berglöwen. Es gibt etwa fünfzehn davon im Park.«

Joe kniete sich hin und fotografierte ohne Ende. Die anderen sahen sich unsicher um.

Jetzt war Angela wieder in ihrem Element. Es war Zeit für ihren Kurs: *Wie verhalte ich mich bei einem Puma-Angriff?*

»In Yellowstone hat es bisher nur ganz wenige Angriffe von Pumas auf Menschen gegeben«, beruhigte sie uns. »Wir sollten allerdings zusammenbleiben, wenn das Tier so nahe ist.«

Bei einem Angriff sei es wichtig, »Größe« zu zeigen. Körperliche Größe!

»Wenn ihr einen Puma seht, bleibt eng in der Gruppe zusammen. Macht Lärm. Verhaltet euch dominant. Beugt euch nicht herunter, sondern richtet euch auf und macht euch größer. So könnt ihr ihn vertreiben.«

Joe sprang sofort auf.

Als wir wieder zusammensaßen, erzählte ich von meiner bisher einzigen Puma-Sichtung. Ich hatte vor einigen Jahren vom Hellroaring Overlook aus eine Pumamutter mit ihren drei Jungen beobachtet – genau in dem Gebiet, in dem wir jetzt zelteten. Ein Wolfsrudel hatte die Reste eines gerissenen Hirsches liegen gelassen und war weitergezogen. Die Berglöwin nutzte die Chance und fraß an dem Kadaver. Ihre Kleinen waren nicht sehr alt, ihr Fell zeigte noch dunkle Babyflecken.

Als zwei Jungwölfe zurückkamen, kletterten die Kätzchen auf den Baum. Die unerfahrenen Jungwölfe sahen in ihnen wohl ein Spielzeug. Sie sprangen am Baum hoch, während die Kleinen von oben herab fauchten und die Krallen ausfuhren. Schließlich verloren die Wölfe die Lust am Spiel und zogen davon.

»Wow. So was möchte ich auch mal erl...«, Sarah beendete den Satz nicht mehr und lauschte angestrengt in die Dämmerung. In der Ferne erklang Wolfsheulen aus zahlreichen Kehlen. Kojoten fielen mit hellen Stimmchen in den Chor ein. Wir drehten uns in alle Richtungen, konnten aber nicht ausmachen, woher der Gesang kam.

Jeder, der zum ersten Mal in der Wildnis das Heulen von Wölfen hört, ist bewegt; viele weinen. Der Klang scheint unsere Seele zu berühren, etwas in unserem tiefsten Inneren. Eine Erinnerung an ein uraltes Leben, als wir noch mit der Natur verbunden waren. Eine Mischung aus Ehrfurcht, Freude und Angst ergreift uns.

Ich genieße jedes Wolfsheulen, das ich alleine in der Wildnis höre. Eine Gemeinschaft wie diese jedoch gibt dem Erlebnis noch eine andere Qualität. Das Strahlen, das ich in den Augen von Rick und Sarah, von Don und Eric und von Joe und Tim sah, war dasselbe verklärte Leuchten, das ich bei den Teilnehmern meiner Wolfsreisen immer wieder erleben durfte. In solchen Momenten fühle ich eine tiefe Zuneigung in mir aufsteigen. Ich weiß, wie diese Menschen sich jetzt fühlen. Durch die Tiere bin ich mit ihnen verbunden. Und ich bin dankbar, dass wir dieses Erlebnis teilen dürfen.

Der nächste Tag war wieder proppenvoll gepackt mit Cluster, Positionsbestimmungen, Suche nach Kadavern, Knochen bestimmen und Kot sammeln. Wir kletterten auf einen Aussichtspunkt und suchten die Geode-Wölfe. Vergeblich. Am Abend erfuhren wir durch den GPS-Datendownload, dass unser 392M sich die meiste Zeit in der Nähe der Welpenhöhle aufgehalten hatte. Er hatte einen vollen Bauch, kein Grund also, sich während der nächsten Tage zu bewegen.

Am letzten Tag stiegen wir wieder zum Trailhead auf. Abschiedsstimmung lag in der Luft. Jeder hing in den vier Stunden bis zum Ausgangspunkt seinen Gedanken nach. Ich nenne es den »Wildnis-Effekt«: Die intensive Nähe zur Natur verändert alle, die sich längere Zeit in ihr aufhalten. Besonders, wenn die Schöpfung so allumfassend und überwältigend ist wie hier. Dazu noch die Nähe großer Beutegreifer, die uns wachsamer macht. Wer kann sich dieser Magie schon entziehen?

Bei unserem Wolfs-Camp haben wir sehr intensiv die Zusammenhänge der Natur erkennen und verstehen können. Das feine Wechselspiel zwischen Wolf und Beute, Jäger und Gejagtem. Hier erfuhren wir, was es bedeutet, die Tiere in ihrem natürlichen Umfeld zu erleben und so das ganze Bild zu begreifen. Weil wir uns in ihre Welt, die Welt der Tiere, begeben hatten.

Bei den Autos angekommen, tauschten wir E-Mail-Adressen aus, bevor sich unsere Wege trennten. Wir wollten in Verbindung bleiben. Dieses einmalige Erlebnis hatte uns zu einem »Rudel« zusammengeschweißt. Wir waren als Fremde in die Schlucht gestiegen und als Freunde zurückgekommen. Im Camp hatten wir, völlig unterschiedliche Menschen, in einer Extremsituation ohne Streit zusammengearbeitet, was schon für sich genommen eine Seltenheit ist. Uns verband nicht nur das Bewusstsein, durch das Projekt den Wölfen zu helfen, sondern wir hatten das Gefühl erlebt, ein Teil der Natur zu sein.

Als Gemeinschaft Teil einer Aufgabe zu sein, die größer ist als jeder Einzelne, war ein Geschenk – nicht nur von der Wildnis an uns, sondern auch von uns an die Wildnis.

AUF DER SPUR DER GRIZZLYS

Der Yellowstone-Nationalpark gehörte schon zu meinen bevorzugten Nationalparks, lange bevor 1995 die Wölfe wiederangesiedelt wurden und ich den größten Teil des Jahres damit verbrachte, sie zu beobachten. Schon Ende der 1970er-Jahre machte ich dort oft Urlaub. Die Landschaft, die Geysire und die wilden Tiere hatten es mir angetan. Später arbeitete ich als Reiseleiterin und organisierte eigene Wildnistouren in den Park. Wir übernachteten dabei in Hotels, und die Wildtierbeobachtungen beschränkten sich auf das, was wir von der Straße aus sehen konnten. Im Frühjahr 1986 nahm ich mir dann eine längere Auszeit mit dem Plan, mehr Wildnis zu wagen, ausgiebig zu wandern und im Zelt zu übernachten.

An einem Morgen Ende Mai näherte ich mich in West Yellowstone dem Eingangstor des Nationalparks und hielt an der Rangerstation an, um mich über den aktuellen Straßenzustand und die geöffneten Campingplätze zu informieren. An die Eingangstür war ein Zettel getackert, auf dem stand: *Campground Fishing Bridge: keine Zelte, nur Camper und Wohnmobile. Bärenaktivitäten!*

Das fing ja gut an. Ich betrat das kleine Büro und fragte beunruhigt den Ranger, der hinter einem Tresen stand und Papiere sortierte: »Ich habe gerade den Zettel gelesen. Eigentlich wollte ich hier campen und wandern. Aber jetzt bin ich mir nicht mehr so sicher. Wie viele Bären haben Sie denn in letzter Zeit gesehen?«

»Nun, seit April habe ich persönlich neun gesehen. Natürlich kann ich nicht beschwören, dass es neun verschiedene Bären waren, aber es waren alle Grizzlys. Einer war ein großes, dreihundert Kilo schweres Männchen. Einer war ein etwa einhundertfünfzig Kilo schweres Weibchen mit Zwillingsbabys. Ich habe die Jungen bei den neun nicht mitgezählt. Ein anderer war ein Teenager, vielleicht hundert Kilo schwer. Ich denke, ich kann den Unterschied erkennen.«

»Wie gefährlich sind sie?«, fragte ich besorgt.

»Sehr. Das Problem bei einem Grizzly ist, dass man nicht vorhersagen kann, was er tun wird. Deshalb weiß man dann auch nicht, wie man sich verhalten soll. Ob es am besten ist, in Windrichtung oder gegen den Wind zu sein, ob Lärm sie verschreckt oder nur irritiert, ob man mit ihnen reden, langsam zurückgehen oder auf einen Baum klettern soll. Meistens werden sie sich wegdrehen, wenn sie Menschen sehen, egal, was die tun. Aber Bären sind dafür bekannt, dass sie gelegentlich auch Menschen angreifen, die all die Taktiken anwenden, die ich Ihnen genannt habe. Und sie können Sie töten und fressen.«

»Jemand hat mir gesagt, ich sollte Glocken an meinem Rucksack tragen, um sie zu verscheuchen. Ist das eine gute Idee?«

»Ich weiß es nicht. Vielleicht machen die Glocken sie nur hungrig. Manche sagen, die Bären haben gelernt, die Glocken mit Futter in Verbindung zu bringen.«

Einen Grizzly von einem Schwarzbären zu unterscheiden hatte ich bei meinen Aufenthalten in den Wildnisgebieten Nordamerikas gelernt. Schwarzbären sind dunkel und kleiner als die braunen Grizzlys, die vor allem an ihrem massiven Schulterhöcker zu erkennen sind. So weit der Schnellkurs. Wie ich später erfuhr, war die Unterscheidung bei den Yellowstone-Bären nicht ganz so einfach: Es gab Schwarzbären, die waren groß, braun und manchmal sogar zimtfarben. Und es gab kleine und auch schwarze Grizzlys. Oft konnte man den Unterschied erst sehen, wenn man nah genug war. Darauf wollte ich mich bei einer Wanderung nicht verlassen. Ich suchte nach einer Beruhigung.

»Ist es möglich, am Kot den Unterschied zwischen Schwarzbären und Grizzlys zu erkennen?«

Der Ranger grinste, lehnte sich über den Tresen vor und flüsterte in verschwörerischem Ton: »Ja, das kann man. Im Grizzlykot sind Glocken.«

Errötend schaute ich mich um und war froh, dass ich noch der einzige Tourist im Büro war. Später erfuhr ich, dass man den Kot der beiden Bärenarten eindeutig nur mit einem Labortest unterscheiden kann.

»Sie würden mir also davon abraten, im Grizzlygebiet zu wandern?«

»Nein, das tue ich nicht. Was die Risiken betrifft, so tun wir an jedem Tag unseres Lebens gefährlichere Dinge. Die Chancen stehen gut, dass Sie nicht einmal einen Bären sehen werden. Und wenn doch, werden Sie vermutlich nicht wissen, wie Sie reagieren sollen. Niemand weiß das. Der Park Service muss Ihnen irgendetwas erzählen, um sich vor Schadensersatzklagen abzusichern, wenn etwas passiert. Also empfiehlt er: *Klettern Sie auf einen Baum oder gehen Sie leise weg. Stellen Sie sich tot, um eine Bärenmutter davon zu überzeugen, dass Sie ihren Jungen nichts tun werden.* Aber mal ehrlich – bis Sie einen Baum zum Klettern gefunden haben, ist es wahrscheinlich zu spät, um noch etwas zu tun. Aber zumindest kann der Park Service sagen, dass Sie gewarnt wurden.«

»Dann wäre es doch dumm, im Grizzlygebiet zu wandern.«

»Nun, es ist nicht dämlicher und auch nicht riskanter, als mit dem Auto auf der Autobahn zu fahren. Aber es ist schlecht für die Grizzlys. Sie brauchen das Hinterland. Jedes Mal, wenn jemand zerfleischt wird, stirbt wahrscheinlich ein Bär. Oft ist er noch nicht einmal der Täter, und wenn doch, wurde er vielleicht zum Angriff gereizt. Wir wissen es nicht.«

Es musste doch noch irgendeinen verflixten Bären geben, der nicht ganz so gefährlich war!

»Was ist mit Schwarzbären?«

»Wir haben hier in Yellowstone zwischen fünfhundert und sechshundert Schwarzbären und dreihundert bis sechshundert Grizzlys. Beide Spezies sind unberechenbar und reagieren auch oft entsprechend ihrer Stimmung. Manche sind auf Futtersuche, andere auf Wanderschaft, und manchmal ist einer auch nur schlecht drauf. Wer sich mit Bären auskennt, kann wahrscheinlich sagen, in welcher Stimmung sich Meister Petz gerade befindet. Aber die meisten Menschen können das nicht beurteilen.«

Ich bedankte mich und fragte mich im Stillen, was ihn wohl dazu bewogen hatte, sich auf die Seite der Bären zu stellen.

An diesem Abend schlug ich mein Lager auf dem Madison-Campingplatz auf. Nach dem Essen schlenderte ich am Madison River entlang. Hier hat am 7. August 1959 das Hebgen-Lake-Erdbeben mit einer Stärke von 7,5 dramatische Verwüstung verursacht und die Geografie des Parks radikal verändert.[7] Berge zerbröckelten, Seen entstanden, wo vorher keine gewesen waren, und die Temperatur in den Thermalquellen stieg an. Das Beben riss einen Spalt in die Erdkruste, aus dem dreihundert Geysire ausbrachen und zentnerschwere Felsbrocken in die Luft schleuderten. In der Nähe der Stelle, an der ich jetzt spazieren ging, hatten starke Windböen sechs Mitglieder einer Familie in den Fluss und damit in den Tod gerissen. Innerhalb weniger Minuten waren mehr Menschen gestorben, als jemals von den Grizzlys im Park getötet worden waren.

Beim Kaffee am nächsten Morgen verflüchtigte sich meine Angst und machte der Aufregung Platz, einmal ganz Tourist sein zu dürfen, ohne Verpflichtungen und Termine. Endlich konnte ich mir Zeit nehmen, den Park in aller Ruhe zu erkunden. Ich konnte mich entspannen und mich zu den anderen Touristen gesellen, die auf den Ausbruch von Geysiren warteten; ich konnte auf den hölzernen Stegen wandern, die über die Thermalquellen führten; ich konnte Hirsche, Bisons und Elche beobachten, die ihrer täglichen Weide- und Ruheroutine nachgingen. Und vielleicht, nur vielleicht, würde ich einen Grizzly sehen. Wölfe gab es damals noch nicht. Bis sie 1995 angesiedelt wurden, sollte es noch neun Jahre dauern.

Ich hatte mir einen Stapel Karten von Yellowstone und dem nahe gelegenen Teton-Nationalpark besorgt und machte es mir zum täglichen Ritual, beim Morgenkaffee anhand der Karten eine Aktivität für den Tag zu planen. Ich war entschlossen, bei meinem Urlaub nichts zu überstürzen. In den nächsten Tagen wanderte ich die Geysirpfade entlang, lungerte mit einem Cappuccino und einem »Rocky Road Eis« (Schokoladeneis gemischt mit Nüssen und Marshmallows) in der Lobby der historischen »Old Faithful Lodge« herum und schaute zu, wie der »alte zuverlässige« Geysir unter dem Jubel – ja, dem Jubel! – der Menge pünktlich ausbrach. Ich saß am Rande der weiten Wiesen und beobachtete Hirsche, Antilopen, Bisons und einen riesigen Elchbullen. Bei einer Raftingtour fuhr ich im Schlauchboot den Snake River hinunter, wo ich Weißkopfseeadler, Fischadler, Trompeterschwäne und Kanadakraniche sah. An manchen Nachmittagen hockte ich mit schussbereiter Kamera auf einem Stein am Ufer von einem der vielen Seen und hoffte und fürchtete zugleich, einen Grizzly zu sehen, der zum Trinken oder Fischen kam. Leider vergeblich. Vielleicht lagen die Bären noch in ihrer Winterruhe, oder sie störten sich an den Touristen und hielten sich im Hinterland auf.

Der Yellowstone-Park ist voller Gefahren, jedes Jahr sterben dort Menschen. Sie verbrühen sich, wenn sie zu nahe an die Geysire kommen, sie verbrennen sich in den Thermalquellen, und sie fallen von den Klippen. Manche werden von Wasserfällen weggefegt, von umstürzenden Bäumen getroffen, von Bisons durchbohrt oder von Elchen zu Tode getrampelt. Nur sehr selten wird jemand von einem Grizzlybären angegriffen oder getötet. Dennoch bleibt der Grizzly das Symbol der Gefahr, das Lebewesen, das gefürchtet werden muss. Bären können an jedem Ort, der von Menschen frequentiert wird, auftauchen: auf Campingplätzen, Wanderwegen, Picknickplätzen.

Trotz der festen Meinung des Rangers, das Backcountry müsse ausschließlich für Grizzlys reserviert bleiben, begnügte ich mich nicht damit, mich auf die Attraktionen entlang der Parkstraße zu beschränken, die in Form einer liegenden Acht die Sehenswürdigkeiten verbindet. Ich beschloss, einen Tag im Hinterland zu wandern, selbst wenn ich allein gehen musste.

Und da war es wieder: Am Ausgangspunkt des Wanderweges stand ein Schild, das davor warnte, dass hier kürzlich Bären gesehen worden waren. Den Wanderern wurde geraten, in Gruppen zu gehen und viel Lärm zu machen. Ich erinnerte mich an die Worte des Rangers, dass man nicht wissen könne, ob Lärm die Bären erschreckt oder eher verärgert. Ich beschloss, das Risiko einzugehen. Als ich mich auf den Boden setzte, um meine Wanderstiefel anzuziehen, bemerkte ich eine Frau, die etwa zwanzig Meter entfernt ihre Schuhe schnürte.

»Bist du allein?«, fragte ich.

»Nun ja«, sagte sie, schaute sich um und lächelte. »Sieht ganz so aus.«

»Wollen wir zusammen wandern oder willst du lieber allein sein?«

»Nein, ich hätte gern etwas Gesellschaft.« Sie deutete auf das Bären-Warnschild.

Meine neue Wanderbegleiterin stellte sich als Patty vor. Wir machten uns gemeinsam auf den Weg und verstanden uns innerhalb weniger Minuten bestens. Patty lehrte an einer medizinischen Hochschule in Colorado. Im College war sie mit einer anderen Frau etwa ein Drittel des Pacific Crest Trails[8] gewandert. Der PCT faszinierte mich schon lange und stand ganz oben auf meiner To-do-Liste. Vielleicht, weil wir beide schon länger allein unterwegs waren, sprachen wir viel miteinander und erzählten uns gegenseitig die wichtigsten Ereignisse aus unseren Leben. Wir diskutierten über Religion, Politik und Männer. Sie erzählte mir von der Bypass-Operation ihres Vaters, ich vom kürzlichen Tod eines guten Freundes.

Dann kamen wir zu einem Schild, das vor dem Weitergehen über diesen Punkt hinaus warnte: *Wegen Bärenaktivität gesperrt.* Normalerweise ist »Bärenaktivität« ein Euphemismus für aggressives Bärenverhalten, sogar einen Angriff oder Ähnliches. Keine von uns hatte mehr Lust weiterzugehen. Stattdessen stärkten wir uns mit einem Picknick. Wir setzten uns auf einen umgestürzten Baumstamm und aßen unseren letzten Proviant, wobei wir die Umgebung genau im Auge behielten.

Ob ein Bär unser Essen riechen konnte? Es heißt ja, sie können sehr gut riechen. War da nicht ein Knacken? Eine Bewegung hinter den Bäumen? Ich blickte mich hektisch um. In der Wildnis nehmen wir Dinge anders wahr. Nichts schärft unsere Sinne mehr als die Vorstellung, das eigene Leben könnte von einem Geräusch, Geruch oder einer Bewegung abhängen, die wir aus dem Augenwinkel wahrnehmen. Es ist vermutlich eine Fähigkeit, die aus unserem evolutionären Unterbewusstsein an die zivilisierte Oberfläche dringt.

Auch Patty hatte aufgehört zu kauen und sah sich ebenfalls um. »Alles okay«, sagte sie dann. Erst als ich die Luft ausstieß, die ich angehalten hatte, merkte ich, wie angespannt ich gewesen war.

»Wusstest du übrigens, dass Frauen und Männer in unserer Kultur Furcht unterschiedlich empfinden und auch anders auf sie reagieren?«, fragte mich Patty.

Darüber hatte ich noch nicht nachgedacht. Ich hatte Angst nie als geschlechterspezifisch gesehen.

»Wir Frauen erleben sie öfter. Die soziale und körperliche

Macht von Männern über uns ist unser historisches Vermächtnis. Die Angst ist eine Art Radar. Wenn eine Frau nachts allein durch die Stadt läuft oder einem Fremden die Tür öffnet, dann nimmt sie blitzschnell eine Einschätzung vor und reagiert entsprechend. Dabei geht es nicht um die Überwindung der Angst, sondern vielmehr darum, die Wahrnehmung zu schulen, damit wir eine echte Gefahr rechtzeitig erkennen und vermeiden können. Es ist eine Art Straßen-Schläue.«

»Und was nützt mir das bei einer Bärenbegegnung?«, fragte ich.

»Als Frauen nehmen wir diese emotionale Resonanz mit, wenn wir in die Wildnis gehen. Man hat uns beigebracht, dass ein Mann in die Wälder geht, um seinen Mut zu testen. Er steigt auf Berge, paddelt die Stromschnellen hinunter und erlegt den Bären. Eine Frau geht nicht in den Wald, um sich ihrer Angst zu stellen, sondern um ihr zu entkommen. Sie pflückt Beeren, Pilze und Kräuter. Wenn sie sich eine Blockhütte vorstellt, in der sie leben möchte, sieht sie Bilder von einem Gemüsegarten und Blumenkästen vor den Fenstern. Was sie nicht sieht, ist das Hirschgeweih über der Eingangstür oder der Revolver, den sie immer dabei haben sollte, wenn sie im Grizzlygebiet Beeren sammelt. Aber egal, wie sehr sie sich nach der Wildnis sehnt, wenn sie erst einmal dort ist, findet sie ihre alte Gefährtin, die Angst, wieder. Und so richtet die eine Frau ihren Radar auf den psychopathischen Wildnismann, die andere auf den wütenden Bären.«

»Na, dann ziehe ich den wütenden Bären vor«, sagte ich. Patty prustete los. Sie zauberte einen Schokoriegel aus dem Rucksack und teilte ihn mit mir, bevor wir aufbrachen und zum Auto zurückliefen. Am Ende des Weges tauschten wir Adressen aus und versprachen uns beim Abschied, eines Tages wieder gemeinsam zu wandern – vielleicht sogar den PCT.

Als ich an diesem Abend zu meinem Campingplatz zurückfuhr, sah ich mehrere am Straßenrand geparkte Autos und eine kleine Gruppe Touristen, die auf etwas zeigten. Bevor ich aus dem Wagen stieg, entdeckte ich einen riesigen Bären auf einem Hügel. Ich hatte kein Problem, das Tier eindeutig als Grizzly zu identifizieren: muskulöser Schulterhöcker, silberfarbene Haarspitzen. Seine Größe und das Fehlen eines Jungtieres deuteten darauf hin, dass der Bär männlich war. Etwa eine Stunde lang beobachtete ich, wie er im Boden grub, mit den kräftigen Krallen mächtige Felsbrocken umdrehte und konzentriert nach Wurzeln suchte. Kaum vorstellbar, dass es irgendetwas geben könnte, das ihn von seiner Futtersuche ablenken würde.

Ein solch mächtiges, potenziell gefährliches Raubtier aus einer Entfernung von nur wenigen Hundert Metern zu beobachten, verstärkte meine Ehrfurcht vor der Wildheit der Natur. Dieser Bär hätte auch »unser« Bär sein können, vor dem wir uns auf der Wanderung gefürchtet hatten.

Wenn man mich heute fragt, wie es ist, im Bärengebiet zu campen oder zu wandern, erinnere ich mich an diesen Grizzly. Während ich da draußen mein Zelt aufbaue, einen Weg entlanglaufe oder mein Essen über einem Gaskocher zubereite, denke ich normalerweise nur an das, was ich gerade tue – das heißt, wenn ich überhaupt an etwas denke. An jenem Abend, an dem ich zum ersten Mal einen Grizzlybären beim Graben beobachtete, empfand ich etwas, was ich als »Bärendenken« bezeichnen würde. Ich war genauso aufmerksam auf den grabenden Grizzly konzentriert wie er auf seine Futtersuche. Wir waren beide mit dem Leben beschäftigt. Der Bär erntete die Nährstoffe, um genug Fett zu gewinnen, das ihn durch den harten Winter bringen würde; ich sammelte eine andere Art von Nahrung, die ich inzwischen als »Wildnis-Nahrung« betrachte.

Ich hatte erkannt, dass man einen Bären auch anders sehen kann. Dass er nichts mit uns zu tun hat, dass er sein Leben gänzlich für sich selbst und seine Art lebt, ohne Verpflichtung, uns etwas lehren zu müssen. Das war sehr befreiend.

»Sei vorsichtig, da draußen gibt es Bären.« Wie oft hatte ich diese Warnung schon in verschiedenen Variationen von Verwandten und Freunden gehört, bevor ich nach Yellowstone flog. Doch niemand warnte mich vor den offensichtlicheren Gefahren für meine Sicherheit. Schließlich gibt es »Autos da draußen«, wenngleich der Adrenalinschub, wenn ich auf die Autobahn fahre, deutlich geringer ist als der, wenn ich weiß, dass ich dem größten Raubtier, das die Wildnis durchstreift, begegnen könnte. Dazu reicht ein Schild am Beginn eines Wanderweges: *Achtung Bärenwarnung: Auf diesem Weg wurden Grizzlys gesichtet.*

Wanderer, Camper und alle, die im Bärengebiet unterwegs sind, sollten ein paar lebenswichtigen Grundregeln beachten. Es gibt drei Dinge, die man bei einem Bären *nie* tun sollte: ihn überraschen, seinem Futter zu nah kommen und zwischen eine Mutter und ihr Junges geraten.

Letzteres ist mir einmal unbeabsichtigt in Minnesota passiert. 1991 war ich gerade zu einem Freund in die Wildnis gezogen und lebte mit ihm in einer Cabin im Wald, mitten im Wolfs- und Bärengebiet. Zu Fuß war ich an einem Vormittag auf dem Weg zum Briefkasten, der acht Kilometer entfernt an der Straße stand. Die Wanderung und die Stille des Waldes waren eine wohltuende Ablenkung von der harten Arbeit des Hüttenlebens. Plötzlich sah ich etwas Dunkles auf mich zukommen. Das Schwarzbärenbaby war so beschäftigt damit, all die aufregenden Gerüche auf dem Weg zu beschnuppern, dass es mich gar nicht bemerkte. Entzückt beobachtete ich das Fellknäuel und machte mir gleichzeitig Gedanken um seine Mutter, die sich sicher in unmittelbarer Nähe aufhielt. Plötzlich hörte ich hinter mir ein Schnaufen und sah aus dem Augenwinkel eine stattliche Bärin, die sich auf die Hinterbeine erhob, um Witterung aufzunehmen. Ich war in der Falle zwischen Mama-Bär und Baby-Bär, das mich endlich auch entdeckt hatte. Bevor ich mir eine Verteidigungsstrategie überlegen konnte, ertönte ein kurzes »Wuff« von der Bärin, und beide flüchteten blitzschnell ins Gebüsch. Nur das Krachen von Zweigen war zu hören, als Familie Schwarzbär vor dem Monster Mensch floh. Erst jetzt bemerkte ich meine weichen Knie und war froh, dass diese Nahbegegnung gut ausgegangen war.

Welche Kraft ein Schwarzbär entwickeln kann, konnte ich bei einem anderen Zwischenfall 1997 in Yellowstone erleben. Über Funk hörte ich eine Meldung der Ranger, die über eine »Bärensituation« informierten. Auf dem Parkplatz bei Tower Falls war eine Schwarzbärin mit ihren beiden Jungen dabei, ein Auto auseinanderzunehmen. Der Fahrer des Wagens war zur Aussichtsplattform gelaufen, um die Wasserfälle zu fotografieren. Am Morgen hatte er einen Hirsch überfahren, einige Fleischstücke des Kadavers hingen wohl noch im Kühlergrill und an der Stoßstange – jetzt vermutlich leicht angewärmt. Die Bären waren vom Fleischgeruch angelockt worden. Während die Kleinen auf den Wagen kletterten und die Stoßstange herausrissen, schlug die Bärin das Fenster ein, hakte ihre Tatzen am oberen Rand der Tür ein und rollte das Blech herunter, so wie man eine Sardinendose öffnet. Dann schob sie ihren dicken Körper ins Innere des Wagens und holte alles heraus, was sie als »fressbar« empfand: Rucksack, Cola-Dosen und Müsliriegel. Als endlich der Fahrer herbeirannte und versuchte, die Tiere mit lautem Schreien zu vertreiben, wurde die Bärenmutter aggressiv und griff an. Sie rannte drohend auf den Mann zu, drehte jedoch kurz vor ihm ab. Inzwischen hatten sich weitere Touristen angesammelt und brüllten die Bären an. Die Bärin lief wütend zwischen ihren Jungen und den Menschen hin und her. Schließlich trafen die Ranger ein und schossen mit Feuerwerksknallern in die Luft, was die Tiere endlich vertrieb.

»Was der wohl seiner Versicherung erzählt?«, fragte einer aus der Menge der Beobachter und hatte die Lacher auf seiner

Seite. Mir dagegen war nicht zum Lachen zumute. Die Kraft, mit der die Bärin das Auto aufgebrochen hatte, und die Wut, mit der sie auf den Wagenbesitzer losgegangen war, hatten mich erschreckt.

Die Liebe einer Bärenmutter zu ihren Jungen ist legendär. Hier war Mama-Schwarzbär gleich mehrfach herausgefordert und verärgert worden: Sie hatte ihre Kleinen in Gefahr gesehen, sich beim Essen gestört und von den Touristen genervt gefühlt.

Früher war Yellowstone das absolute Paradies für Bärenbeobachter. Ende des 19. Jahrhunderts war das Füttern von Bären bei den Touristen beliebter als das Beobachten der Geysire. Die Hotels des Parks fuhren ihren Müll auf offene Halden. Unter der Aufsicht eines bewaffneten Rangers sahen jeden Abend Hunderte Touristen zu, wie die Grizzlys sich durch die Reste der Hotelabfälle wühlten. Gelegentliche Kämpfe zwischen den Bären fügten einen gewissen Kick hinzu. Auch vom Auto aus wurden die Tiere gefüttert. Alte Fotos zeigen, wie dreiste Petze sich in die Autofenster von Touristen lehnen. Es hatte sich eine Armee von vierbeinigen »Straßenräubern« entwickelt, die sich von den Besuchern per Hand füttern ließ. Dass das Folgen hatte, ist klar. Nicht wenige Touristen wurden von den »zahmen« Bären gekratzt oder gebissen. Erst als ab 1970 die Fütterung verboten, der Müll begraben und bärensichere Mülltonnen aufgestellt wurden, hörte das Betteln auf.

Obwohl überall an den Parkeingängen Zettel mit Hinweisen zum Verhalten im Bärengebiet verteilt werden, machen sich viele Besucher keine Gedanken über die Gefahren. Nur zu oft bleibt Abfall liegen. Jeder winzigste Essensrest zieht Tiere an: Bären, Kojoten, Eichhörnchen. Sie alle fressen das Menschenfutter. Gewöhnen sie sich daran, können sie zur Plage oder auch zur Gefahr werden. Am Ende steht eine Gewehrkugel. Ein gefüttertes Tier ist ein totes Tier.

Bären sind groß, gefährlich und furchtlos? Falsch!

Bären sind auch nur Bären. Ihr Leben ist voller Gefahren, und es gibt drei Dinge, die ihnen besondere Angst machen: andere Bären, das Unbekannte und Menschen. Jeder plötzliche oder fremde Anblick, ein Geräusch oder Geruch können Meister Petz sofort alarmieren und in die Flucht schlagen. Ich habe Bären erlebt, die Angst vor Gewitter hatten. Grasende Grizzlys, die bei jedem lauten Donner vor Furcht in die Luft sprangen und in den Wald flüchteten, wenn es ihnen zu heftig wurde.

Wenn ich im Bärengebiet wandere, bin ich mir in jedem Augenblick der potenziellen Gefahr bewusst, in die ich mich begebe. In offener Landschaft kann ich die Bären schon von Weitem sehen – und sie mich. Keine große Sache. Aber wenn ich durch die hüfthohen Wüstenbeifußbüsche laufe oder mich einer Bergkuppe nähere, dann stellen sich mir die Nackenhaare auf, denn ich habe keine Ahnung, was oder wer mir entgegenkommt.

Im Herbst 2005 war für mich der »Augenblick der Wahrheit« gekommen, vor dem ich mich so viele Jahre gefürchtet hatte: Ich wurde von einem Grizzly angegriffen.

Nach einem längeren Forschungs- und Rechercheurlaub in Yellowstone war ich auf dem Weg nach Bozeman, um nach Hause zu fliegen. Weil ich noch Zeit hatte, nahm ich nicht den direkten Weg durch das Paradise Valley über Livingston, sondern wählte den landschaftlich schöneren Umweg durch den Westausgang nach Norden, am Hebgen Lake vorbei und entlang der Madison Range. Als sich der Kaffee meldete, von dem ich an diesem Morgen schon mehrere Tassen getrunken hatte, bog ich in einen Feldweg ab und folgte einem Wegweiser zu einer Picknick Area. Es gab nur zwei Holztische mit Bänken. Ein plätschernder Bach mahnte mich zur Dringlichkeit, und ich ging ein Stück in die Büsche – ohne meinen eigenen Ratschlag zu beherzigen, immer, IMMER, Pfefferspray dabeizuhaben. Es war ja »nur kurz um die Ecke«.

Ich hatte alles erledigt und wollte den Rückweg antreten, als plötzlich und ohne das geringste Geräusch der mächtige Kopf eines Grizzlys aus dem Gebüsch etwa fünfzig Meter vor mir auftauchte. Das Blut gefror mir in den Adern. Der Grizzly zog, ohne sich zu rühren, die Luft ein und beobachtete mich mit funkelnden kleinen Augen. Dieser Blick des Bären direkt in mein Gesicht – ich war mir sicher: Das ist das Ende. Mein Kopf war leer, es gab nur noch den Grizzly und mich. Ich fühlte mich dem Ungetüm mit den gewaltigen Krallen wehrlos ausgeliefert. Ich hatte keine Ahnung, was ich tun sollte. Ich wollte nur weg. Dass meine Beine trotzdem den Befehl »Halt!« bekamen, verdankte ich meiner Erfahrung und zahlreichen Gesprächen mit Biologen und Bärenexperten sowie dem Bärenkurs von Angela Patnode, den ich das Jahr zuvor in Vorbereitung auf das Wolf-Base-Camp absolviert hatte. Ich hörte Angelas Stimme im Kopf: »Du kannst keinem Bären davonlaufen.« Ich wusste, dass dieser *Ursus arctos horribilis* (der Begriff »horribilis« traf es in diesem Moment auf den Punkt) auf jeden Fall schneller sein würde als ich und dass ihn eine Flucht außerdem zum Angriff gereizt hätte. Ebenso wenn ich um Hilfe rief, falls mich überhaupt jemand hören würde. Das Pfefferspray ... lag im Auto. Mein Herz pochte so rasend schnell, wie ich es nicht für möglich gehalten hätte. Das Blut rauschte mir in den Ohren.

Der Grizzly erhob sich zu seiner ganzen beängstigenden Größe auf die Hinterbeine. Er ließ mich nicht aus den Augen und schnupperte in meine Richtung. Dann ließ er sich mit den Vorderbeinen auf den Boden fallen und stürmte auf mich los, wobei er mal mit der rechten, mal mit der linken Pranke fest auf den Boden schlug. Ich hörte ein »Wuff« und seine Zähne aufeinanderschlagen – eine deutliche Warnung. Vor meinem Auge spielte sich alles in Superzeitlupe ab.

Angst kennt jeder von uns. Sie ist lebenswichtig. Bei Gefahr müssen wir augenblicklich reagieren und blitzschnell bewerten: Achtung, Gefahr! Innerhalb von Millisekunden werden Stresshormone freigesetzt. Puls, Blutdruck und Atemfrequenz steigen. Die Muskulatur wird besser durchblutet. Wir sind bereit für Flucht oder Kampf.

Ich war zu gar nichts mehr bereit. Das Einzige, woran ich noch denken konnte, war: Gut, dass ich eben noch meine Blase entleert habe. Der Rest meines Gehirns funktionierte nicht mehr. So ist das also, wenn man stirbt. Bitte, Gott, lass es schnell gehen und nicht wehtun.

Vielleicht war der Grizzly irritiert, weil ich stehen geblieben war. Oder er hatte nur seinen Standpunkt klarmachen wollen, dass dies sein Revier ist und er keine Eindringlinge duldet. Warum auch immer – er machte etwa zwei Meter vor mir kehrt und trollte sich brummend davon, nicht ohne sich alle paar Meter noch mal nach mir umzudrehen.

Jetzt, wo die Gefahr vorüber war, schwanden mir die Kräfte. Die Spannung entwich aus meinem Körper wie die Luft aus einem Luftballon. Meine Knie zitterten unkontrollierbar, ich musste mich setzen. In meinem ganzen Leben hatte ich mich noch nie so unglaublich verletzlich, verloren und ausgeliefert gefühlt. Die Emotionen überwältigten mich: von unkontrollierbarem Schluchzen bis hin zu hysterischem »Danke«-Flüstern in Richtung Bär.

Wie lange es dauerte, bis ich mich aufraffte und zum Auto zurücklief, kann ich nicht sagen. Um mich selbst zu beruhigen, aber auch, um dem Bären, der sich vielleicht noch in der Nähe aufhielt, mitzuteilen, dass ich noch da war, sprach ich laut mit mir selbst: »Glück gehabt? Nee, oder? Hier draußen in der Wildnis hat man kein Glück. Man stirbt oder man überlebt. Ich war zur falschen Zeit am falschen Ort ... Shit happens ... Sorry, Bär, dass ich dich erschreckt habe. Kannst ja nichts dafür. Bleib jetzt aber bitte weg, bis ich am Auto bin.« So plapperte ich vor mich hin und versuchte, meiner Stimme einen festen, selbstsicheren Klang zu geben.

Ich habe dieses Erlebnis damals weder den Rangern gemeldet noch sonst jemandem erzählt. Diese pure Angst und die damit verbundenen Emotionen waren etwas so Intimes, dass ich sie für mich behalten wollte. Jedoch habe ich danach die Wildnis – und meinen Umgang mit der Angst – mit anderen Augen gesehen. Die ständige »kleine« Angst verlor ich in dem Augenblick, als der Grizzly auf mich zurannte und ich mit echter »großer« Angst konfrontiert wurde. Die überstandene Gefahr zeigte mir, wie verwundbar ich als Mensch bin. Und sie erinnerte mich daran, wie einmalig schön es ist, am Leben zu sein.

In den Fußstapfen von Grizzlys zu wandern bedeutet auch, Angst kennenzulernen: eine Art von Angst, die beleben kann. Es ist die Furcht vor dem Unbekannten, dem Tod. Es geht nicht darum, die Angst zu überwinden, sondern darum, sie kennenzulernen und dann bereit zu sein, mit ihr zu leben. Wir werden dieser Angst begegnen, immer wieder in unserem Leben. Und wir können ihr nicht davonlaufen, sondern müssen sie akzeptieren, sie sogar schätzen lernen.

»Heute machen wir eine ganztägige Wanderung ins Backcountry«, kündigte ich den Teilnehmern einer meiner Wolfsreisen an. Tagelang hatten wir Wölfe beobachtet und dabei auch den einen oder anderen Bären entdeckt. Nun aber sollte es ernst werden. Ich wollte mit ihnen zum Rose-Creek-Gehege hoch in den Bergen wandern. Dort waren 1995 die ersten kanadischen Wölfe untergebracht und später freigelassen worden. Es war das einzige Akklimatisierungsgehege, das noch erhalten war. Der Weg dorthin führte durch Grizzlygebiet. Zuvor instruierte ich die aufgeregten Teilnehmer meines Grüppchens, wie sie sich verhalten sollten: beim Wandern laut reden oder singen, und bei einer Bärenbegegnung NIE weglaufen, sondern stehen bleiben.

Harald, ein großer, kräftiger Automechaniker, hatte nicht nur Angst, sondern einen regelrechten Horror vor dem Ausflug, wollte aber unbedingt mit. »Sicherheitshalber« hatte er sich mit Bärenglocken eingedeckt. Er hatte sie um jeden Fuß- und Handknöchel gebunden und am Rucksack befestigt. Trotz dieser deutlichen Lärmbelästigung für uns alle traute er sich kaum, einen Schritt zu machen. Mit echter Panik im Blick drehte er sich ständig um. Zu seiner Beruhigung hatten wir ihn in die Mitte der Gruppe genommen, flankiert von jeweils einem Hiker mit Bärenspray. Harald selbst ein Abwehrspray in die Hand zu drücken, schien mir zu riskant. Keiner von uns konnte die Wanderung und die Aussicht genießen. Am Ende waren wir von dem Gebimmel so genervt, dass wir ihm drohten, ihn mitten im Grizzlygebiet auszusetzen, wenn er die Glocken nicht entfernte.

Angst gehört zum Leben. Wir alle haben vor etwas Angst, und das ist gut so, denn ohne sie könnten wir nicht überleben. Irrationale Panik jedoch schadet uns, weil wir nicht mehr klar denken können, sobald sie uns erfasst. Wenn wir uns nur noch auf das vermeintliche Unglück konzentrieren, das uns drohen könnte, verpassen wir die Schönheit des Lebens.

Ich war in meinem Leben schon in vielen potenziell gefährlichen Situationen. Als Flugbegleiter wurden wir darauf geschult, in Gefahrensituationen richtig zu reagieren. Bei der Lufthansa arbeiteten wir in den 1970er-Jahren ständig unter der Bedrohung einer möglichen Flugzeugentführung, die 1977 in der Entführung der »Landshut« nach Mogadischu Realität wurde. Das richtige Verhalten bei Entführungen war Teil unserer Ausbildung. Später, als ich als saisonale Dolmetscherin an Bord von Flügen der amerikanischen Northwest Airlines tätig war, gab es regelmäßig Terrorwarnungen.

Auch das Leben in der Wildnis kann gefährlich sein. Ich könnte von einem wilden Tier, das ich überrasche, verletzt oder sogar getötet werden. Bei einer Wanderung im Gebirge kann ich mich verlaufen oder einen Felsen hinabstürzen. Ich kann bei minus fünfundzwanzig Grad erfrieren. In Yellowstone sitze ich auf einem ruhenden Supervulkan, dessen nächster Ausbruch um einige Tausend Jahre überfällig ist. Die Folgen wären katastrophal für das Weltklima. Immer wieder bekam ich Ratschläge, dort nicht hinzufliegen, weil es gefährlich sein könnte. Aber wo sollen wir heutzutage überhaupt noch hinfahren? Wo droht uns keine Gefahr durch Naturkatastrophen? Tsunami, Vulkane, Erdbeben, Feuer. Kriege können plötzlich überall ausbrechen. Ganz zu schweigen von den unsichtbaren Gefahren mitten unter uns, die wir gerade durch die Corona-Viren erleben können. Die Welt ist ein gefährlicher Ort. Sollen wir zu Hause bleiben, damit uns nichts passiert? Auswandern? Fliehen, und wenn ja, wohin? Es gibt *keinen* sicheren Ort auf der Welt. Wollen wir deshalb sterben oder lieber jeden Moment und Augenblick in der Natur genießen? Ja, der Vulkan unter Yellowstone wird eines Tages ausbrechen. Morgen oder erst in zehntausend Jahren. Aber bis dahin werde ich meine Zeit dort genießen.

Ließe ich mich von meiner Angst daran hindern, mein Leben voll auszukosten, dann bliebe mir nichts anderes übrig, als zu Hause auf der Couch zu bleiben. Denn selbst im vermeintlich sicheren Deutschland können wir – glauben wir den Medien – nicht mehr vor die Tür gehen, weil auch dort Wölfe und Bären lauern. Dabei ist es viel gefährlicher, mit dem Hund über eine Kuhweide zu laufen, als durch einen Wald, in dem Wölfe leben.

Ich habe Wölfe, Bären, Elche, Schlangen und andere wilde Tiere getroffen. Alle haben versucht, vor mir zu flüchten. In der Wildnis empfand ich selten echte Furcht – abgesehen von meiner beschriebenen Nahbegegnung mit dem Grizzly. Ich ängstige mich mehr, wenn ich nachts in einer Großstadt bin. Das gefährlichste Lebewesen von allen ist der Mensch.

Wie gehe ich heute mit meiner Angst um, wenn ich mich in der Wildnis aufhalte? Ich respektiere sie, erkenne sie als Freund, der mir beisteht und mich auf potenzielle Gefahren aufmerksam macht. Auf Wanderungen bereite ich mich so gut wie möglich vor. Im Bärengebiet trage ich Pfefferspray am Gürtel, mache Lärm und laufe dort, wo ich am ehesten bemerkt werden kann – auf offener Wiese, nicht am Waldrand, wo sich die Bären gerne aufhalten. Und ich gehe nach Möglichkeit nicht allein wandern.

»Achte auf deine Gefühle«, hat mir einmal eine Rangerin gesagt. »Vertrau auf deine Instinkte, deine innere Stimme.« Das tue ich, und ich achte darauf, ob sich etwas »richtig« anfühlt. Es ist ein Überlebensinstinkt. Obwohl ich mir sicher bin, dass ich, in einem echten Notfall und auf mich allein gestellt, unmöglich lange werde überleben können. Wenn ich irgendwo in entlegener Wildnis ausgesetzt würde, wäre ich sicher in weniger als einem Monat tot, wahrscheinlich an Hunger, Unterkühlung oder einer Infektion gestorben. Und doch fühle ich mich dort am lebendigsten.

Um sich seinen Ängsten zu stellen, gibt es keinen besseren Ort als die Natur, wo man in den normalen Rhythmus des Lebens zurückfinden kann.

Mit meinem Freund Jack war ich vor einigen Jahren auf einer Backcountry-Wanderung in Yellowstones Lamar Valley. Ich wollte ihm die Wölfe zeigen.

Auf dem Berghang vor uns bewegte sich etwas Dunkles. Mein Herz stolperte, aber ich schwieg. Wenige Augenblicke später erkannte ich das ganze Bild: schokoladenfarbener Körper, dunkle Beine, honigfarbener Kopf und Gesicht, der unverwechselbare Buckel.

Jack hatte ihn offensichtlich noch nicht gesehen. Ich stieß ihn an. »Zehn Uhr!«, sagte ich.

Er schaute in die Richtung.

»Am Waldrand, rechts neben dem kegelförmigen Baum. Er bewegt sich zwischen den Bäumen.«

Jack fand das Tier im Fernglas, sein Körper spannte sich an und entspannte sich wieder. Tief atmete er ein. »Ein Grizzly!«, sagt er staunend.

Der Bär schlenderte flussabwärts, stöberte hier und da. An einem langen Uferstück hielt er an und fraß konzentriert Heidelbeeren. Mit dem Kopf hin- und herschwingend, saugte er sie von den Büschen.

Weiter unten verlief der Seitenarm eines Flusses. Wir fokussierten das Spektiv auf den Kies am Ufer, höchstens zweihundert Meter vom Grizzly entfernt. Der Wind wehte stromabwärts, zwischen uns und ihm; die Kiesbank im Wasser erhob sich leicht zur Mitte des Flusses hin. Der Bär konnte uns nicht riechen und wir waren vor seinen Blicken geschützt.

Der Grizzly, sicherlich einer der größten Bären, die ich je in Yellowstone gesehen hatte, machte sich keine Gedanken darüber, was um ihn herum geschah. Er riss eine Pflanze aus und trottete zur nächsten. Durch das Spektiv konnte ich sehen, wie er sich das Maul abschleckte. Sein Bauch hing tief – offensichtlich war es ein gutes Futterjahr für ihn gewesen. Trotzdem hatte er vor, für die bevorstehende lange Winterruhe noch mehr Fett zuzulegen. Aus seinem zufriedenen Gesichtsausdruck schloss ich, dass er seine Mahlzeit genoss.

Für einen Moment nahm ich meine Augen von dem Bären und blickte den Fluss hinauf auf das sich ausbreitende Tal und die Berge, die zum tiefblauen Himmel anstiegen. In diesem Moment wusste ich so klar wie nie zuvor, dass das Ziel meiner Arbeit in Yellowstone nicht allein die Wölfe, Bisons oder Bären waren. Ich hatte in dieser Wildnis eine Heimat gefunden. Die Ungeheuerlichkeit der Landschaft und das majestätische Raubtier vor mir nahmen mir den Atem. Ein Gefühl von Ewigkeit erfasste mich.

Wir beobachteten den Grizzly noch eine ganze Weile. Als es dämmerte, mussten wir Abschied nehmen. Es fiel mir schwer, den Bären zu verlassen. Er schaute weder zu uns hin, noch sah er sich um, so wie es all die anderen Tiere tun, die sich vor Raubtieren in Acht nehmen müssen. An der Spitze der Nahrungskette war er in seinem Selbstbewusstsein großartig. Wir brachen auf. Als ich mich ein letztes Mal nach ihm umdrehte, hatte er seinen Kopf tief in den Blaubeersträuchern.

Begegnungen mit Bären, Wölfen und anderen wilden Tieren in der Wildnis sind für mich ein Geschenk. Dazu gehört auch das Bewusstsein, dass ich sterben könnte, wenn ich ihre Regeln nicht respektiere. Durch die Gefahr und die Angst, der ich immer wieder begegne, fühle ich mich ungeheuer lebendig und erkenne den Wert des Lebens. Das Erleben von intensiven Situationen und die Fähigkeit, sie zu meistern, sind eine Bestätigung meiner eigenen Lebenskraft.

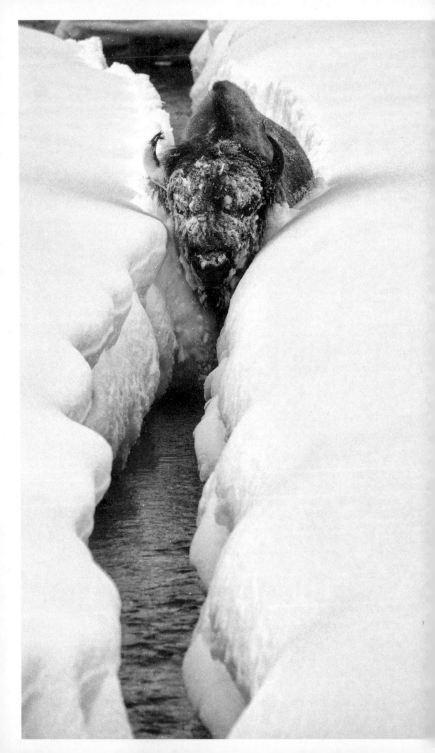

LAND DER BISONS

Er kam an einem Frühlingsmorgen zur Welt und lag erschöpft im Gras, während seine Mutter ihn eifrig leckte und von den Überresten seiner Geburt befreite. Er war leuchtend orange, fast rot. Für Wölfe und andere Beutegreifer hätte er genauso gut eine Neonreklame in der Wildnis sein können, die »Essen« blinkt. Aber die Evolution hatte sich auf andere Weise um ihn gekümmert. Schon wenige Minuten nach der Geburt konnte der kleine Bison stehen; innerhalb einer Stunde würde er laufen. Nass und wackelig versuchte er ein, zwei Mal aufzustehen, bevor er beim dritten Versuch unsicher auf die Beine kam. Er stand da, während seine Mutter ihn weiterhin reinigte, so aufmerksam und stolz, wie eine menschliche Mutter am ersten Schultag ihres Sohnes einen feuchten Waschlappen schwingen würde. Er duckte sich unter sie und fand das Euter, sog daran, als hätte er das schon immer getan, und die warme Milch füllte seinen Mund.

Die Natur tat ihm einen weiteren Gefallen, indem sie ihm Gesellschaft zur Seite stellte. Alle Kälber wurden nach neun Monaten Tragezeit in den warmen Monaten April und Mai geboren. Neugeborene und junge Kälber sprenkelten seine Welt, so weit er sehen konnte. Einige der Jährlinge, die sich bereits mit einem dunklen Streifen auf der Wirbelsäule braun färbten, sprangen inmitten violetter Lupinen und goldener Balsamwurzeln hoch und tanzten vor Übermut miteinander. Überall grasten erwachsene Bisons – schwangere Kühe, stillende Mütter und vereinzelt große Bullen mit mächtigen Buckeln – eine Armee von Beschützern.

Der kleine Bison war fasziniert von der ganzen Bewegung

und fand sich stolpernd mitten im Gewühl wieder. Er sog die Gerüche, Anblicke und Geräusche in sich auf. Die Luft war erfüllt mit den Grunzlauten anderer Mütter, die ihre eigensinnigen Kälber riefen. Fasziniert von seiner eigenen Beweglichkeit und der Umgebung, driftete er immer weiter ab an den Rand der Herde. Er näherte sich einem tausend Kilo schweren Bisonbullen, schnupperte an ihm und stupste ihn mit der Nase an. Der Bulle reagierte majestätisch gleichgültig. Im selben Augenblick war Mama-Bison an der Seite ihres Babys und brachte es zurück. Erleichtert kuschelte es sich an ihre Vorderbeine, bereit, wieder zu trinken.

An diesem Nachmittag, seinem allerersten, verirrte sich der kleine Bison, verleitet von immer neuen Gerüchen, noch einmal, als die große braune Masse um ihn herum sich plötzlich drehte und langsam fortbewegte. Einige Bullen mit riesigen Köpfen und gebirgigen Höckern drängten sich gegen ihn. Er hatte keine andere Wahl, als mit der mächtigen Flut, die ihn umgab, mitzutreiben. Die Luft war von Grunzen und kehligem Brüllen erfüllt, Tausende Hufe wirbelten Staub auf. Er lauschte vergeblich nach dem Ruf seiner Mutter. Das Tempo beschleunigte sich, und seine Beine zitterten bald vor Müdigkeit. Er konnte nicht mithalten. Die Größeren überholten ihn, schoben ihn zur Seite, drückten ihn an den Rand und vertrieben ihn. Er hielt an, blinzelte und beobachtete, wie sich die Herde an ihm vorbeibewegte. Schließlich faltete er seine Beinchen zusammen und legte sich im hohen Gras nieder, als die letzten – Müttergruppen und ihre Jungen, dann ein betagter Bulle, ramponiert mit zerfleddertem Fell und von alten Kämpfen vernarbter Haut – in der Ferne immer kleiner wurden. Er schloss die Augen, ein aufgeschreckter, verletzlicher Klecks Orange im Tal. Hier würde er auf seine Mutter warten.

Er hatte keine Ahnung von dem Unheil, das auf dem Weg zu ihm war.

Ich stand oberhalb von ihm auf meinem Lieblingsaussichtspunkt am »Confluence«. Hier flossen der Lamar River und der Soda Butte River zusammen. Mein Standpunkt bot den besten Überblick über das weite Tal und den kleinen Bison, der jetzt aufwachte, die Beinchen entfaltete und sich verwirrt umsah. Seine Herde war fort. Laut nach seiner Mutter rufend, rannte er hin und her.

Von meinem erhöhten Punkt aus konnte ich sehen, dass ein einzelner Jungwolf, der mit der Nase auf dem Boden eine Spur verfolgte, genau in seine Richtung lief. Ich hielt den Atem an. Jetzt hob der Wolf den Kopf und konzentrierte seine Aufmerksamkeit auf das Kälbchen. Der Zwerg versuchte vergeblich, davonzurennen, als der Beutegreifer ihn packte. Der Wolf war jung und unerfahren und sah die ganze Sache eher als eine Art Spiel an. Er versuchte, seine Beute in die Kehle zu beißen, aber das Kälbchen drehte sich unter ihm weg. So ging das eine ganze Weile. Dann legte sich der Wolf hin, während der kleine Büffel mit zitternden Beinchen stehen blieb. Mein Herz sank und mir schossen die Tränen in die Augen. Selten hatte ich etwas so Verlorenes gesehen wie das kleine, einsame Wesen dort.

»Reiß dich zusammen!«, schalt ich mich. »Die Wölfe haben auch hungrige Babys, die auf Futter warten. So ist nun einmal die Natur.«

Aber alle logischen, rationalen Argumente kamen nicht gegen mein Gefühl an und gegen die Angst um das junge Tier, das so verzweifelt um sein Leben kämpfte.

Der Wolf setzte seine Angriffe halbherzig fort. Wenn er wirklich gewollt hätte, hätte er seine Beute längst töten können.

Und dann kam sie: die Kavallerie. Die Bisonmutter galoppierte zu ihrem Kind, im Schlepptau zwei weitere Bisonkühe, vielleicht Schwestern oder Tanten. Mit gesenktem Kopf rannten sie auf den Wolf zu, der Fersengeld gab und sich ein Stück weiter hinlegte. Das hungrige Kleine blieb dicht bei der Mutter und saugte gierig. Viel Zeit blieb ihm nicht, denn das Rudel des Jungwolfs tauchte auf. Es umrundete die kleine Bisonfamilie, die ihr Baby in die Mitte nahm. Mehrmals versuchten die vier Wölfe, die Mutter vom Kind zu trennen oder die Bisonkuh abzulenken und sich das Kleine von hinten zu schnappen. Aber die Angriffe der Raubtiere scheiterten an der undurchdringlichen Mauer der großen braunen Körper. Bisons beschützen ihre Jungen, indem sie ihre Feinde konfrontieren und gegen sie kämpfen, ohne Rücksicht auf die eigene Sicherheit. Hier jedoch schienen die Bisonkühe noch nicht einmal einen Grund zu sehen, ihrerseits auf die Wölfe loszugehen. Sie blieben einfach stehen. Ruhig, gelassen und sich offensichtlich ihrer Überlegenheit und Stärke bewusst.

Als die Wölfe aufgaben, zog auch die Büffelfamilie weiter. Die Bisonkühe schwammen mit dem Kleinen durch den Fluss, wobei sie mit ihren Körpern rechts und links von ihm eine Art Wellenbrecher formten. Anschließend überquerten sie die Straße und ignorierten die zahlreichen Fotografen und Filmer, die sich versammelt hatten – vermutlich in der Hoffnung auf eine sensationelle Wolfsjagd. Als die Bisons den Hügel hochkletterten, auf dem ich stand, sah ich, dass das Kleine nur noch wenig Kraft hatte. Respektvoll machte ich der Gruppe Platz. Die Tiere hatten schon genug Stress gehabt. Ich stieg ein Stück den Berg hinunter und ließ sie vorbeiziehen. Als sie über mir entlangliefen, bat ich in einem kleinen Gebet um Schutz für das tapfere Baby, dessen erster Tag im Leben so aufregend gewesen war.

Am Nachmittag kam ich mit einem Ranger ins Gespräch. Er erzählte mir von einem Fall mit tragischem Ausgang. Vor ein paar Tagen war an derselben Stelle eine Bisonkuh von einem Grizzly getötet worden. Das frisch geborene Baby versuchte noch an der toten Mutter zu trinken. Da der Kadaver zu dicht an der Straße lag, mussten die Ranger ihn mit einem Truck fortziehen. Der Ranger sagte, dass das Kälbchen noch eine ganze Weile versucht habe, ihm zu folgen. »Es hat mir fast das Herz gebrochen, als ich es zurücklassen musste. Es ist mir immer wieder nachgelaufen, und ich bin so schnell wie möglich gefahren, um es abzuhängen«, sagte er. Zum Glück hängen sich in der Wildnis verlassene Bisonkälber an alles, was größer ist als sie und sich fortbewegt. Das Kalb konnte Ersatzmütter in der Herde finden.

Wenn mein kleiner, mutiger Bison sein Wolfstrauma überstehen sollte, würde er ein starker Bulle werden, den seine Mutter gelehrt hatte, wie man überlebt. Seine Gene würden in die Yellowstone-Herde eingehen, als die eines weiteren Überlebenden gegen alle Widerstände.

Gute, wilde und notwendige Gene, denn die Yellowstone-Bisons sind die einzige seit prähistorischen Zeiten ununterbrochen wild lebende reinrassige Bisonherde in Amerika. Ihre Geschichte ist die einer beispiellosen und von Menschen verursachten Massenvernichtung, ein Symbol sinnloser Umweltzerstörung.

Vor etwa hundertfünfzig Jahren lebten etwa dreißig bis sechzig Millionen Bisons in Amerika. Einige wenige Quellen sprechen sogar von über einhundert Millionen. Das Land wimmelte von ihnen. Hundertausende, ein riesiger, zottelig brauner Teppich, kilometerlang und kilometerbreit. Dunkle Körper wogten wie Wellen, und wenn sie zu rennen begannen, klang es wie Donner. Die Büffel liefen nicht einfach auf dem Land, sie schienen das Land zu *sein*. Einige behaupten, man hätte zehn Meilen auf ihren Rücken laufen können, ohne jemals den Boden zu berühren.

Wer heute im Frühjahr durch Yellowstone fährt, bekommt den Hauch einer Ahnung davon, was für ein unglaublicher Anblick das gewesen sein muss. Die Wiesen und die Berghänge sind übersät mit den mächtigen braunen Grasfressern. Einige liegen im weichen Gras und gleichen nackten, dunklen Felsbrocken, Erhebungen ohne bestimmte Form oder Gestalt. Einige Tiere stehen wie Wachposten am Rand der Herde. Manche weiden, andere verharren regungslos, die riesigen wolligen Schädel zwischen die Vorderbeine gesenkt, die so dicht mit langem, dunklem Fell bedeckt sind, dass man sie darunter kaum erkennen kann. Ein Bild des Friedens.

Ich empfinde die Gelassenheit, in der sie ruhen, stets als heilsam. Sie sind sanft und massig, nicht von dieser Welt. Eine uralte Spezies, die sich vor vielen Jahrmillionen entwickelt und große Teile der Welt durchstreift hat.

Aber wehe, wenn sie losgelassen! Wenn man sie nicht sehen kann, hört man sie schon lange im Voraus. Ich habe einmal im Winter in Yellowstone eine Bisonstampede erlebt. Zunächst dachte ich an einen Schneesturm, als ich in der Ferne dichte weiße Wolken sah – es war aufstiebender Schnee. Dann hörte ich ein tiefes Grollen, den Donner der Hufe. Die Erde bebte geradezu, als die Tiere wie eine einzige große Masse mit der Geschwindigkeit eines Rennpferdes an uns vorbeibrausten. Mit offenem Mund standen die wenigen Touristen da und beobachteten das Spektakel. Noch heute bekomme ich eine Gänsehaut, wenn ich daran zurückdenke.

Wann immer in Yellowstone ein Lebewesen in der Nähe der Straße auftaucht – insbesondere etwas, das behaart und größer als ein Mensch ist –, entsteht ein Stau von hoffnungslosen Ausmaßen. Wenn zwanzig bis dreißig dieser großen Grasfresser dicht an dicht eine Straße entlanglaufen, weil dies einfacher für sie ist, als querfeldein durch die hohen Wüstenbeifußbüsche zu stapfen, dann geht nichts mehr. Man kann sich nur noch in Geduld üben und den Bisons alles andere überlassen. Denn wird man ungeduldig, drängelt und hupt, dann kann es durchaus geschehen, dass sich einer der Riesen bedroht fühlt und den metallenen Feind angreift. Einmal konnte ich zusehen, wie ein Bisonbulle den Wagen eines rücksichtslosen Fahrers rammte und sich daraufhin im Auto die Airbags öffneten. Man legt sich einfach nicht mit Bisons an.

In solch tierischen Staus ziehe ich es vor, den Motor abzustellen, das Fenster herunterzulassen und still zu warten, bis die Herde vorbeigezogen ist. Zu hören ist das leise Klacken der erstaunlich kleinen Hufe auf dem Boden, ein gelegentliches Schnaufen und ein tiefes Grunzen. Wenn der Kopf eines Bisonbullen an meinem Seitenspiegel auftaucht, bräuchte ich nur die Hand auszustrecken, um ihn zu berühren. Es ist verlockend. Dieser perfekte Kopf, das volle Behänge aus dunklem Fell, das seine Vorderbeine bedeckt, der dichte Umhang, der von seinem Kopf über Buckel und Schultern fällt und auf den die Sonne einen rötlichen Schimmer ausbreitet. Das dicke Fell an Kopf, Bart und den Vorderbeinen ist fast schwarz, als hätte man Erde ausgegraben und daraus ein Tier geformt.

Jemand hat einmal gesagt, dass ein erwachsener Bison aussehe, als sei er aus Teilen anderer Tiere zusammengesetzt: dem Höcker eines Kamels, dem gebogenen Profil eines Pitbulls, den Rippen eines Elefanten, dem schlanken Rumpf und den Hinterbeinen eines Löwen.

Die anderen Touristen beim Umgang mit der Tierwelt zu beobachten, kann mich manchmal wütend machen. Egal wie oft die Menschen vor den Gefahren gewarnt werden, sie neigen dazu, Risiken einzugehen – für ein Foto! Jemand mit einer kleinen Schnappschusskamera nähert sich einer Herde von tonnenschweren Bisons, offenbar ohne zu wissen, dass diese Tiere aus dem Nichts schneller als ein Rennpferd laufen können. Das interessiert nicht. Die Person kommt näher und dann noch ein Stück näher und versucht, den Büffel vollformatig mit der Kamera zu erfassen.

Wenn man einen Bison in seiner ganzen mächtigen Gelassenheit grasen sieht, würde man nie vermuten, wie schnell und beweglich er werden kann. Er kann ein Rennpferd überholen und sechsundfünfzig Kilometer pro Stunde laufen. Noch beeindruckender ist, dass er aus dem Stand einen Meter hoch in die Luft springen kann.

Bisons mögen träge, ja sogar faul erscheinen. Aber dann beschließen sie plötzlich, dass derjenige, der sie nervt, mit den Hörnern durchbohrt werden muss. In Yellowstone werden Menschen häufig verletzt und manchmal auch von den braunen Riesen getötet.

Wer sich einem Bison nähern möchte, dem empfehle ich, sehr genau auf dessen Schwanzstellung zu achten. Ist er ganz aufgerichtet, steht ein Angriff unmittelbar bevor. Und eines wissen die sanften Grasfresser immer genau: Wo die Spitzen ihrer Hörner sind. Sie setzen sie nie gedankenlos ein.

Übrigens ist so ein Bison extrem gelenkig. Es gibt keine Stelle an seinem ganzen Körper, die er nicht mit seiner langen Zunge oder mit den Hinterbeinen erreichen kann. Die Schultern kratzt er mit den Hörnern, das Gesicht mit den Hinterhufen, die er auch als tödliche Waffe einsetzen kann.

Die Verspieltheit von Büffeln in der Wildnis ist bekannt, angefangen bei der Neigung der männlichen Kälber, sich mit Älteren zu prügeln, die zwanzig Mal so groß sind wie sie selbst. Erwachsene Bisons wurden beobachtet, wie sie auf gefrorenen Flüssen Schlittschuh liefen und mit Heuballen Fußball spielten. Ich habe eine Gruppe älterer Bisons gesehen, die von einem Steilufer in einen Bach sprangen und dann ans Ufer zurückschwammen, wo sie herauskletterten und wieder ins Wasser sprangen. Auf dem Trockenen hüpften sie herum, drehten Pirouetten und hatten ganz offensichtlich den Spaß ihres Lebens. Diese »Grazie« bei einer tonnenschweren Ballerina bringt mich immer wieder zum Lachen.

Die europäischen Siedler, die im 19. Jahrhundert nach Westen zogen, veränderten das Gleichgewicht des Ökosystems. Die US-Armee führte am Ende jenes Jahrhunderts einen Feldzug zur Eliminierung der Büffel: als Mittel zur Kontrolle der indigenen Völker, die von diesen Tieren abhängig waren.

Die Brutalität, mit der die Jäger vorgingen, ist auf alten Fotos belegt. Sie war unbeschreiblich und in dieser Dimension kaum vorstellbar. Eine Aufnahme von 1880 berührt mich immer wieder. Sie zeigt einen fünfzehn Meter hohen Berg aus Bisonschädeln, die zu Dünger verarbeitet werden sollen. Ein Mann steht am Fuß des Berges, seinen Fuß auf einen der Schädel gestellt. Ein anderer steht oben in derselben Positur. Vor diesem Berg von Schädeln sehen sie klein und armselig aus. Männliches Machtgehabe, das mir angesichts der viel mächtigeren Natur albern vorkommt.

Andere Fotos zeigen, wie die Tiere aus einem Eisenbahnwaggon erschossen werden. Die Kansas Pacific ist die Eisenbahn, die einst Buffalo Bill angestellt hatte, um Fleisch für ihre Arbeiter zu besorgen. Der jedoch schoss die Bisons vom Rücken seines Pferdes aus. Wie leicht ist es im Gegensatz dazu, die Tiere aus einem fahrenden Zug zu erlegen. Es bedarf keiner besonderen Fähigkeiten, die sanften Riesen zu töten. Es ist, als feuere man auf Kühe. Es gibt nichts Bewundernswertes an einem Foto von einer Prärie, die mit den Körpern toter Bisons übersät ist, die aus einem Zug geschossen wurden.

Als das Massenschlachten zu Beginn des 20. Jahrhunderts endlich endete, waren von den Millionen nur noch dreiundzwanzig Bisons übrig geblieben. In einem der ersten Versuche, eine Wildart zu schützen, machten sich die Manager von Yellowstone daran, die Bisonpopulation zu retten. Im Jahr 1902 kauften sie einundzwanzig Büffel von privaten Eigentümern und brachten sie auf der historischen Lamar Buffalo Ranch unter. Diese Tiere begannen, sich mit der frei herumstreifenden Bisonpopulation des Parks zu vermischen, und bis 1954 war ihre Zahl auf etwa dreizehnhundert Tiere angewachsen. Heute streifen wieder vier- bis fünftausend Büffel durch den Nationalpark. Dies ist in etwa die maximale Anzahl, die der Park ökologisch verkraften kann. Um dieses Gleichgewicht zu halten, werden jedes Jahr alle »überzähligen« Tiere zusammengetrieben und getötet. Ihr Fleisch wird an die indigenen Stämme verschickt.

Eine bessere Alternative wäre gewesen, die großen Grasfresser umzusiedeln, wenn es da nicht ein Problem gäbe: Rancher beklagen schon seit Langem, dass die Bisons Brucellose verbreiten, eine Krankheit, die bei Hausrindern zu Totgeburten führt. Sie kann nur übertragen werden, wenn ein anderes Tier oder ein Mensch mit infiziertem Geburtsmaterial in Kontakt kommt.

Brucellose ist ein Problem für die Rinderzüchter, denn wenn ein Rind daran erkrankt, muss per Gesetz die ganze Herde geschlachtet werden. Das kann zu großen finanziellen Einbußen für die Züchter führen. Darum ist die Angst vor der Krankheit so groß. Inzwischen gibt es einen Impfstoff gegen Brucellose für Rinder und auch für Bisons.

Eine Studie aus dem Jahr 2017 von der National Academy of Science, Engineering and Medicine[9] hat jedoch herausgefunden, dass in den letzten zwanzig Jahren jeder Fall von Brucellose bei Rindern im Großraum Yellowstone von infizierten Hirschen – nicht Bisons – ausgelöst wurde. Das widerlegt die Forderungen der Rancher, dass wilde Büffel nicht den Park verlassen dürfen.

Der Park Service erhofft sich eine Lösung, indem er die Tiere, die auf ihren natürlichen Wanderwegen im Frühjahr aus dem Park herauswandern, entweder von Park Rangern zurücktreiben oder sie einfangen und in Gehege im Hinterland bringen lässt, wo man sie auf Brucellose testet und anschließend in verschiedene Indigenen-Reservate in Montana verschickt. So will man zwei Fliegen mit einer Klappe schlagen: Wilde Bisons in die Präriegebiete zurückbringen und die Ureinwohner mit Nahrung und allem zu unterstützen, was sie von den Bisons gebrauchen können. Ein Großteil der Tiere wird aber auch zum Schlachten abtransportiert.

Das Einfangen ist ein Horror für die friedlichen Grasfresser, die seit Äonen nur Freiheit kennen. Verletzte Bisons, trächtige Kühe und frisch geborene Kälber werden von Helikoptern und Reitern bis zur Erschöpfung oder zu Tode gehetzt. In Gefangenschaft verletzen sich viele von ihnen schwer bei dem Versuch auszubrechen. Man geht mit den verzweifelten tonnenschweren Tieren nicht zimperlich um.

Neben diesen Regierungsaktionen gibt es weiterhin die alljährliche Bisonjagd im Winter (Mitte November bis Mitte Februar) an den Grenzen zum Yellowstone. Eine Jagdlizenz kann jeder kaufen, Einheimische und Fremde.

Was ich bei einer solchen Jagd mit ansehen musste, werde ich nie vergessen. Als ich vor vier Jahren beschloss, meine Wolfsforschung aufzugeben, um mich um meine alte Hündin zu kümmern, wusste ich, dass die Fahrt von Yellowstone nach Bozeman meine vorerst letzte sein würde. Ich wollte jeden Augenblick genießen. Mein Weg führte durch den Nordeingang aus Gardiner hinaus. Schon von Weitem sah ich zahlreiche Pick-ups und Trucks auf den Feldern parken. Männer und (wenige) Frauen mit Gewehren standen dabei. Mitten unter ihnen friedlich grasende Bisons. Sie ignorierten den ganzen Trubel, nicht ahnend, dass er ihren Tod ankündigte. Dann sah ich, wie die Jäger ihre Gewehre auf die Bisons abfeuerten. Sie standen nur wenige Meter von ihnen entfernt. Die Büffel blickten sie ruhig an und fielen um – meistens. Ein Junge im Teenageralter war ein lausiger Schütze. Es heißt, dass es einer normalen Gewehrkugel in der Regel nicht gelingt, die Schädeldecke eines Bisons zu durchschlagen. Um das Tier sofort zu töten, muss man genau in sein Herz treffen. Der Junge schoss mehrere Male, der Bison quälte sich fast eine Viertelstunde im Todeskampf, bis schließlich einer der anderen Jäger ihn erlöste. Ich wollte fliehen, losfahren, schnell und weit weg. Dennoch konnte ich mich der grausigen Magie des Bösen nicht entziehen und blieb im Auto sitzen, das Fernglas wie festgefroren an den Augen.

»Schau es dir an«, sagte meine innere Stimme. »Das bist du den Bisons schuldig.« Ich wollte den sterbenden Tieren Respekt zollen. Da einige Indigene unter den Jägern waren, ging ich in aller Naivität davon aus, dass sie ebenfalls irgendwie die Bisons ehren würden. Weit gefehlt. Zwei von ihnen tanzten mit einer Bierflasche in der Hand auf einem Kadaver. Dann kam der Moment, der mir das Herz brach. Jemand sägte mit einer Kettensäge dem kräftigsten Bullen den Kopf ab, band ein Seil um die Hörner und zog mit einem Quad eine blutige Spur im Kreis durch den Schnee. Ich brach in meinem Auto zusammen, schrie und heulte, zitterte am ganzen Körper. Mit Vollgas fuhr ich los. Fort, nur fort! Es dauerte lange, bis ich mich beruhigt hatte. Heute ist für mich mein Abschied von Yellowstone auch verbunden mit diesen letzten Bildern. Mit dem Schmerz und der Hilflosigkeit, die ich angesichts der Grausamkeiten empfand.

»Was willst du denn, die Bisons hatten doch ein gutes Leben«, erwidern mir manchmal Freunde, denen ich davon erzähle. »Schau dir die Massentierhaltung, die Tiertransporte und die Schlachthäuser bei uns an. Dann weißt du, was Leid ist.«

Gewiss, sie haben recht. Aber das eine Leid macht das andere nicht weniger schlimm. Es ist wahrlich keine Heldentat, auf einen friedlich grasenden Koloss zu schießen. Ich habe kein Problem damit, wenn jemand ein Tier tötet, um es zu essen. Aber wir sollten so viel Respekt haben, die Würde eines Lebewesens zu achten, auch die eines toten Büffels.

Bisons sind perfekt an ihren Lebensraum angepasst, anders als unsere Hausrinder, die auf Dauer im Grasland der Great Plains nicht überleben könnten. Im Gegensatz zu ihnen sind erwachsene Bisonkühe sehr genügsam und selbstständig. Sie sterben selten während der Geburt und lassen noch seltener ihre Babys zurück.

Bisons können doppelt so lange ohne Wasser aushalten wie Kühe und eine Wasserquelle schon Meilen entfernt riechen. Im Winter fressen sie Schnee, was Rinder nicht können. Sie fressen ein Drittel weniger Gras als ihre domestizierten Verwandten, die ein Land zu Tode grasen können und für die trockenen Prärien extrem schädlich sind.

Im Winter halten sich die Yellowstone-Bisons gerne in der

Nähe von heißen Quellen auf. Dort, wo der Boden warm ist, legen sie sich hin und lassen sich einschneien. Aufsteigender Dampf verwandelt in der Kälte ihre Körper in kleine Eisberge, aus denen nur noch die dunklen Hörner herausragen.

Weder Wind, Wasser noch Kälte kann das dichte Fell eines Bisons durchdringen. Ihr Haar speichert so viel Hitze, dass man an einem sonnigen Wintertag seine Finger kaum in einem Fell lassen könnte, weil es so heiß ist. Und während Rinder sich in einem starken Unwetter an geschützte Stellen zurückziehen und dort oft unter dem Schnee begraben werden, überleben Bisons, indem sie sich gegen den Sturm stellen, manchmal sogar direkt in ihn hineinlaufen.

Bei einer geschlossenen Schneedecke nutzen die Büffel ihre Köpfe und massiven Nackenmuskeln sowie ihren Bart, um den Schnee zur Seite zu schieben, unter dem noch Gras ist, das Kühe nicht mehr finden können.

Im Gegensatz zu Rindern grasen Bisons in engen, wandernden Herden, fressen das Gras bis auf den Grund und wandern dann weiter. So geben sie den Weideflächen bis zu zwei Jahre Ruhe, bevor sie wiederkommen. Im Frühjahr rollen sie sich auf der Erde herum, um Staubbäder zu nehmen und um ihr Territorium zu markieren. Bei diesen sogenannten »Wallows« verteilen sie Grassamen, die sich im vorherigen Herbst in ihrem Fell verfangen haben, und bepflanzen die Erde erneut.

Bei warmem Wetter sind Bisons hocheffiziente Raufutterverwerter, eine wahre Mähmaschine und auch ein ökologisches Wunder. Entlang ihrer Wanderpfade wird das Zusammenspiel von Natur und Grasfresser deutlich: In den Hufabdrücken der Bisons sammelt sich bei Regen Wasser, das langsam versickert und zusammen mit dem Kot den Boden düngt.

Bisons ernähren sich überwiegend von Büffelgras[10]. Dieses Kurzgras ist perfekt an die Dürre angepasst und enthält einen hohen Anteil an Proteinen und Nährstoffen. Rinder muss man zum Grasen auf eine saftige Weide treiben, Büffel dagegen sind für die Prärie geschaffen. Und die Prärie für sie.

Inzwischen gibt es in Nordamerika zahlreiche private Herden. Man hat einen neuen, lukrativen Markt entdeckt: Bisonfleisch, das als besonders gesund, eiweißreich und kalorienarm gilt. Zudem schmeckt das Fleisch wilder Bisons deutlich besser als Rindfleisch, was an der Nahrung der Tiere liegt. Darum versuchen manche Rancher, »Beefalo« zu züchten, eine Mischung zwischen Rind und Bison.

2016 wurde der Bison offiziell zum »Amerikanischen Nationaltier« erklärt (neben dem Weißkopfseeadler) und erhält endlich – zumindest symbolisch – die Anerkennung, die ihm gebührt.

Die beeindruckend gelassenen Grasfresser haben eine faszinierende Geschichte, ein einzigartiges Aussehen und stellen uns vor komplexe Herausforderungen. Sie sind ein Symbol für den ungezähmten Westen. Ihr Beinahe-Aussterben ist ein Zeugnis für die Selbstbezogenheit »zivilisierter« Menschen, und ihr Wiederauftauchen zeigt, dass Wildtierschutz funktionieren kann und dass es Hoffnung gibt für die Heilung unseres Planeten.

Spätsommer in Yellowstone. Die Bisons schienen ruhig, obwohl die beiden Wölfe jeder ihrer Bewegungen folgten. Ein paar ruhten und waren am Wiederkäuen, einige fraßen, aber die meisten standen einfach nur herum. Ein junger Bulle fixierte die wartenden Wölfe. Sechs Kälber lagen gut beschützt inmitten der Herde. Eine leichte Brise kräuselte das Wasser des seichten Sees und raschelte durch die Blätter der Bäume. Friede und Ruhe lagen über den siebenundzwanzig Bisons, den beiden Wölfen, der grünen Riedgraswiese, den Espen und dem schilfbewachsenen See.

Die Bisonfamilie wurde angeführt von einer dunkelfarbigen Kuh mit einem gekrümmten Horn und einem langen Bart.

In etwa hundert Meter Entfernung stellte ich mein Spektiv am Straßenrand auf und wartete. Irgendetwas würde passieren.

Einer der Wölfe stand auf, streckte sich und gähnte. Er schaute zu den Bisons und trottete dann mit der Nase dicht am Boden in Richtung Espenwäldchen. Der zweite, hellere Wolf blieb noch eine Weile liegen, stand dann ebenfalls auf und lief langsam in den Wald. Die großen Grasfresser schienen dem keine Beachtung zu schenken.

Die Zeit verging. Plötzlich wurde die Leitkuh unruhig. Sie schaute sich um und testete den Wind. Mit ihrem ausgeprägten Geruchssinn und Gehör können Bisons einen Menschen oder einen Beutegreifer aus einer Entfernung von gut anderthalb Kilometern riechen oder hören. Die Herde erhob sich, nun ganz aufmerksam, eine kompakte Masse.

Dann setzte sich die Leitkuh in Bewegung und lief mit schnellen Schritten davon. Die anderen folgten ihr in einer Reihe. Innerhalb einer Minute war die gesamte Herde in Bewegung. Erst jetzt bemerkte ich am Ende der Reihe eine humpelnde Bisonkuh und ihr Kalb. Die Wölfe mussten irgendwo die Herde angegriffen haben. Ich richtete mein Spektiv aus und sah den hellen Wolf. Er kauerte am Waldrand, den Blick auf den humpelnden Bison fixiert. So blieb er liegen, bis der letzte Büffel im Wald verschwunden war. Dann rannte er nach vorne und beschnupperte den Boden, wo die Bisons gelegen hatten. Schließlich entfernte er sich in die entgegensetzte Richtung mit einem letzten Blick über seine Schulter auf die verpasste Beute.

Ich kletterte auf einen Hügel, von dem aus ich einen besseren Überblick in alle Richtungen hatte. In der Ferne sah ich weit verteilte dunkle Punkte: eine Herde grasender Bisonbullen. Direkt gegenüber auf der anderen Seite des Flusses ebenfalls eine Gruppe Bisons. Ein paar einzelne Bullen standen am Waldrand. Keine Kühe in Sicht.

Plötzlich tauchte »meine« kleine Herde aus dem Wald auf und

lief über die Prärie. Die Büffel liefen schnell und waren sichtbar aufgeregt.

Ein Schwarzbär tauchte hinter einem Hügel auf und schlenderte auf sie zu. Die Leitkuh hielt an, hob den Kopf und starrte den Bären an. Die anderen Tiere blieben hinter ihr stehen. Langsam hoben sich die Bisonschwänze in die Luft. Die Zeit hielt an.

Dann griffen sie an. Meister Petz machte sich unverzüglich in Richtung Wald aus dem Staub. Die Bisons holten, eng zusammengeschlossen, auf. Der Bär erreichte mit weiten Sätzen den Wald, hielt an, schaute zurück auf die sich nähernde Masse und ging in Deckung. Die Bisons liefen langsamer und hielten an. Die Leitkuh nahm ihren ursprünglichen Weg wieder auf, und die Herde reihte sich hinter ihr ein.

Es war, als hätten sie einen Schalter umgelegt, von vollkommener Aufmerksamkeit und zielgerichtetem Angriff zu entspannter Gelassenheit, sobald die Gefahr vorbei war. Wenn ich das doch nur auch könnte! Tun, was nötig ist, und dann wieder zurück zum Alltag.

Als ich später auf einem kleinen Feldweg zu meiner Cabin fuhr, versperrte mir ein Bisonbulle den Weg. Er stand regungslos mitten auf der Straße, den Kopf gesenkt. Langsam fuhr ich näher. Er trank aus einer Pfütze und war auf das Wasser konzentriert. Obwohl er das Auto hätte bemerken müssen, bewegte er weder die Augen noch seinen Kopf oder Körper. Er erkannte mich nicht an. Für ihn war ich wie die Bäume, die Straßen, die Schilder. Ein Neuankömmling am Ende von zehntausend Jahren. Er schaute auch nicht auf, als ich dicht an ihm vorbeifuhr. Gelassenheit pur. Ich war dankbar für diesen Augenblick der Unbedeutsamkeit, der Nichtbeachtung durch ein wildes Tier.

Wer erwartet, in meinem Haus überall Wolfsbilder zu finden, den muss ich enttäuschen: die Bisonbilder überwiegen. Fotos von großen Büffelherden, die über die Prärie ziehen, von einer

Gruppe Jungtiere, die sich vom Schneesturm einschneien lässt, und von einem mächtigen Bullen, dessen Stirn und Bart mit Schneeklumpen bedeckt sind. Mein Lieblingsbild ist von Dan Hartman, einem Fotografen aus Yellowstone. Ein Bisonbulle steht in dem kleinen Flüsschen Warm Creek. Um ihn herum Schneewände, die höher sind als sein Rücken. Es sieht aus, als sei der Bison in den schmalen Spalt gestürzt und stecken geblieben. Sein mächtiger Schädel, Stirn und Nase sind bedeckt von Schneeklumpen. Ein Tier, das dem Untergang geweiht ist? Nein! Der Bison hat nur den Weg durch die Wiese gemieden, auf der etwa zwei Meter hoch der Schnee lag. Stattdessen hatte er es vorgezogen, sich (wahrscheinlich weniger mühsam) durch die schmale Furt zu kämpfen.

Wann immer ich das Gefühl habe, irgendwo stecken zu bleiben, nicht mehr weiterzukönnen, wenn das Leben zu schwer wird, dann schaue ich mir dieses Bild an und weiß, dass es immer einen Ausweg gibt. Manchmal muss man sich einfach nur durch die ganze Last hindurch ein Stück vorwärts kämpfen, bis es leichter wird.

Am Ende eines hektischen Wolfstages mit viel Aufregung bei den Wölfen parke ich gerne mein Auto neben einer Herde Bisons und schaue ihnen zu. Sie sind nicht aus der Ruhe zu bringen. Wenn ich in ihre Gelassenheit »eintauche«, fahre auch ich herunter. Man sollte gestressten Managern »Bisons schauen« auf Rezept verschreiben oder die Abgeklärtheit der braunen Kolosse in kleine Fläschchen verpacken und als Medizin verkaufen.

Diese Gelassenheit der Bisons ist für mich ein Geschenk. Ihre Ruhe, Beharrlichkeit, ihr Mut, die Ignoranz von Dingen, die für das Überleben unwichtig sind, ihre Kraft und Stärke, kombiniert mit Sanftmut und bedingungsloser Loyalität Schwächeren gegenüber – das alles macht die Riesen für mich zum erstrebenswerten Vorbild.

MEINE LIEBLINGE, DIE KOJOTEN

»Ich hoffe, ihr tötet eine Menge Kojoten.« Der Jagdaufseher zog dabei das Wort »Kojote« in die Länge, wie es nur die Menschen im Westen der USA tun. »Mir ist egal, wie ihr sie umbringt. Jagt sie mit Dynamit in die Luft, überfahrt sie, spielt mit ihnen Fußball. Wie auch immer.«

Die über hundert Menschen in der Jagdlodge des Circle G Shooting Parks südlich von Gillette, Wyoming, brachen in Lachen aus. Es war der Abend des 4. Dezember, wenige Minuten bevor der alljährliche Campell-County-Kojoten-Jagdwettbewerb begann. Die Teilnehmer saßen Schulter an Schulter an langen Tischen und aßen Steak und Folienkartoffeln. Bis auf zwei Frauen waren nur Männer im Raum. Die meisten von ihnen trugen von Kopf bis Fuß Tarnkleidung. An der Wand hing ein Poster mit einer Cartoon-Zeichnung von »Wile E. Coyote«[11].

Der Jagdaufseher ging noch einmal die Wettkampfregeln durch: Gewinner war das Zweipersonenteam, das innerhalb der nächsten vierzig Stunden die meisten Kojoten tötete. Ihnen winkte ein Preisgeld von satten zweihundert Dollar.

Als das Essen beendet war, stürzten die Teilnehmer des makabren Wettkampfs aus dem Haus, kletterten in ihre Pick-ups und fuhren ins Hinterland von Campbell County. Am Ende der Jagd hatten hundertsechsundvierzig Jägerinnen und Jäger hunderteinundneunzig Tiere getötet. Die Kadaver wurden gestapelt oder aufgehängt, fotografiert und dann entsorgt.

Sich einen solchen Wettkampf auch nur vorzustellen, verursacht bei jedem tierlieben Menschen Übelkeit. Die gute Nachricht ist, dass in immer mehr US-Bundesstaaten dieses Massentöten inzwischen verboten ist. Dennoch war es gerade die amerikanische Regierung, die jahrelang in einer beispiellosen Vernichtungskampagne versucht hatte, die Kojotenpopulation auszurotten. Der Krieg gegen die kleinen Beutegreifer begann Anfang des 20. Jahrhunderts auf Druck der mächtigen Schafzüchter-Lobby, die den verhassten Konkurrenten loswerden wollte. Man schätzt, dass der staatliche »Wildlife Service« etwa zwanzig Millionen Kojoten vernichtet hat. Aber nicht nur die Regierung tötet. Privatpersonen, Vereine und andere Organisationen töten noch einmal geschätzte vierhunderttausend Kojoten jährlich.[12]

Die Gruselliste der beliebtesten Tötungsarten wird angeführt von der Jagd aus der Luft, dem Aerial Gunning, gefolgt von mit Strychnin vergifteten Ködern und Fußfallen aus Stahl und Drahtschlingen. Beliebt ist auch das sogenannte »Denning«, bei dem Kojoten samt ihren Welpen in den Höhlen vergast oder verbrannt werden.

Bei solchen Zahlen wäre jede andere Tierart schon längst ausgerottet worden oder auf der Artenschutzliste gelandet. Nicht so der Kojote. Als perfekter Opportunist, trickreich, klug und enorm anpassungsfähig, zählt er zu den wenigen Tierarten, denen es trotz massiver Verfolgung und groß angelegter Vernichtungskampagnen heute besser geht als je zuvor. Der Präriewolf oder Hund Gottes, wie man ihn auch nennt, ist ein Meister der Resilienz, der Fähigkeit, schwierige Lebenssituationen ohne anhaltende Beeinträchtigung zu überstehen.

Ich bin ein begeisterter Kojotenfan und habe mich ihnen immer näher gefühlt als ihren großen Verwandten, den Wölfen. Da ist es nun also – mein Outing. Die »Wolfsfrau« ist im Herzen eine »Kojotenfrau«.

Die ersten dieser kleinen Kaniden lernte ich näher kennen, als ich von 1986 bis 1989 mehrere Winter in Santa Fe, New Mexico, lebte. Ich war hierhergezogen, weil man dem Ort nachsagte, durch den niedrigeren Luftdruck auf sechzehnhundert Metern Höhe und die Quarzkristalle im Boden besondere Kreativität hervorzurufen. Zahlreiche Maler und Schriftsteller lebten hier. Ich wohnte am Stadtrand in einem kleinen, aus Lehmziegeln gebauten und spärlich möblierten Adobe-Haus. Die Terrasse ging ohne Begrenzung direkt in die karge Landschaft aus Wüstenbeifußbüschen über.

Die Winter in den Bergen von New Mexico sind klirrend kalt. Früh am Morgen heizte ich den Ofen ein, machte mir eine Tasse Kaffee und stellte mich an die bodentiefen Fenster, um den Sonnenaufgang zu genießen.

Dann, eines Morgens, entdeckte ich den Kojoten. Die Sonne glitzerte auf seinem Fell. Ich hatte ihn in den Nächten schon heulen gehört, aber noch nie gesehen. In seinen prachtvollen Winterpelz gekleidet, strahlte er Leben und Energie aus. Er stand wenige Meter von meiner Terrasse entfernt zwischen den Beifußbüschen. Da ich mich im Haus befand und nicht rührte, bemerkte er mich nicht, und ich hatte die wunderbare Gelegenheit, den kleinen Kerl bei der Mäusejagd zu beobachten.

Wie ein Hund, der von einem quietschenden Spielzeug fasziniert ist, richtete er seine Aufmerksamkeit auf eine ganz bestimmte Stelle am Boden und neigte den Kopf von einer Seite zur anderen. Mit einem Mal lehnte er sich nach vorne und erstarrte. Er hatte seine Beute im Visier und würde jeden Moment zuschlagen – plötzlich und gekonnt, weder zu früh noch zu spät, sondern genau im richtigen Moment. Er konnte warten, wie lange es auch dauern würde. Ich schielte auf meine Uhr. Fünfeinhalb

Minuten lang stand er wie eine Statue. Er hatte sein Nervensystem perfekt unter Kontrolle.

Dann hob er ab. In der Luft klappte er wie ein Taschenmesser zusammen, alle vier Füße kamen in einem präzisen Mäusesprung wieder auf dem Boden auf – und hatten sein Opfer dort festgenagelt. Ohne zu kauen, schluckte er den Mäusehappen herunter.

Als er fertig war, inspizierte der Kojote die Nachbarhäuser und fraß die Katzenfutterschüsseln leer. Rührte sich etwas, zog er den Schwanz ein und versteckte sich blitzschnell hinter einem Busch. Ich war fasziniert von der Klugheit und Vorsicht des Tieres und bestaunte seine Schönheit und die Eleganz, mit der er sich bewegte.

Einmal saß ich, eingehüllt in eine warme Decke, draußen auf der Terrasse, als der Kojote – mit der Nase auf dem Boden in einen Geruch vertieft – auf mich zukam. Fast wäre er in mich hineingelaufen. Als er mich entdeckte, erstarrte er, neigte den Kopf zur Seite und identifizierte mich wohl letztendlich als »nicht gefährlich« und »nicht fressbar«. Dann lief er weiter, immer mit einem kurzen Seitenblick zu mir, die ich keinen Muskel rührte.

Im nächsten Jahr war er nicht mehr allein, sondern mit einer Partnerin unterwegs. Die Nachbarn tolerierten die Kaniden, einige stellten Katzen- oder Hundefutter für sie auf die Terrasse.

Im dritten Winter hatte sich Santa Fe verändert. Immer mehr Menschen zog es in die kleine Künstlerkolonie nahe der dreitausend Meter hohen Bergkette namens Sangre de Christo. Mein Häuschen war durch einen Apartmentkomplex ersetzt worden. Und die Kojoten? Sie waren nicht etwa vor der Zivilisation zurückgewichen, sondern nutzten nun intensiv die leicht erreichbaren Futterquellen. Sie durchwühlten den Abfall und fraßen gelegentlich auch mal eine fette Hauskatze. Dabei hatten sie alles genau im Blick. Tauchten Menschen auf, verschwanden sie wie Geister.

In Santa Fe sind Kojoten allgegenwärtig. Nicht nur als verschwiegene Abstauber in den Vorstädten, sondern als Namengeber für Cafés, Restaurants und Straßen oder als begehrte Kunstgegenstände – meist dargestellt mit heulend erhobenem Kopf und einem Tuch um den Hals. Die Touristen lieben sie, und die Kojoten lieben die Touristen, weil diese sich von ihrem umwerfenden Bettelblick immer wieder erweichen lassen, ein Sandwich rauszurücken.

Auf meinen Reisen durch Nordamerika hielt ich immer Ausschau nach »meinen« Kojoten. Und ich fand sie – in den USA, in Kanada und Alaska. Mal nur scheu und vorsichtig dort, wo sie gejagt wurden. Mal regelrecht posierend – keck und dreist in Nationalparks wie Yellowstone, wo sie sich gut an das Leben mit Touristen angepasst haben, wie die folgende Begegnung zeigt:

Bei einer meiner Wolfstouren fuhr ich am frühen Morgen mit vier Gästen durch das Lamar Valley, als plötzlich aus einem Graben ein Kojote direkt vor das Auto auf die Straße sprang und ruhig stehen blieb, während ich den Wagen abrupt abbremste. Der kleine Kanide schaute mich an. Elke und Klaus riefen aufgeregt: »Ein Wolf!«

Der »Wolf« ging langsam um das Auto herum und blieb an der Fahrerseite stehen.

»Das ist ein Kojote«, erklärte ich. »Seht ihr die großen Ohren, die spitze Schnauze und den langen, buschigen Schwanz? Einem Wolf werden wir hoffentlich später noch begegnen, dann seht ihr den Unterschied in der Größe.«

»Ist der süß«, begeisterte sich Janet.

Ich öffnete das Fenster, und große Kojotenaugen blickten uns flehentlich an. Wir waren alle Hundebesitzer und kannten diesen Blick.

»Ach, der Arme hat Hunger«, meldete sich Karin vom Rücksitz. »Ich hab noch einen Keks. Soll ich …?«

»Wag dich!«, drohte ich. »Erstens ist das Füttern von Wildtieren hier streng verboten. Und außerdem nutzt es dem Kojoten wenig, wenn er deinen Keks bekommt. Schnell gewöhnt er sich daran, dass Menschen Futter bedeuten, und dann lebt er nicht mehr lange. Entweder er wird von einem Auto überfahren oder als bettelndes ›Problemtier‹ von den Rangern getötet.«

Ich scheuchte den Wegelagerer fort – ohne Essen. Offensichtlich hat er mit dieser Taktik im Yellowstone-Nationalpark schon des Öfteren Erfolg bei den Touristen gehabt. Leider!

Später sah ich ihn wieder. Er fraß mit seinen Kumpels an einem Hirschkadaver. So sind sie eben, die Kojoten.

Was die Nahrung betrifft, so sind sie echte Opportunisten und sowohl Raubtier als auch Aasfresser. Es heißt immer, dass ihr Lieblingsfutter alles ist, was sie fressen können – sie müssen es nicht verdauen können. In Mägen von Kojoten hat man schon Gürtelschnallen, Lederschuhe und Teile von Autoreifen gefunden. Es gibt nichts, was sie nicht mögen.

Farmer in Kalifornien berichten von Kojoten, die sich über ihre Ernte hermachen und Äpfel, Birnen, Pfirsiche, Mais oder Zwiebeln stehlen. Im späten Sommer fressen sie Heuschrecken, Käfer und Larven. In felsigen Gebieten springen Kojoten mit den Vorderpfoten auf Steine oder ins Laub und fangen so Schlangen und Eidechsen. In Feuchtgebieten stehen Frösche, Fische und Wassertiere auf ihrem Speiseplan. Kleine Säugetiere wie Stinktiere, Opossums, Otter, aber auch Hauskatzen und kleine Hunde jagen sie mit erstaunlicher Effizienz. Da das Fleisch von Rehen oder Hirschkälbern mehr Energie bringt, gehören diese zu den Lieblingsspeisen der Kojoten. Unter bestimmten Bedingungen sind sie sogar in der Lage, ein ausgewachsenes Reh oder einen kleinen Hirsch zu töten.

Kojoten auf der Jagd ähneln menschlichen Pokerspielern. Sie beobachten sehr genau jede Bewegung ihrer potenziellen Opfer, suchen ein Zeichen von Schwäche und scheinen einen Plan zu machen und ihre Chancen abzuwägen. Erst wenn alles stimmt, versuchen sie den Angriff.

Ein Beispiel für die Klugheit der kleinen Kaniden und ihre außergewöhnliche Jagdtaktik konnte ich erleben, als ich am Ufer des Yellowstone Lake eine Gruppe Pelikane fischen sah. Zwei Kojoten – ein erwachsener und ein kleiner, vermutlich ein Weibchen mit Nachwuchs – schlichen sich an sie heran und versteckten sich im Ufergras hinter einem Felsen. Unbemerkt konnten sie sich den Vögeln nicht nähern. Das größere Weibchen richtete den Schwanz auf und bewegte ihn langsam vor und zurück. Die Neugier der Pelikane war offensichtlich. Sie wateten vorsichtig und immer wieder anhaltend ans Ufer, trauten sich jedoch nicht ganz aus dem Wasser heraus. Nachdem er eine Weile gewartet hatte, stürzte der erwachsene Beutegreifer aus seinem Versteck an den Strand. Die Vögel waren bei diesem Überraschungsangriff sicher – und das wussten sie auch.

Der junge Kojote blieb immer noch in seinem Versteck. Nachdem die Kojotin die Pelikane eine Weile beobachtet hatte, rannte sie zum Strand, spielte mit Treibholz, jagte ihren eigenen Schwanz und tat so, als existierten die Vögel gar nicht. Dann lief sie davon. Immer noch neugierig, erinnerten sich die Pelikane wohl an den »wedelnden Schwanz« und näherten sich der Stelle, an der sie ihn zuletzt gesehen hatten. Hier wartete der kleine Kojote, bereit für den Angriff. In diesem Augenblick sprang aus einem Busch in der Nähe ein Hirsch hervor und erschreckte den jungen Kaniden, der die Flucht ergriff und seiner Mutter hinterherrannte.

Jetzt, wo sie sich sicher fühlten, kamen die Pelikane an den Strand. Ein schneller Sprung aus einer unerwarteten Ecke zeigte, dass sie sich irrten. Ein dritter Kojote, den ich zuvor nicht gesehen hatte, sprang aus dem Gras, schnappte sich einen der Vögel und trug ihn der Familie hinterher.

Ein weiterer beliebter Jagdtrick der kleinen Beutegreifer ist »toter Kojote«. Einer legt sich, manchmal mehrere Minuten lang, auf die Seite, um einen Raben oder eine Elster anzulocken. Nähern sich die Aasfresser dem vermeintlichen Kadaver, werden sie prompt von diesem geschnappt und gefressen.

Was den Einfallsreichtum bei der Jagd angeht, so übertreffen die pfiffigen kleinen Kaniden sogar die Wölfe. Das geht so weit, dass Kojoten mit anderen Spezies zusammenarbeiten. Eines Morgens in Yellowstone beobachtete ich die gemeinschaftliche Jagd von einem Dachs und einem Kojoten auf Erdhörnchen. Während der Dachs die Höhlen der kleinen Nager aufgrub, dass die Erdbrocken nur so flogen, schlich der Kanide aufmerksam durch die Wüstenbeifußbüsche. Plötzlich eine Bewegung, ein Springen, Schnappen. Der Kojote tauchte mit einem Erdhörnchen im Maul auf, das versucht hatte, dem Dachs durch einen Nebeneingang des weitverzweigten Höhlensystems zu entkommen, und dabei direkt in der Schnauze des Kojoten gelandet war. Auch der Dachs hatte Jagderfolg. Mit seiner Beute verschwand er in einer unterirdischen Höhle, wo er in Ruhe die Mahlzeit vertilgte. Der Kojote wartete unterdessen geduldig auf die Rückkehr seines Jagdgefährten.

Es ist eine Beziehung, die beiden nützt. Der große Erdmarder ist ein Grab-Spezialist, der Allesfresser Kojote ständig auf der Suche nach Nahrung. Ein grabender Dachs zieht den neugierigen Kaniden magisch an. Der Dachs seinerseits hat einen extrem guten Geruchssinn und ein feines Gehör, mit dem er Beute unter der Erde ausmachen kann. Viele unterirdische Höhlen sind miteinander verbunden und haben Fluchtausgänge. Hier braucht der Kojote, der auf die oberirdische Jagd spezialisiert ist, nur zu warten. Auf der anderen Seite mag manches erschrockene Erdhörnchen, das bei seiner Flucht auf den Kojoten trifft, umdrehen und dabei dem Dachs ins Maul laufen. Es wurde beobachtet, dass Kojoten, die mit Dachsen zusammenarbeiten, doppelt so viele Erdhörnchen fangen können wie allein jagende Tiere.

Manchmal waren diese beiden so unterschiedlichen Tierarten tagelang gemeinsam unterwegs. Gelegentlich versuchte der Kojote, den Dachs zum Spielen aufzufordern, bis auf ein seltenes »Nachlaufen« meist jedoch vergeblich. Als Einzelgänger halten Dachse nicht allzu viel von der »Anmache« ihrer sozialen Jagdpartner.

In der Natur gibt es viele seltsame Freundschaften zwischen Individuen unterschiedlicher Spezies, wie beispielsweise Wolf und Rabe. Und es ist keineswegs ungewöhnlich, dass gelegentlich ein bestimmter Kojote und ein bestimmter Dachs Kameraden werden. Einige Kojoten haben zweifellos Freude daran, Dachse zu hänseln, abgesehen von der Vorstellung, Nahrung zu bekommen, und gelegentlich mag der phlegmatische Dachs auch gerne einmal zurückschlagen. Eine generelle Freundschaft zwischen den beiden wird es jedoch nicht geben. Diese Jagdpartnerschaften finden überwiegend im Frühjahr statt, wenn die Erdhörnchen ihren Winterschlaf beendet haben und in großer Anzahl an die Oberfläche kommen. Wenn der Winter kommt und die Nahrung knapp wird, kann es durchaus vorkommen, dass »Freund« Dachs zur Mahlzeit des Kojoten wird. Auch umgekehrt wurden schon Reste von Kojoten in Dachsmägen gefunden.

Der wissenschaftliche Name des Kojoten, *Canis latrans*, bedeutet »bellender Hund«. Die ersten weißen Siedler Nordamerikas bezeichneten ihn oft als »Buschwolf« oder »Präriewolf«. In der Mythologie der Indigenen spielen sie eine wichtige Rolle. Deren Geschichten erzählen vom Kojoten, der die Welt erschuf, das Feuer brachte und dafür sorgte, dass die Bären Winterschlaf halten. Die Ureinwohner schätzen ihn wegen seiner Schläue, List und Intelligenz, seines Elans und seiner Freiheit. In einigen ihrer Legenden ist er der »Hund Gottes«: ein außergewöhnlich scharfer Beobachter, vom Himmel gesandt, um seinem Meister von den weltlichen Angelegenheiten zu berichten.

Er ist Schöpfer, Zerstörer, Allwissender, der Trickster und manchmal auch der Dummkopf – ein wenig wie wir Menschen.

Bill, ein Freund von mir, besitzt eine Ranch in South Dakota am Rande der Prärie. Zahlreiche Kojoten leben auf seinem Land. Er erzählte mir die Geschichte, wie einmal ein Kojote und er um seinen kleinen Mischlingshund Charly »gekämpft« hatten:

»Charly und ich waren auf unserem Morgenspaziergang, als plötzlich in einiger Entfernung ein Kojote auftauchte. Der setzte sich auf einen niedrigen Hügel und heulte in unsere Richtung. Charly drehte sich um und lief auf seinen wilden Verwandten zu. Ich pfiff, um ihn zurückzurufen. Als Charly zu mir laufen wollte, lockte der Kojote ihn erneut so lange, bis der Hund wieder zurücklief. Dies ging eine ganze Weile so. Ich lief in Richtung Ranch zurück, der Kojote folgte uns von Hügel zu Hügel. Er lockte den Hund mit seinem Jaulen, Charly trabte auf ihn zu, ich pfiff und rief Charly beim Namen, bis der begann, zu mir zurückzukehren. Daraufhin näherte sich der Kojote wieder und rief Charly auf eine anscheinend äußerst zwingende, dringende Art, bis der Hund sich wieder zu ihm umdrehte.«

Selbst als Bill schließlich die Straße erreicht hatte und den Hund wieder zurückgerufen hatte, fand der Kojote einen Hügel mit freier Sicht bis zum Haus, saß dort und tat sein Bestes, um den Hund zurückzulocken.

»Vielleicht sang er vom Zauber der Freiheit, vom wilden Leben, von dem sich in den Knochen des Hundes mit jedem Ton des Kojotengesangs eine Erinnerung rührte«, spekulierte Bill. Es war ihm klar, dass der Kojote, obwohl er sein Bestes gab, nicht wirklich erwartete zu gewinnen. Vielleicht war für den kleinen Kerl alles nur ein Witz. Jedoch war Bill durch das Pfeifen und

Schreien und den Versuch, mit seinem Hund so schnell wie möglich aus der Situation rauszukommen, erschöpft und außerdem verärgert. Als er die Straße erreichte und ein letztes Mal zu dem Kojoten zurückblickte, rief er ihm zu: »Such dir einen Job!« Die Antwort kam mit einem besonders fröhlichen kurzen Bellen, bevor er von seinem Hügel hüpfte und sich mit einem Blick zurück über die Schulter auf den Heimweg zu seinem Bau machte.

Eine halbe Meile die Straße hinunter blickte Bill wieder zurück. »Der Kojote hatte eine Pause eingelegt, um auf dem höchsten Hügel zu sitzen, sich als Silhouette gegen den Himmel abzugrenzen und ein weiteres Mal zu jaulen, diesmal nicht mehr zu mir oder zu Charly, sondern zum Himmel. Oder zu niemandem, zum Universum und niemand Bestimmtem. Sein charakteristischer Ruf, der besagte: ›Ich bin!‹«

Mit einer Mischung aus Belustigung und Bewunderung fügte Bill hinzu: »Von allen Tieren der Prärie haben Kojoten den größten Sinn für Humor. Wenn man eine Weile mit ihnen zusammenlebt, wird klar, warum für die Ureinwohner der Kojote der Gott der Trickster ist. Wenn er auf spielerische Art und Weise am Hang sitzt, ist es leicht, sich vorzustellen, dass er lacht. Nichts tun Kojoten lieber, als sich einen Streich auszudenken.«

Im Sozialverhalten ähneln Kojoten den Wölfen. Sie leben in Familiengruppen, die Eltern bleiben ein Leben lang zusammen, die ganze Familie kümmert sich um die Aufzucht der Welpen. Wenn sie gemeinsam an einem Kadaver fressen, passen sie aufeinander auf. Eine Wache hält Ausschau nach Feinden, während die anderen sich die Bäuche vollschlagen. Dann wechseln sie sich ab. Oft genug warten die Kojoten in Sichtnähe der Wölfe, während diese noch fressen, darauf, dass die großen Verwandten endlich ihre Mahlzeit beenden und sie zum Zug kommen.

Sehen sie ihre Jungen in Gefahr, werden Kojoteneltern zu wahren Furien. Mit hysterischem Geschrei und lautem Gekeife jagen sie Wölfe oder Bären davon, wobei sie die Angreifer mit heftigen Bissen ins Hinterteil nerven.

Kojoten kommunizieren über Geruchsmarkierungen, optische Reize, Berührungen und hauptsächlich über Heulen.
  Sie haben eine Art Dialekt in ihrer Sprache, an dem sie Mitglieder ihrer Familie erkennen, Informationen abfragen, um Hilfe rufen oder Außenstehenden drohen, ihr Revier nur ja nicht zu betreten. Anders als Wölfe, die sich als Rudeltiere einer wesentlich vielfältigeren Körpersprache bedienen, zeigen Kojoten weniger Gesichts- und Körpermimik. Dafür unterscheidet sich ihr Heulen stark von dem lang gezogenen, tiefen Heulton der Wölfe. Das hohe Jippen, Bellen und Schreien klingt manchmal wie der Gesang einer heiseren Primadonna und lässt sich auf sehr weite Entfernung deutlich vernehmen. Oft pflanzt sich der Gesang von Kojotengruppe zu Kojotengruppe fort, bis er das ganze Tal erfüllt. Es klingt, als würden sie ihren Brüdern und Schwestern von Hügel zu Hügel etwas zurufen. Manchmal klingt es fröhlich und jauchzend aus dem Takt, ohne Melodie oder Anstand. Ein anderes Mal scheint ihr Lied eine von Herzen kommende Klage an die Götter zu sein, ebenso wie manchmal auch wir Menschen von unserem Leid singen. Wann immer ich in der Wildnis den Gesang der Kojoten vernehme, bleibe ich stehen und lausche. Es ist ein beeindruckender Hörgenuss.

Es ist auch faszinierend, zuzusehen oder zuzuhören, wie erwachsene Kojoten ihren Welpen das Heulen beibringen: Sie singen eine bestimmte Oktave, die die Kleinen dann zu imitieren versuchen. Dies wird immer wiederholt, bis es endlich klappt.
  Manchmal bin ich versucht, mit ihnen zu singen. Ich gestehe, ich bin eine Versagerin, wenn es darum geht, wie ein Wolf zu

heulen. Doch als Kojoten-Sopranistin bin ich unschlagbar. Vielleicht liegt es daran, dass ich bei meinem Verhaltensforschungspraktikum in einem Wolfsgehege im US-Staat Indiana Freundschaft mit dem Kojoten Bill geschlossen hatte und jeden Morgen an seinem Gehege stand, um mit ihm gemeinsam zu heulen. Danke, Bill!

In Yellowstone entdeckte ich im Frühjahr bei einer Backcountry-Wanderung eine Kojotenfamilie beim Mäusefang. Als die Mutter mich sah, brachte sie sofort ihren Nachwuchs in Sicherheit und verschwand. Ich versuchte mein Glück und sang in höchsten Tönen mein Kojotenlied.

Ganz plötzlich tauchten wenige Meter vor mir im Gras drei kleine Kojotenköpfchen auf, die mich neugierig mit großen Augen musterten. Ein kurzes Warnbellen der Mutter holte sie wieder zurück. Was sich die Kleinen wohl gedacht haben, als sie in Erwartung von Spielgenossen einen Zweibeiner sahen?

Ich hatte in Yellowstone die einzigartige Gelegenheit, über einen längeren Zeitraum hinweg nicht nur Wölfe, sondern auch Kojoten zu beobachten. So konnte ich auch verfolgen, was geschieht, wenn ein kleiner Beutegreifer von einem größeren verdrängt wird.

Bis zur Wiederansiedlung der Wölfe waren die Kojoten die Topbeutegreifer des Parks. Sie lebten, wo es ihnen gefiel. Ihre Population wuchs, und außer Bären und Pumas hatten sie keine Feinde. Sie bewohnten ihre traditionellen Territorien, es gab wenig, wovor sie sich fürchteten. Ein schlechter Winter, der Einfluss auf ihre Nahrungsquellen hatte, war das Schlimmste, was ihnen widerfahren konnte. Sie ernährten sich von Wühl- und Feldmäusen, Erdhörnchen und anderen kleinen Säugetieren, nahmen gelegentlich ein Hirschkalb mit oder fraßen von einem Kadaver. Alles in allem verlief ihr Leben stabil und ohne Aufregung.

Dies änderte sich schlagartig, als man ihnen 1995 die ersten Wölfe vor die schmale Schnauze setzte. Ich war besorgt, wie »meine Lieblinge« damit umgehen würden, wenn ihre heile Welt und besonders ihre Familien durch die großen Neuankömmlinge bedroht wurden. Wie verkraften wir alle Situationen, in denen das Leben, so wie wir es bisher kannten, sich mit einem Mal radikal verändert? Die Kojoten sollten es mich lehren.

Innerhalb von nur zwei Jahren dezimierten die Neuankömmlinge die Population der Kojoten um die Hälfte. Gleichzeitig boten die von Wölfen zurückgelassenen Kadaver aber auch reichlich Nahrung für die hungrige Verwandtschaft. Zunächst waren die Kojoten begeistert von dem vielen Fleisch, das plötzlich überall herumlag. Sie hatten entweder noch nicht den Grund für das neue Schlaraffenland entdeckt, oder sie waren so gierig, dass sie jede Vorsicht vergaßen.

Der kleine Kojote fraß unbekümmert an einem Hirsch, den die Wölfe am Morgen gerissen hatten. Er war so hungrig, dass er seiner Umgebung wenig Aufmerksamkeit schenkte. Das war ein Fehler. Etwa hundert Meter über ihm schlich sich ein schwarzer Wolf den Bergabhang hinunter, direkt auf ihn zu. Endlich schaute der Kojote auf, sprang vor Schreck fast mit allen vier Füßen gleichzeitig in die Luft und sauste los, dicht gefolgt von dem Wolf. Als nur noch eine Schwanzlänge Distanz zwischen den beiden bestand, schlug der Kleine einen Haken und raste direkt auf die Straße zu, wo ich gemeinsam mit anderen Wolfsbeobachtern und Fotografen stand. Der Wolf stoppte abrupt und drehte ab. Mit uns Menschen wollte er nichts zu tun haben. Der Kojote hatte seinen großen Vetter ausgetrickst – wieder einmal.

Aber nicht immer haben die kleinen Schlaumeier so viel Glück. Mehrmals habe ich beobachten müssen, wie Wölfe einen Kojoten töten. Immer läuft das Szenario ähnlich ab: Mehrere Wölfe jagen mit hoch aufgerichteten Schwänzen und nach vorn gestellten Ohren einen einzelnen Kojoten, umringen ihn und beißen alle auf einmal auf ihn ein, so lange, bis das Opfer tot ist.

Wenn ich so etwas erlebe, schließe ich die Augen und drehe mich um. Ich leide mit dem Opfer. Schlimmer noch ist es im Frühjahr, wenn die Wölfe Kojotenhöhlen ausgraben, um die Welpen zu töten. Nur allzu vertraut ist mir das verzweifelte Geschrei der Eltern, die alles versuchen, um ihre Kinder vor dem großen Räuber zu retten. Sie zwicken ihn in den Hintern und die Beine oder werfen sich todesmutig vor den Wolf, doch meist vergeblich. Ich brauche das Drama noch nicht einmal direkt zu sehen: Das Kreischen der Kojoten, die Panik, Verzweiflung und Trauer, die andauert, auch nachdem der Wolf den Welpen schon im Maul davongetragen hat, geht mir durch Mark und Bein. Meist flüchte ich, indem ich ins Auto springe und schnell davonfahre. Obwohl das Töten ein Teil der Natur ist, ertrage ich es nicht.

Aber der »Trickster« wäre kein Überlebenskünstler, wenn er nicht gelernt hätte, sich auch dieser neuen Situation anzupassen. So haben Kojoten erkannt, dass in der Größe ihres Rudels eine gewisse Sicherheit liegt. Vor der Rückkehr der Wölfe waren sie meist allein oder in kleinen Familienverbänden unterwegs. Heute bilden sie oft Großfamilien von bis zu zehn Tieren. Oder sie stellen ein oder zwei Wachen ab, wenn sie an einem Kadaver fressen. Die warnen ihre Familienmitglieder, wenn sich ein Wolf nähert.

Um bei Gefahr ihre großen Widersacher auszutricksen, lassen sich Kojoten noch mehr einfallen. Einmal beobachtete ich, wie einer von ihnen von einem Wolf verfolgt wurde. Der Kojote rannte den Berg hinunter, und wann immer der Wolf aufholte, schlug der kleinere Kanide einen Haken und flitzte blitzschnell den Berg wieder hinauf. Da der Wolf zu schwerfällig war, kam er nicht mehr mit und musste aufgeben.

Die Familie der Kaniden hat sich vor über fünf Millionen Jahren in Nordamerika entwickelt. Viele der anderen Kanidenarten, wie Schakale, Wölfe und Wildhunde, verbreiteten sich über die Landbrücken, die Amerika mit Europa und Asien verbanden, rund um den Globus. Aber die Kojoten haben Nordamerika nie verlassen, wo sie sich vor etwa einer Million Jahren zu einer eigenen Art entwickelten. Die großen Beutegreifer wurden mit der Kolonisierung verdrängt oder ausgerottet. Nicht so die Kojoten. Während die Jahrtausende vorüberzogen und mit ihnen das Mammut und der Säbelzahntiger, während das Pferd den Kontinent eroberte, blieben die Kojoten immer dieselben – evolutionär ausgedrückt primitive Formen, jedoch erstaunlich flexibel, immer progressiv und innovativ – jede Veränderung zu ihrem Vorteil nutzend.

Obwohl Wölfe und Bären an der Spitze der Nahrungskette stehen, stellt sich die Frage, warum sich ausgerechnet die kleinen Kojoten trotz massiver Verfolgung auch heute noch weiter vermehren und erfolgreich überleben. Die Erklärung ist einfach: Kojoten haben sich daran angepasst, gejagt zu werden. Für sie sind Menschen einfach nur ein weiterer – sehr ineffizienter – Beutegreifer. Vor der Erfindung von Gewehren und Fallen hatten Bären und Wölfe in Nordamerika überhaupt keine Feinde und nie gelernt, sich vor Menschen zu fürchten. Das war ihr Tod. Kojoten jedoch haben schnell aus der Verfolgung gelernt. Es war ihre Resilienz, die sie hat überleben lassen.

Neben ihrer Fähigkeit, sich bei Bedrohung stärker zu vermehren, haben Kojoten neue und sichere Lebensräume entdeckt – in Großstädten. Seit den 1970er-Jahren besiedeln sie die Schluchten von Los Angeles und sind in den 1990er-Jahren auch erstmals in der Bronx gesehen worden. In den Straßen von Manhattan wächst ihre Zahl. Chicago ist bei den geschätzten drei- bis viertausend Kojoten[13] offenbar besonders beliebt.

Erstaunlicherweise jagen diese Stadtkojoten nicht, wie zunächst befürchtet, Hunde, Katzen oder andere Haustiere, sondern fressen natürliche Nahrung wie Kaninchen, Ratten, Eichhörnchen und Vögel.

Eine befreundete kanadische Biologin hat mir ein Foto geschickt, auf dem ein Kojote im Geäst eines Apfelbaums balanciert. Da kein Fallobst mehr unter dem Baum lag, hielt der kleine Kerl nach den verdorrten Früchten Ausschau, die noch an den Ästen hingen.

Die urbanen Kojoten können Risiken gut einschätzen und versuchen, möglichst außer Sicht zu bleiben. In Großstädten gibt es genügend Nahrung und Deckung für die klugen Beutegreifer. Niemand schießt auf sie, fängt sie ein oder vergiftet sie. Während Kojoten auf dem Land nur etwa zweieinhalb Jahre leben, werden sie in der Stadt zwölf bis dreizehn Jahre alt, und auch deutlich mehr von ihren Welpen überleben.

Kojoten haben ihr natürliches Verhalten verändert, um sich an das Leben in enger Nachbarschaft mit den Menschen anzupassen. In der Innenstadt von Chicago beispielsweise verbrachte ein Kojote sein ganzes Leben auf einem Friedhof und fraß Futter, das die Besucher für ihn auf die Gräber legten. Ein anderer Kojote mit GPS-Halsband und seine Partnerin haben einen Wurf von fünf gesunden Welpen in einer Betonhöhle auf dem Parkplatz des Soldier Field Stadium, der Heimat der Chicago Bears, aufgezogen.[14]

Anders als beispielsweise wild lebende Kojoten sind Chicagos Stadt-Kojoten nachtaktiv und verstecken sich tagsüber – oft in der Nähe belebter Einkaufsstraßen. Sie haben gelernt, Straßen, Gehwege und Eisenbahntrassen trotz des enormen Verkehrsaufkommens ungesehen (und meist unbeschadet) zu überwinden. Sie machen es letztlich so wie die Wildtiere in Deutschland, die in die Städte eingewandert sind: Füchse, Waschbären und oft auch Wildschweine, die selbst in Großstädten wie Berlin reichlich Nahrung und sichere Zuflucht finden.

Der Kojote ist kein beliebtes Tier in Amerika. Sogar der Wolf hat mehr Freunde. Aber der Wolf war im Gegensatz zu seinem kleinen Bruder niemals in der Lage, sich so anzupassen, dass er trotz ungebrochener Verfolgung immer wieder zurückkommt – und das in größerer Zahl als je zuvor.

Traditionell hat sich unsere Beziehung zur Natur aus dem (Irr-)Glauben entwickelt, dass sie formbar sei. Wir glauben, die Natur kontrollieren zu können, wann und wie immer wir wollen – mit vorhersehbaren Konsequenzen. Unsere Überheblichkeit hindert uns daran, zuzugeben, dass wir im Kojoten ein uns ebenbürtiges Wesen gefunden haben, das uns seit Tausenden Jahren ausgetrickst hat und dies auch weiter tun wird. Eine mächtige Lobby in Amerika will ihn tot sehen, also wird er weiterhin abgeschlachtet und vernichtet. Jedoch reagiert der kluge Kanide auf jedes neue Vernichtungswerkzeug mit einer Verhaltensänderung. Entkommt er einer Falle, meidet er in Zukunft die Gegend, wo Fallen ausgelegt werden, und bringt das auch seinem Nachwuchs bei. Überall dort, wo man ihn verfolgt, wird er vorsichtiger und meidet Menschen. Während die schwachen, unvorsichtigen und dummen Kaniden getötet werden, scheint eine Art »Superkojote« zu entstehen, einer, der mit seinem menschlichen Feind klarkommen kann.

Wir haben mit unseren Vernichtungskampagnen einen weiteren Parameter zur natürlichen Auslese hinzugefügt mit dem Ergebnis, dass die Kojoten jetzt größer, klüger, anpassungsfähiger, schneller und listiger sind als zu der Zeit, als der weiße Mann zum ersten Mal ihr Gebiet betrat. So sind sie zum ultimativen Symbol für Erfolg und Auflehnung gegen Menschen geworden, die glauben, sie könnten die Natur kontrollieren.

Die Natur ist dynamisch und vernetzt. Wir können nur überleben, wenn wir uns mitverändern und anpassen – wie die Kojoten. Ihre Resilienz ist für mich ein Geschenk, das mir zeigt, dass auch wir Menschen alle Katastrophen und Veränderungen überleben können.

WALE UND ADLER

Wann immer ich einem wilden Tier zum ersten Mal in die Augen sehe, empfinde ich diesen mystischen Moment, in dem ich in eine fremde Welt eintauche. Das war so beim Wolf, beim Bison – und auch bei einem Wal.

Ich hütete für ein paar Wochen das Haus meiner Freunde in Maine und wollte anschließend nach Norden fahren, den Acadia-Nationalpark besuchen und, wenn möglich, ein kleines Stück auf dem berühmten Appalachian Trail[15] wandern. Außerdem wollte ich endlich einmal Wale sehen. Die Gewässer etwa zwanzig Meilen vor der Küste versprachen ausgezeichnete Sichtungen. Hier sollte es Finnwale, Buckelwale und Zwergwale geben, außerdem verschiedene Haiarten und Riesen-Thunfische. Die beste Jahreszeit für Beobachtungstouren ist Mitte April bis Oktober, die beste Tageszeit vormittags, weil da das Meer am ruhigsten ist.

Es war Spätsommer, und der Wetterbericht sagte einen sonnigen, ruhigen Tag voraus. Also meldete ich mich für den nächsten Vormittag für eine Whalewatching-Tour bei »Cap'n Fish« an. Tatsächlich, es war windstill, das Meer spiegelglatt, die perfekte Voraussetzung für mich, die ich massiv unter Seekrankheit leide. Mir wird schon übel, wenn ich in einem Schaukelstuhl sitze oder einen Film anschaue, der heftigen Seegang zeigt. Aber an diesem Tag konnte nichts schiefgehen.

Bei der Reservierung hatte man mir empfohlen: »Wenn Sie einen empfindlichen Magen haben, schlucken Sie etwas gegen Seekrankheit. Aber Vorsicht, die Pillen machen normalerweise auch müde.«

Das Medikament sicherheitshalber in der Jackentasche, bestieg ich in Boothbay Harbor mit etwa dreißig anderen Touristen das Boot. Nach der Sicherheitseinweisung zu den Schwimmwesten und den Verhaltensmaßregeln bei Annäherung an Wale – nicht schreien und nicht berühren – tuckerte das Schiff aufs Meer hinaus. Alle Beobachter hatten sich mit schussbereiten Kameras und Ferngläsern auf dem Deck verteilt und scannten erwartungsvoll den Horizont.

»Da! Da hinten!« Aufgeregt deuteten einige in die Ferne, und der Bootsführer macht eine Ansage: »Leute, wir haben einen Wal auf elf Uhr!« Er gab Gas, denn immer mehr Tiere tauchten auf und stießen Wasserfontänen, sogenannte »Walblas« aus. Als wir uns den Walen näherten, drosselte der Kapitän den Motor und schaltete ihn schließlich ab. Das Boot schwankte auf den Wellen. Zwei weitere Touristenschiffe tauchten auf. Wir kreisten die Wale ein. Bei jedem Blas, der wie eine Säule aus dem Wasser aufstieg, jubelten die Menschen auf den Schiffen laut. Dann endlich tauchten mit einem mächtigen Schnauben mehrere Wale auf. Es waren Zwergwale, die mir mit fast neun Metern Länge riesig vorkamen. Kameras klickten, Menschen schrien aufgeregt und begeistert – so weit zu den Verhaltensmaßregeln. Einige fragten ungeduldig: »Wann springen sie endlich?« Vermutlich hatten sie zu viel *Free Willy* gesehen oder sich an den Shows in Aquarien orientiert, die uns eine heile Welt vorspielen, während die Tiere unter tierschutzwidrigen Bedingungen gehalten werden.

Mich nervte das Geschrei. Ich hätte mir gewünscht, die Wale in Stille zu bewundern, und zog mich zurück. Auf der anderen Seite des Schiffs stellte ich mich an die Reling und atmete tief die salzige Meeresluft ein. Es reichte mir, zu wissen, dass die großen Meeressäuger da waren; dazu musste ich mich nicht unter die laute Menge mischen.

Während ich noch in die Ferne schaute, spürte ich eine

Bewegung unter mir. Ein Wal tauchte direkt neben dem Schiff auf. Sein mächtiger dunkler Körper lag leicht auf der Seite, fast so, als hätte er es sich bequem gemacht, um mich besser beobachten zu können. Sein Kopf war nur eine Armlänge entfernt. Das große, fast menschliche Auge des Wals blickte mich an – nein, es blickte in mich *hinein*, in das Innerste meiner Seele. Wir sahen uns über wenige Meter Wasser und über unermessliche Abgründe von evolutionärer Zeit hinweg an. Wie lange ist es her, dass unsere Säugetiervorfahren verschiedene Wege gegangen sind? Wie unergründlich war die Kluft, die unsere Lebensweise trennte? Was dachte oder fühlte dieses große Geschöpf, das mich ansah, während ich es betrachtete? Wie lebte es? Dieses unstillbare Verlangen, in anderen Lebensformen aufzugehen, die Dinge mit ihren Augen und ihrem Verstand zu begreifen – das ist ein roter Faden, der sich durch all unsere evolutionären Veränderungen zieht. Tausend Reinkarnationen, jede als eine andere Lebensform, wären zu wenig, um diese Neugierde zu befriedigen.

Ich empfand Bewunderung und Ehrfurcht für die Schönheit des Tieres. Aber auch Trauer, weil die Begegnung jeden Moment vergangen sein und der Wal in die Tiefe verschwinden würde. Der Moment des Zaubers würde vorbei sein – und ich würde allein zurückbleiben.

Ich stand da wie gebannt. Ich vergaß, wo ich war, dass das Schiff begonnen hatte stärker zu schaukeln, dass mir eigentlich hätte übel werden müssen. Es gab nur mich und den Wal. Dann atmete er leise ein, schloss seine Blaslöcher und tauchte ab. Niemand außer mir hatte ihn bemerkt.

Dieses grundlegend fremdartige Wesen hatte mich so tief berührt, dass ich mich tränenüberströmt und mit weichen Knien auf den Boden des Schiffs setzte und dort blieb, bis wir wieder im Hafen anlegten. Ich wollte niemandem etwas erzählen, nichts teilen, wollte diese Magie ganz für mich behalten.

Das war vor über zwanzig Jahren. Heute sind die Walbeobachtungsfahrten deutlich schärfer gesetzlich reguliert. In den USA muss man einen Mindestabstand von dreihundert Metern zu den Tieren einhalten. Wer eine solche Tour unternehmen will, sollte sich den Veranstalter genau anschauen. Niemand kann eine Sichtung »garantieren«. Das konnte ich bei meinen Wolfsbeobachtungsreisen auch nie. Ethische Tierbeobachtungen respektieren das Verhalten eines Tieres und verzichten lieber auf eine Sichtung oder ein Foto, als dass sie es stören.

Es heißt immer, dass man die erste Begegnung mit einem Wal nie vergisst. Das stimmt. Nach meinem Erlebnis in Maine wollte ich mehr über die großen Meeressäuger erfahren und beschloss, in Alaska an einem Treffen von Walforschern teilzunehmen, das alljährlich im November in Sitka stattfindet, dem *Sitka WhaleFest*.

Verbinden konnte ich es mit einem weiteren wissenschaftlichen Symposium, dem *Alaska Bald Eagle Festival*, das wenige Tage nach dem Walfest in Haines stattfand und bei dem Weißkopfseeadler im Mittelpunkt standen. So würde sich die weite Reise nach Alaska lohnen, wenngleich das im November eine echte Herausforderung ist. Viele Straßen und Pässe sind wegen Schnee gesperrt.

Als Leiterin und Organisatorin von Wildnistouren hatte ich mir mit den Jahren einen unerschrockenen kleinen Kundenstamm aufgebaut, der bereit war, jedes Abenteuer mitzumachen. Als ich ihnen vorschlug, Wale und Adler in Alaska zu beobachten, sagten sie sofort zu.

Wale

In den Gewässern von Sitka im Nordosten von Alaska versammeln sich im November die letzten Buckelwale, bevor sie nach Kalifornien oder Mexiko zu ihren Paarungsgebieten ziehen. Einheimische feiern mit dem *Sitka WhaleFest* gemeinsam mit Wissenschaftlern und Touristen das Meeresleben. Das Herzstück des Festes ist ein dreitägiges Symposium, auf dem weltbekannte Walexperten ihre aktuellen Forschungsergebnisse zu einem breiten Spektrum von Themen vorstellen. Es bietet zukünftigen Forschern und anderen an den Ozeanen interessierten Personen die Möglichkeit, sich mit einer leidenschaftlichen und vielfältigen Gruppe von Gleichgesinnten auszutauschen. Gastredner halten Vorträge zum jeweiligen Gesamtthema des Symposiums. Begleitet wird die Veranstaltung von kommunalen und kulturellen Aktivitäten, umfassenden wissenschaftlichen Präsentationen, Bootsfahrten zur Walbeobachtung, einem Kunsthandwerkermarkt, Musikvorführungen und einer Kunstausstellung. Alles zum Thema Meer.

Am 4. November 1999 flog wir zu viert von Frankfurt über Seattle und Juneau nach Sitka. Wir registrierten uns und mischten uns unter die Symposiumsteilnehmer. Die nächsten drei Tage waren angefüllt mit zahlreichen Vorträgen zu Walen – insbesondere zu Buckelwalen, Orcas und Delfinen. Wir sahen PowerPoint-Präsentationen, Tabellen, Fotos und grandiose Videos. Abends saßen wir gemeinsam mit den Forschern beim Bankett oder besuchten Theatervorführungen und Tänze der Ureinwohner vom Stamm der Tlingit.

Die Organisatoren des Festes bedankten sich bei uns für unser Kommen. Sie fühlten sich geehrt, weil wir der Veranstaltung einen »internationalen Touch« gaben. Sogar die örtliche Fernsehstation interviewte uns, und die Zeitungen in Juneau berichteten über die deutschen Walfans

Der Vortrag der Meeresbiologin Kathy Heise interessierte mich besonders. Sie war spezialisiert auf Orcas: Schwertwale, die zur Gattung der Delfine gehören. Die heute noch verwendete Bezeichnung »Killerwal« ist bei Wissenschaftlern aus gutem Grund verpönt.

Kathy zeigte in einem Video, wie eine Gruppe Orcas versuchte, ein Buckelwal-Baby von der Mutter zu trennen und zu töten. Zuerst kreisten sie gemeinsam die Beute ein und hetzten sie so lange, bis sie erschöpft war. Die Mutter verteidigte ihr Kleines, das eng neben ihr schwamm, tapfer gegen alle Angriffe. Einige der Schwertwale drängten sich zwischen sie und ihr Kind. Sie attackierten die Mutter mit Bissen und versuchten, das Kleine unter Wasser zu drücken, damit es keine Luft mehr holen konnte. Am Ende schaffte es Mama-Wal nicht, ihr Baby gegen die Überzahl der Angreifer zu verteidigen: Sie musste aufgeben.

Das erinnerte mich an die Jagdtaktiken der Wölfe. Genau wie sie lernen auch Orcas die Jagd im Rudel von ihren Müttern. Die Wale veranstalten mit ihren Jungen regelrechte Trainingsstunden. Sie treiben beispielsweise Stachelrochen in seichtes Wasser und verletzen sie. Dabei werden die Rochen nicht getötet, sondern nur geschwächt, damit sie für die jungen Orcas leichter zu erlegen sind als ein gesundes Tier. Es dauert mehrere Jahre, bis die Jungtiere die Technik wirklich beherrschen.

Bei der Jagd hat jeder Schwertwal eine bestimmte Aufgabe. Die Erwachsenen bringen dem Nachwuchs bei, wie man jagt und wo Gefahr droht. Kathy erzählte von Orca-Gruppen, in denen einzelne Tiere erschossen oder verwundet worden waren. »Sie vergessen nie. Bei manchen kann man Narben von Schusswunden sehen. An die kommen wir nicht heran. Wenn sie einen Motor hören, hauen sie ab.«

Schwertwale leben in komplexen sozialen Familien, beschützen sich gegenseitig und kümmern sich um die Schwachen in ihrer Mitte. Angeführt wird jede Orca-Gruppe von einer erfahrenen Walkuh, der Matriarchin. Die Tiere gehen liebevoll miteinander um und berühren sich oft. Wenn sie schwimmen oder gemeinsam spielen, machen sie Luftsprünge, schlagen Saltos oder reiten auf den Wellen.

Und wie auch wir Menschen, so kommunizieren Wale ständig miteinander. Ein Biologe spielte Bandaufnahmen vom Gesang des Blauwals vor: feste, regelmäßig wiederkehrende Klangmuster. Buckelwale setzen Luftblasen als Kommunikationsmittel ein und versuchen, einander mit Blasenvorführungen zu imponieren. Orcas sind echte Tratschtanten. Sie reden unentwegt. In den Aufnahmen des Biologen war ein ständiges Fiepen, Quietschen, Piepsen, Jaulen und Schnattern zu vernehmen. Und ebenso wie Wölfe und Kojoten in unterschiedlichen »Dialekten« heulen, hat jede Wal-Familie ihre eigene Sprache.

Nach den Vorträgen fühlte ich mich erschöpft – nicht nur geistig, sondern auch emotional. Die Wale beschämten mich als Mitglied der Tierart Mensch. Warum um alles in der Welt glauben wir immer noch, dass wir die Krone der Schöpfung und die einzige intelligente und mitfühlende Tierart sind, wenn es Mitgeschöpfe gibt, die uns zumindest ebenbürtig, wenn nicht sogar in manchem überlegen sind?

Am letzten Tag hatten wir uns für eine Whalewatching-Tour angemeldet. Das Wetter hätte mich vorwarnen sollen: Es regnete in Strömen, und ein kräftiger Wind sorgte für reichlich Wellengang. Meine Gruppe behauptete, seefest zu sein. Wie ich sie beneidete! Trotzdem wollte ich mir auf keinen Fall das Spektakel entgehen lassen. So schlimm konnte es nicht werden. Vielleicht würde ich ja beim Anblick der Wale meine Übelkeit vergessen, so hoffte ich. Sicherheitshalber nahm ich nach dem Frühstück ein paar Tabletten gegen Seekrankheit ein.

»Wir werden Wale sehen«, war sich die Walforscherin Jan Straley sicher. Nach einer halben Stunde Fahrt ließ Kapitänin Barbara Bingham das kleine Boot mit seinen zwanzig aufgeregten Passagieren mitten in eine Gruppe von etwa einhundert Buckelwalen treiben. Einige von ihnen schwammen um unseren

Kutter herum. Ein großer Schwarm Möwen kreiste kreischend über dem Boot, als die Oberfläche zu beben begann und die riesigen Mäuler von mindestens fünfzehn Buckelwalen aus dem Wasser schossen. Dann wurden es immer mehr. Um uns herum ein Meer aus Buckeln, Wasserfontänen und Schwanzflossen, bevor die Wale wieder in der Tiefe verschwanden. Tauchte der eine auf, nahm der andere einen tiefen Atemzug und sank dann in augenscheinlichem Wohlbefinden behaglich hinunter. Ihre Rücken spannten sich wie glatte schwarze Bögen über dem Wasserspiegel, bevor sie zum tiefen Tauchen ansetzten und mit dem Kopf zuerst abtauchten. Zuletzt zogen sie den Schwanz nach und streckten die Fluken (Flossen) wie zum Gruß, wie das Leitwerk eines Flugzeugs, waagerecht nach oben – stets im selben gemessenen Tempo. Die Brustflossen des Buckelwals sind – anders als die anderer Wale – an der Vorderkante knubbelig. Sie weisen aerodynamische Eigenschaften auf. Es entstehen Verwirbelungen an der Flosse, der Auftrieb wird verbessert und der Wasserwiderstand verringert.[16]

Wir waren umzingelt von Walen. Überall sah man sie blasen, manchmal dicht genug, um uns in eine Dampfwolke einzuhüllen. Ich spürte ihre Fontänen in meinem Gesicht. Dann kamen sie ganz in der Nähe des Bootes nach oben, schwammen daran entlang, tauchten unter. Manchmal sah ich, wie sich drei riesige Schwanzflossen gleichzeitig aus dem Wasser erhoben. Sie zu sehen und sich mitten unter ihnen zu befinden, war bewegender, als ich es mir vorgestellt hatte. Es war atemberaubend!

Ich musste einfach weinen. Diese Tiere waren so gigantisch groß. So majestätisch. Ihre Geräusche vermischten sich mit dem aufgeregten Schreien der Passagiere. Ich wusste nicht mehr, wo ich hinschauen sollte – sofern ich überhaupt noch gucken konnte, denn ich bekam weiche Knie und mein Magen machte eine Achterbahnfahrt. Das lag nicht an den Walen, die mich so überwältigten: Jetzt machte sich meine Seekrankheit massiv bemerkbar.

»Du bist ganz grün im Gesicht«, bemerkte Rainer aus meiner Gruppe. Hilde, die mit ihrem Mann jahrelange Segelerfahrung hatte, fasste mich am Arm, sah mich mitfühlend an und riet mir: »Du solltest besser reingehen und dich hinlegen.« Das tat ich. Anscheinend war ich nicht die Einzige, der übel geworden war, denn die Hälfte der Passagiere lag auf den Sitzbänken im Inneren des Boots und klammerte sich an ihre Spucktüten, während die Crew in Stücke geschnittene Ingwerwurzeln verteilte – woraufhin mir noch schlechter wurde. Was für eine Sünde! Da befand ich mich mitten unter den größten Meeressäugern, und ich wollte nur noch sterben. Von der dreistündigen Fahrt lag ich die Hälfte der Zeit unter Deck oder hing über der Reling und »fütterte die Fische«. Ich war heilfroh, als ich wieder festen Boden unter den Füßen spürte, und schwor mir, nie mehr ein Boot zu betreten.

Als ich beim Abschiedsbankett Kathy von unserer Waltour und meinem Elend erzählte, schaute sie mich mitfühlend an. »Das kommt vor«, sagte sie und griff eine Papierserviette und einen Stift. »Wenn ihr morgen nach Juneau fliegt, fahrt mit dem Auto raus aus der Stadt, hierhin«, sie malte Linien und ein großes Kreuz auf die Serviette. »Hier kannst du Wale von der Straße aus sehen, auf festem Boden. Buckelwale und Orcas.« Sie zwinkerte mir zu. »Und wenn ich mal nach Yellowstone komme, zeigst du mir die Wölfe!«

Das versprach ich aus ganzem Herzen.

Der Abend klang aus mit einer russischen Tanzshow im Tribal Community House von Sitka. Die Tlingit verabschiedeten sich von uns in ihrer Sprache: »Gonachchiech ngha ngha«, was Danke heißt.

Wale sind zum Maskottchen ökologischer Verantwortung geworden, zum Symbol unseres Mitgefühls für andere Tiere, weil sie – neben Hunden und anderen hoch entwickelten Tieren – die Vorstellung verkörpern, dass Menschen nicht die einzigen Wesen auf der Erde mit einem Bewusstsein sind.

Dennoch geht die Walpopulation bis heute, Stand 2020, immer weiter zurück. Viele Walarten sind nach wie vor in ihrem Bestand bedroht – trotz des weltweiten Moratoriums (Fangstopp) für den kommerziellen Fang aller Großwalarten seit 1986. Verschmutzte Meere, veränderte Lebensräume, das Ertrinken in Fischernetzen, in denen sie als Beifang enden, das Überfahren durch Schiffe und der Klimawandel setzen ihnen zu. Zahlreiche Wale sterben durch Plastikmüll. Durch Riesentanker, Ölbohrungen, den Bau von Windparks auf offener See, die Suche nach Gasvorkommen und durch den Einsatz von Sonargeräten nimmt der Unterwasserlärm immer mehr zu und führt zu Massenstrandungen. Und selbst Whalewatching-Touren durch Touristen stressen die Tiere.

Walfang betreiben noch die Länder Japan, Norwegen und Island. Darüber hinaus werden immer noch Orcas tierschutzwidrig in Zoos oder Delfinarien gehalten.

Am nächsten Morgen flogen wir nach Juneau. Dort mussten wir zwei Tage warten, bevor wir mit der Fähre nach Haines weiterfahren konnten. Eine Reise in Alaska außerhalb der Saison muss sorgfältig geplant werden. Viele Hotels haben schon geschlossen, die Fährschiffe verkehren seltener oder manchmal gar nicht mehr. Trotz ständigem Regenwetter nutzten wir unsere Chance zum Sightseeing in Juneau. Mein Geheimtipp ist ein Besuch in der Stadtbibliothek, von der aus man einen grandiosen Überblick über die Stadt und die umliegenden Berge hat.

Der Mendenhall-Gletscher gehört zum touristischen Pflichtprogramm. Dies war mein dritter Besuch, und jedes Mal hatte er sich weiter zurückgezogen. Die globale Erwärmung war schon zu erkennen, obwohl man damals noch nicht von ihr sprach.

Als am Nachmittag endlich die Wolkendecke aufriss und die Sonne durchbrach, fuhren wir mithilfe von Kathys Serviettenskizze nach Norden bis zur Bridget Cove. Und da waren sie – weit sichtbar und ohne schwankende Schiffsplanken unter meinen Füßen: Wale! Ich zählte etwa dreißig Buckelwale und acht bis zehn Schwertwale. Ruhig zogen sie gemeinsam ihre Bahnen. Die Finnen (Rückenflossen) der Orcas schauten aus dem Wasser, einmal sogar fünf auf einmal, wie beim Synchronschwimmen eines leicht übergewichtigen Wasserballetts.

Dicht am Ufer entlang und somit in Sicherheit vor den Schwertwalen schwamm eine Gruppe von etwa zwanzig Seehunden. Die Orcas kamen nah an die Küste heran. Wir konnten laut und deutlich hören, wie sie sich »unterhielten«. Sie grunzten, pfiffen, sangen und knurrten.

Mit einem Mal kam Bewegung in die Gruppe Buckelwale. Die Tiere schlugen mehrmals mit der Unterseite ihrer Schwanzflosse auf die Wasseroberfläche. Mit extrem hohen Tönen trieben sie einen Schwarm Fische an der Oberfläche des Meeres zusammen und bildeten kurz darauf ein enges Netz von geblubberten Luftblasen, mit dem sie die Fische einschlossen. Schließlich stiegen die Wale mit weit geöffneten Mäulern senkrecht aus dem brodelnden Meer auf und verschlangen dabei ganze Schwärme auf einmal.

Für dieses sogenannte »Bubble Net Feeding« ist ein hohes Maß an Kooperation und Intelligenz nötig. Alle Wale bewegten sich synchron in perfekter Choreografie. Wenn einem bewusst ist, dass diese Art von »Blasenjagd« nur etwa hundert Buckelwale perfektioniert haben, hatten wir an unserem letzten Wal-Tag über etwas ganz Besonderes staunen dürfen.

Adler

Die Weiterreise am nächsten Tag nach Haines zum *Alaska Bald Eagle Festival* verlief mit der Fähre durch den Lynn-Kanal. Begleitet wurden wir von dreißig Buckelwalen und einer fröhlichen Schule von Delfinen, die plötzlich auftauchte. Die Tiere warfen sich mit überschäumender Kraft und Ausgelassenheit in die Luft, fügten den Wellen mehr Schaum hinzu und machten die ganze Wildnis noch wilder.

Haines ist ein kleiner Ort im Südosten Alaskas, umgeben von Wasser und Bergen. Es leben viele Künstler hier: Maler, Holzschnitzer und Schriftsteller. Für die Bewohner gibt es das *Chilkat Center for the Arts*, dessen Attraktion ein Theater mit zweihundertfünfzig Sitzplätzen und einem Steinway-Flügel ist. Die Radiostation KHNS FM fungierte als Kommunikationszentrum und leitete Nachrichten weiter – sowohl öffentliche als auch private. Nicht jeder hatte ein Telefon, und Funknetze gab es kaum. Mehrmals am Tag sendete das Radio neben den offiziellen Nachrichten Informationen für die Menschen draußen im Busch. So erfuhr man durch das öffentliche Radio nicht nur, was in der Stadt los war, wer zu Besuch kam oder wer Hilfe brauchte, sondern auch manch privates Liebesgeplänkel.

Viele Einwohner waren Selbstversorger. Sie bauten ihr eigenes Gemüse und Früchte an und hielten Hühner für Eier und Fleisch. Ihre Häuser hatten sie für das Festival herausgeputzt und frisch gestrichen.

In jedem Herbst findet am oberen Chilkat River die weltweit größte Versammlung von Weißkopfseeadlern statt. Bis zu viertausend von ihnen kommen ins *Chilkat Bald Eagle Preserve*, pünktlich im Oktober, Jahr für Jahr, immer an denselben Ort. In diesem Naturschutzgebiet fließen die Flüsse Chilkat, Kleheni und Tsirku zusammen. Ein Naturphänomen sorgt dafür, dass der Chilkat-Fluss auf einer Strecke von sechs Kilometern nicht zufriert: Warmes Grundwasser dringt unterhalb des Flussbettes nach oben. Bis zu hunderttausend Ketalachse[17], die hier ihr Heimatgewässer haben, kommen dorthin, wo sie einst selbst aus dem Ei geschlüpft sind, um abzulaichen und dann zu sterben.

Bewaffnet mit Kameras und Spektiv fuhren wir zum Fluss zwischen Meilenstein 18 und 25 nördlich von Haines, um das Spektakel zu beobachten. Unzählige Lachse schwammen dicht an dicht gegen die Strömung. Stellenweise schien der Fluss mehr Fische als Wasser zu führen. Tausende silberne Kadaver säumten die Flussufer und zeigten uns den Weg zu den Adlern.

Und da waren sie: Dicht gedrängt hockten die Greifvögel auf den Sandbänken, staksten durch das seichte Wasser und saßen zu Hunderten in den Ästen der bis zu fünfzig Meter hohen Pappeln, von wo aus sie nach ihrer Beute Ausschau hielten. Es gab nur noch wenig Platz. Die Adler hockten über ihrer Beute, die gekrümmten, messerscharfen Krallen tief darin vergraben, und schlugen mit ihren sichelförmigen Schnäbeln immer wieder in das Fleisch. Viele hatten so schwere Fische in ihren Fängen, dass sie nicht mehr auffliegen konnten. So hüpften sie mit ihrer Mahlzeit hin und her. Ältere Tiere stritten sich mit Jungadlern, die noch nicht das für Weißkopfseeadler typische weiße Kopf- und Schwanzgefieder hatten und eher wie Steinadler aussahen. Mit der Dreistigkeit der Jugend versuchten sie, den Erwachsenen die Beute abzujagen. Wir staunten über den unbeschreiblichen Überfluss, bei dem sogar noch genug für die allgegenwärtigen und erregt zeternden Möwen und Raben übrig blieb. Die vollgefressenen Adler schwankten regelrecht, wenn sie schwerfällig zum nächsten Fisch hüpften. Dieser Anblick erinnerte mich an die historischen Bilder vom Schlaraffenland – oder an den Film *Das große Fressen*. Von der Festtafel drangen die lang gezogenen, schrillen Schreie der Adler zu uns.

Am Flussufer konnte ich im klaren Wasser den Lachsen beim Ablaichen zusehen. Nach ihrer langen Reise schienen sie immer noch erstaunlich kräftig. Kaum vorstellbar, dass sie bald Nahrung für die gefräßigen Greifvögel sein würden. Jedoch nicht, bevor sie alles getan hatten, um das Überleben ihrer Art zu sichern. An einer flachen Stelle im Fluss grub ein Weibchen mit dem Schwanz eine Vertiefung in den Kies und legte dort seine Eier ab.

Über und neben ihr schwammen zwei Männchen, die bereit waren, ihre Spermien zur Befruchtung der Eier einzusetzen. Sie schoben sich abwechselnd zur Seite und schwebten über ihr. Dann wurde das Wasser plötzlich milchig weiß. Die Eier wurden gelegt und befruchtet. Die Tat war vollbracht, das genetische Erbe von mindestens einem der Männchen hatte eine Überlebenschance.

Wie auch beim *WhaleFest* in Sitka wurden beim *Alaska Bald Eagle Festival* in Haines zahlreiche Vorträge von Wissenschaftlern angeboten. Wir nutzen am nächsten Tag die Gelegenheit, beim Vortrag eines Rangers einen der großen Greifvögel von Nahem zu sehen. Der Weißkopfseeadler war verletzt in das Adler-Rehabilitationszentrum gebracht worden: mit ölverschmiertem Gefieder an Schwanz und Brust sowie einer Verletzung der Schulter, die nicht mehr richtig verheilte. Weil der Vogel damit nicht mehr fliegen konnte, half er nun als »Ambassador-Adler«, über seinesgleichen aufzuklären – mit Genehmigung der Regierung, denn Weißkopfseeadler sind streng geschützt.

Der Ranger trug einen festen Lederhandschuh, an dem der Adler durch einen Ring mit einer sogenannten »Langfessel« befestigt war. Die ließ ihm genug Freiheit, seine Schwingen auszubreiten, deren ungeheure Spannweite die Körpergröße des Rangers übertraf und beeindruckend zeigte, wie viel Kraft das Tier hatte. Als er mit den Flügeln schlug, zuckten wir Zuschauer in der ersten Reihe zurück: Es fühlte sich an, als stünden wir neben einem durchfahrenden Zug. Der Vogel war ein Weibchen und mit seinen sechs Kilo Gewicht um ein Drittel schwerer als ein Männchen.

Wir erfuhren, dass Adler bis zu fünfzig Stundenkilometer schnell fliegen können und es ihnen mit ihren ausgezeichneten Augen möglich ist, ein Kaninchen aus drei Kilometer Entfernung zu entdecken. Dafür hat der Adler im Vergleich zu anderen Greifvögeln einen schlechten Geruchs- und fast gar keinen Geschmackssinn. Auch wenn der Lachs die Hauptnahrung der Adler ist, töten sie auch andere Vögel und Säugetiere.

Wir Menschen identifizieren uns gerne mit Adlern, weil wir ihnen viele Eigenschaften zuschreiben, die wir uns ebenfalls wünschen: Kraft, Stärke, Ausstrahlung, Macht, Freiheit. Kein Wunder, dass der Weißkopfseeadler nach dem Löwen das zweithäufigste Wappentier der Welt ist. Wäre es jedoch nach US-Präsident Benjamin Franklin gegangen, dann wäre der Truthahn der Wappenvogel der Vereinigten Staaten von Amerika geworden. Franklin war der Auffassung, der Adler habe einen »schlechten Charakter«, weil er die Beute kleinerer Raubvögel stehle. Hingegen sei der Truthahn ein original amerikanisches Tier, das durch seine Furchtlosigkeit, selbst gegenüber Menschen, dem Adler vorzuziehen sei. Für den Kongress fehlte es dem Truthahn anscheinend an visueller Erhabenheit. Nun kommt der arme Kerl jedes Jahr zu Thanksgiving auf den Tisch, während der Adler das Staatswappen ziert.

Bei der kulturellen Abendveranstaltung des *Alaska Bald Eagle Festivals* drehte sich alles – wie sollte es anders sein – um den Weißkopfseeadler. Der Stamm der Tlingit ist in zwei Clans unterteilt, in die sie hineingeboren werden: den Raben- und den Adler-Clan. Für die Tlingit ist der Adler heilig. Darum drehten sich ihre Tänze, die wir bei den Abendveranstaltungen sahen, um ihre Beziehung zu dem großen Greifvogel.

»Wir sind alle miteinander verbunden. Meine Großmütter, Tanten, Kinder, Adler und Wolf«, sagte das Stammesoberhaupt der Tlingit am Abend bei der Begrüßung der Teilnehmer.

Am letzten Tag des Adlerfestes fand die wichtigste Veranstaltung statt: die Freilassung der Adler. Fünf Adler, die im Laufe der vergangenen Monate verletzt aufgefunden und im Anchorage Bird Treatment & Learning Center gesund gepflegt worden waren, sollten mit einer Zeremonie in die Wildnis entlassen werden. Festlich gekleidete Tlingit versammelten sich auf einem Hügel am Chilkat-Fluss. Sie standen im Kreis um die Pick-ups mit den Transportkisten, in denen sich die Vögel befanden, sangen, trommelten und führten Tänze zu Ehren der Vögel auf. Touristen und Fotografen versammelten sich am Ufer des Flusses.

Als der erste Adler aus seiner Box geholt wurde, wehrte sich das kräftige Tier, das eine Haube über dem Kopf trug, heftig. Der Stammesälteste hielt ihn mit beiden Armen umschlungen, nahm ihm die Kopfbedeckung ab und warf ihn unter dem Jubel der Zuschauer in die Luft. Der Vogel flog tief über dem Boden, kreiste höher und drehte eine Runde über dem Publikum.

Der nächste Adler wurde zu Ehren eines verstorbenen Freundes des Häuptlings freigelassen. Die Witwe des Mannes brauchte Hilfe, um den schweren Körper zu halten. Kurz vor dem Hochwerfen versuchte sie, den Kopf des Vogels zu küssen. Der Adler hackte mit seinem rasierklingenscharfen Schnabel nach ihr und verfehlte nur knapp ihr Gesicht. Das hätte wahrhaft ins Auge gehen können. Drei weitere Weißkopfseeadler wurden in die Freiheit entlassen, jeder begleitet von einem Jubelschrei der Teilnehmer.

Jedes Mal, wenn ein Adler seine Flügel ausbreitete und in die Luft stieg, war mir, als würde ich mit ihm fliegen. Die Mischung aus Wildheit und Freiheit, die ich empfand, trieb mir die Tränen in die Augen. Auch bei den Mitgliedern meiner Gruppe und den meisten Zuschauern blieb kein Auge trocken.

Nach einer Sage der Tlingit bringt es Glück, wenn ein Adler nach seiner Freilassung noch einmal eine Runde über die Menschen fliegt. An diesem Abend flogen alle fünf ihre Ehrenrunde.

Am nächsten Tag fuhren wir mit dem Mietwagen über Haines Junction und Whitehorse am Kluane-Nationalpark vorbei nach Skagway.

Zuerst war die Straße wegen Schneefalls gesperrt, eine Situation, mit der man im hohen Norden immer rechnen muss. Dann klarte es auf. Obwohl ich in all den Jahren des Reisens in Alaska nie so viele Wildtiere gesehen habe wie in Yellowstone (was kein Wunder ist, denn in Alaska werden sie gejagt), tauchte plötzlich vor uns auf der Straße ein Kojote auf. Wenig später kreuzte ein Wolf unseren Weg, und kurz darauf scheuchten wir eine riesige Elchkuh mit ihrem Jungen auf. Beide galoppierten neben unserem Auto entlang, bevor sie ins Gebüsch abbogen.

Die Fahrt über den schneebedeckten Pass nach Skagway war ein Wintermärchen mit Postkartenmotiven. Wir konnten uns an der Schönheit der Natur gar nicht sattsehen.

Nach meiner Rückkehr aus Alaska brauchte ich ungewöhnlich lange, um mich in Deutschland einzuleben. Immer wieder gingen meine Gedanken zurück zu den Walen und den Adlern. Nur langsam wurde mir bewusst, was ich erlebt hatte, und ich versuchte zu verstehen, was das mit mir machte. Ich war irritiert und verwirrt. Innerhalb weniger Tage hatte ich mich inmitten einer Gruppe von hundert Walen, danach unter viertausend Adlern befunden. Allein diese Zahlen sind mit dem menschlichen Verstand kaum begreifbar. Der normale Mensch ist glücklich, wenn er ein oder zwei dieser Tiere sieht. So viel Überfluss ...

Es war, als wäre ein göttliches Füllhorn voller Wunder über mir ausgeschüttet worden. In Alaska waren meine Gedanken noch viel zu sehr mit der alltäglichen Organisation beschäftigt gewesen, wie man das als Reiseleiter kennt. Schaffen wir es pünktlich zur Fähre? Wird das Wetter mitspielen? Wo gehen wir abends essen? Werden alle zufrieden sein? Mein Körper war vollgepumpt mit Adrenalin. Ich musste erst wieder leer werden, um zu genießen. Ich hatte meine Sinne »zugemacht«, aus Angst verrückt zu werden. Erst zu Hause, nachdem ich zur Ruhe gekommen war, tauchten die Bilder wieder in meiner Erinnerung auf. Aber ich vermisste dieses »Wow«-Gefühl. Wo war mein Staunen geblieben? Waren die Erlebnisse mit Walen und Adlern zu groß für meinen Geist? Überforderte mich das alles? Konnte es sein, dass mich die schiere Masse an Tieren überwältigt hatte? Dass der eine Wal in Maine mich mehr berührte als die hundert in Alaska? Ich habe in meinem Leben schon sehr viele große Tiergruppen gesehen: Wolfsrudel, Bison- und Karibuherden, Adler und nun auch Wale. Warum hatte ich mit einem Mal keinen Platz mehr für Staunen, Ehrfurcht und Wunder? Das machte mich traurig.

Ich sehnte mich danach, wieder ein Kind zu sein, das die ganze Welt mit den Augen des Staunens und der Aufregung betrachtet. Ein Kind fragt sich nicht, warum die Dinge so sind, sondern hat Ehrfurcht vor dem Leben und betrachtet es mit Unschuld, Reinheit und Neugierde. Als Erwachsene sind wir manchmal so mit anderen Dingen, mit unserem Alltag, beschäftigt, dass wir nicht mehr den Moment genießen können und den Sinn fürs Staunen verlieren.

Technisch gesehen ist das Staunen eine Emotion, die wir erleben, wenn ein Sinnesreiz neue und weitreichende Herausforderungen an die limbischen Schaltkreise im Gehirn stellt. Es hat eine sehr spielerische Qualität; eine, die uns auf sinnvolle und unbeschwerte Weise innehalten lässt. Es ist ein warmes, positives

Gefühl, und wir bekommen den Eindruck, dass die Zeit sich verlangsamt. Staunen ist die einzige Emotion, die eher zur Untätigkeit als zum Handeln drängt, und die uns aus unserer engen Selbstbezogenheit wegführt. Durch ein Erlebnis, das uns staunen lässt, fühlen wir uns kleiner. Nicht unbedeutend, sondern kleiner in dem Sinne, dass wir Teil eines größeren Ganzen sind. Man kann über etwas Erstaunliches in der Natur stolpern und es völlig verpassen, weil die Augen nicht dafür geöffnet sind. Darum erleben wir als Erwachsene so selten Wunder. Für ein Kind ist das Wunder eine Rakete, die einen in die Umlaufbahnen der Neugierde schießt, wo alles eine Gelegenheit zum Lernen ist. Im Erwachsenenalter ist es eine erdende Kraft.

Ich wollte mein Staunen wiederfinden und versuchte es mit einem Trick. Ich reduzierte die Welt der hundert Wale in all ihrer gigantischen Herrlichkeit auf dieses eine Auge des Wals in Maine.

Der Blick eines anderen Tieres kann einen bedeutenden Einfluss auf uns haben. Das Auge des Wals brachte mein Selbstbewusstsein ins Wanken. Ich blickte in eine Welt, in der ich als Mensch keine Bedeutung hatte. Auch wenn ich es mir noch so sehr gewünscht hatte, mit dem Wal eine »Verbindung« einzugehen: Ihn interessierte das nicht; er war nur neugierig. Die Tatsache, dass ich nichts *tun* konnte, keinerlei Kontrolle über das Tier hatte, machte mich tief demütig.

Wir alle können wieder lernen, wie die Kinder zu staunen und die Schönheit der Welt bewusster wahrzunehmen – durch die Natur. Dazu brauchen wir keine hundert Wale oder tausend Adler. Wir brauchen weder einen Himalaya noch einen unendlichen Ozean. Wir können staunen über die kleinen Dinge des Lebens. Über die Libelle, die sich häutet, den Vogel beim Nestbau. Ein Spaziergang über eine Wiese, die Beobachtung von Ameisen bei der Arbeit oder der Anblick eines Regenbogens sind ein Anfang. Ich habe mir geschworen, niemals den Wundern der Natur gegenüber gleichgültig zu werden.

Es gibt viele Augenblicke, in denen wir ehrfürchtig staunen. Ich liebe alle Naturphänomene und Naturerscheinungen. Jede bevorstehende Mond- und Sonnenfinsternis wird akribisch in meinen Kalender eingetragen, und ich versuche es so einzurichten, dass ich dabei sein kann. An oberster Stelle meiner »natürlichen Hitliste« stehen die Nordlichter, die meine Sicht auf das Universum jedes Mal neu ausrichten.

Das Nordlicht: Für mich haben diese mystischen Lichtervorhänge echtes Suchtpotenzial. Die technische Erklärung ist unromantisch: Polarlichter entstehen durch ein Zusammenstoßen elektrisch geladener Teilchen der Sonne, die auf die Erdatmosphäre treffen. Alle elf Jahre ist der Sonnenfleckenzyklus am aktivsten und es entstehen Lichter, die den Feldlinien des Erdmagnetfelds folgen. Sie wirbeln durcheinander und vereinen sich, sodass es aussieht, als würden sie tanzen. Darum werden sie in manchen Teilen der Erde auch »Merry Dancers« genannt.

Ich habe diese fröhlichen Tänzer überall im Norden gesehen, teilweise auch in Deutschland und einmal sogar in meiner Heimatstadt, in einem Jahr, in dem die Sonnenaktivitäten besonders häufig und stark waren. Meist begann es mit einem grünlich leuchtenden Bogen. Dann tummelten sich nach und nach alle Formen am Himmel: weiße »Suchscheinwerfer« hinter dem Horizont, tanzende Wellen direkt über mir oder aufreizend blutrote Blüten, die sich langsam öffneten.

Ich erinnere mich an eine eiskalte Winternacht in Minnesota, als ich einige besonders farbige Polarlichter erlebte. Schon in den Nächten zuvor hatten sie sich mit blassgrünen Schleiern angedeutet. Darum beschloss ich, die Nacht draußen zu verbringen. Ich legte eine warme Unterlage in den Schnee, darauf meinen dicken Schlafsack und zog mich warm an, einschließlich Mütze und Handschuhen. Schnell war ich eingeschlafen – bis mich ein merkwürdiges Gefühl weckte: Die Luft knisterte. Ich blickte auf und sah, wie sich der Vorhang zum Himmelstheater aufzog. Grüne Schleier tanzten und vereinten sich mit rosa Formen, geheimnisvoll und sich ständig ändernd. Strudel aus gelbem und violettem Licht füllten den Himmel, bevor sie verblassten, um Platz für die nächste Welle zu schaffen. Vertikale grüne Streifen schwebten glitzernd heran oder drehten sich im Kreis. Ich lag in meinem Schlafsack inmitten in dieser geisterhaften Erscheinung und versuchte, den Farbentanz aufzusaugen, um ihn nie wieder zu vergessen. Seit diesem Erlebnis bin ich süchtig nach Polarlichtern und wäre sogar bereit, ihretwegen in den hohen Norden umzuziehen.

Während meines Jurastudiums habe ich in den Semesterferien für Northwest Airlines als On-Bord-Dolmetscherin gearbeitet. Meine Aufgabe war es, deutsche und französische Ansagen zu machen und zu übersetzen, wenn die ausländischen Passagiere Fragen hatten. Da ich nicht beim Service helfen durfte, waren die meisten Transatlantikflüge ausgesprochen langweilig. Es gab jedoch zwei Ereignisse, auf die ich sehnsüchtig wartete, die aber nur sehr selten vorkamen.

Das erste war die Route über Grönland. Die Insel ist nur selten ohne Wolken zu sehen. Umso schöner ist es, wenn man die Gelegenheit hat, einen Blick auf gleißend weiße Gletscher und Eisberge in tiefblauer See zu werfen. Dies war an einem Tag der Fall. Ich wusste anhand der geplanten Route und des Wetterberichts, dass wir einen großartigen Blick haben würden. Der Service war beendet, und ich klebte an einem Fenster und sah in der Ferne die ersten Eisberge auftauchen, als die Crew begann, die Fensterblenden vor den Nasen der Passagiere herunterzuziehen. Ich schob meine Blende wieder nach oben, der Steward zog sie runter.

»Die Passagiere wollen den Film sehen, da muss es dunkel sein.«

»Aber da unten ist *Grönland*!« Ich war empört.

»Die wollen den Film sehen.«

Ich war wütend, schnappte mir das Mikrofon und machte eigenständig eine Ansage. »Meine Damen und Herren. Wir fliegen gerade die sehr seltene Route direkt über Grönland und haben einen wunderbaren Ausblick. Schauen Sie aus dem Fenster.« Sofort gingen überall die Sichtblenden hoch. Die Kollegen waren sauer, aber die Chefstewardess hielt wenigstens den Film an. Die lächelnden Gesichter der Passagiere entschädigten mich für den Verweis, den ich nach der Landung von der Crew bekam.

Ein anderes Mal hatte ich einen Nachtflug von Boston nach Frankfurt. Ich war zuvor im Cockpit gewesen und hatte am Horizont Nordlichter gesehen. Als ich den Kapitän um eine Ansage bat, lehnte er ab. Das sei nicht erlaubt, weil man die Passagiere, die schon schliefen, nicht stören dürfe. Wieder war ich fassungslos, zumal wir direkt in die Polarlichter hineinflogen. Also übte ich mich erneut in zivilem Ungehorsam und ging durch die Kabine, um die Passagiere, die nicht schliefen, sondern nur Filme schauten oder lasen, direkt anzusprechen: »Wenn Sie etwas Wunderschönes sehen wollen, dann machen Sie Ihre Sichtblende hoch.«

In der ersten Klasse saßen die US-amerikanische Schauspielerin und heutige Klimaaktivistin Jane Fonda und ihr Bruder Peter. Die Crew sah mit Entsetzen, dass ich Jane ansprach und auf das Naturphänomen aufmerksam machte. Diese wiederum weckte Peter und beide bedankten sich anschließend bei mir.

Die Ehrfurcht vor solchen natürlichen Ereignissen gilt als die machtvollste Emotion von allen und als eine der positiven Kernemotionen neben Freude, Zufriedenheit, Stolz und Liebe. Sie ist etwas, das uns umhaut und das geteilt werden will. Gemeinsam über etwas zu staunen stärkt unsere emotionalen Verbindungen und verringert Stress.

Es gibt so schöne, verzaubernde Momente in der Natur: das Auge eines Wals, der farbige Tanz der Nordlichter, oder – wie es Astronauten immer beschreiben – der Blick aus dem All auf unseren blauen Planeten. Dies sind Augenblicke, die uns ehrfürchtig und sprachlos vor Staunen machen. Sie sind ein Geschenk, das unser Herz öffnet und uns für immer verändern kann.

↑ BRIGHT ANG
  TRAIL

RIM TRAIL →

STILLE TAGE
IM GRAND CANYON

Am 20. Februar, einen Tag vor meinem fünfzigsten Geburtstag, stand ich am South Rim des Grand Canyon und schaute auf eines der größten Naturwunder der Erde. Dort, in diese tiefe Schlucht, wollte ich am nächsten Morgen wandern und eine ganze Woche unten bleiben. Mein Herz tat einen Sprung vor Aufregung.

Ich kannte den Grand Canyon und hatte ihn unzählige Male besucht, als Touristin und als Reiseleiterin. Manchmal bin ich ein Stück hineingewandert bis zum ersten Plateau, bis Indian Garden, und wieder zurück. Einmal hatte ich an einem dreitägigen Workshop »Inner Canyon Photography« mit dem *Grand Canyon Field Institute* teilgenommen. Die Zeit auf dem Campingplatz am Colorado River hatte in mir die Sehnsucht geweckt, wiederzukommen, um diesen magischen Ort länger und intensiver zu erleben. Welcher Zeitpunkt konnte angesichts der fast zwei Milliarden Jahre alten Schlucht besser geeignet sein als mein bescheidener Halb-Jahrhundert-Geburtstag?

Jedoch wandert man nicht einfach so in den Grand Canyon. Mein Vorhaben bedurfte sorgfältiger Vorbereitung. Ich brauchte eine Genehmigung vom Nationalpark und eine Reservierung für die Phantom Ranch, neben dem Campingplatz die einzige Übernachtungsmöglichkeit im Canyon. Um ein Bett oder eine Cabin zu buchen, muss man erst einen langen Atem haben und dann sehr schnell sein. Zwei Jahre vor meinem Wunschtermin öffnete sich das Zeitfenster für die Buchung. Zu Hause in Deutschland hatte ich mir extra den Wecker auf Mitternacht gestellt, um rechtzeitig anzurufen. Als ich nach vierzig Minuten Dauerdrücken der Wahlwiederholung die Zusage für eine Cabin erhielt, fühlte ich mich wie eine Lottogewinnerin. (Übrigens – heute funktioniert die telefonische Reservierungsmethode nicht mehr. Seit 2017 werden die Unterkünfte auf der Phantom Ranch nur noch online verlost.) Es war also geschafft. Ich würde meinen fünfzigsten Geburtstag im Grand Canyon verbringen.

Zwei Jahre später flog ich nach Flagstaff und weiter bis Williams an der Route 66. Ich hatte mich zu einer stressfreien und nostalgischen Anreise entschlossen, wie es meinem gesetzten Alter entsprach, und eine Zugfahrt mit der Grand Canyon Railway von Williams direkt bis zum South Rim gebucht. Der historische Zug war erst seit Kurzem wieder in Betrieb genommen worden und sollte zur Entlastung des Verkehrsaufkommens und zur Verringerung der Luftverschmutzung beitragen.

Ich übernachtete am Bahnhof im Fray Marcos Hotel. Mit einem »Shoot Out« am Bahngleis, einer nachgestellten Schießerei zwischen Banditen und Sheriffs, wurde am frühen Morgen auch der letzte Langschläfer aus dem Bett gerissen und an die Abfahrt des Zuges erinnert.

Zugbegleiter mit weißen Handschuhen begrüßten die Passagiere, und als alle eingestiegen waren, setzte sich mit dem Ruf des Zugführers »All aboard!« die Dampflok schnaufend und zischend in Bewegung.

Der original restaurierte Harriman-Waggon von 1923, in dem ich saß, versetzte mich mit seinen weichen Sesseln, dem dicken Teppichboden und der Holztäfelung in eine andere Zeit. Als ich auf die offene Aussichtsplattform im letzten Waggon trat, rechnete ich damit, dass jeden Augenblick eine Gruppe Banditen am Horizont auftauchen und das »Feuerross« überfallen würde.

Unterdessen servierte Ginnie, unsere Zugbegleiterin, ein Frühstück aus Muffins, Kaffee und frischen Früchten auf Porzellantellern mit Silberbesteck. Die Eisenbahngesellschaft gab sich alle

Mühe, ihre Passagiere glücklich zu machen. Regelmäßig tauchte Buck, der singende Cowboy, auf, um uns »Home on the Range« zu Gehör zu bringen. Spätestens beim Loblied auf den »Chattanooga Choo Choo« sangen alle Passagiere mit verklärten Gesichtern mit.

Mich zog es immer wieder nach draußen, um zu genießen, wie die vertraute Landschaft des nördlichen Arizona vorbeiflog. Ein älteres Ehepaar fragte mich, wann denn endlich der Canyon zu sehen sein würde. Ich klärte sie auf, dass sie noch bis zur Ankunft im Grand Canyon Village würden warten müssen.

Das ist das Besondere an dieser einzigartigen Schlucht: Niemand, der zum ersten Mal hierherkommt, ist auf den Anblick vorbereitet, egal, ob er mit dem Auto oder zu Fuß kommt. Bei einer Bergwanderung sieht man sonst sein Ziel von Weitem. Der Aufstieg verläuft über mehrere Ebenen. Nicht so beim Grand Canyon. Man fährt über ein flaches Plateau, bewachsen mit Wüstensalbei und Kiefern, und dann öffnet sich vor den Füßen plötzlich die Erde wie zu einem gelangweilten Gähnen. Es sieht aus, als sei eine Bergkette auf den Kopf gestellt: vierhundertfünfzig Kilometer lang, dreißig Kilometer breit und 1,6 Kilometer tief.

Dieser Anblick ist so spektakulär, dass ich mir als Reiseleiterin mit meinen Gästen gerne einen Überraschungsspaß erlaubt habe, um den »Wow-Effekt« zu verstärken: Der erste Aussichtspunkt, den man mit dem Auto erreicht, ist der Mather Point. Eine Plattform ragt – gesichert durch einen Metallzaun – in den Canyon hinaus und bietet einen grandiosen Ausblick auf das Naturwunder. Während ich mich dem Parkplatz näherte, versprach ich meinen Gästen ein kostenloses Abendessen für den, der als erster den Grand Canyon entdeckt. »Schaut nach links, dort liegt er!« Während alle angestrengt nach links blickten, fuhr ich am Mather Point vor – der *rechts* lag. Wenn der erste Gast den Kopf drehte und aufgeregt »Da! Rechts! Rechts! Wow!« rief, war ich immer wieder von Neuem berührt von dem ehrfürchtigen Staunen und der Begeisterung meiner Mitreisenden. Das ist der Grand-Canyon-Effekt.

Allerdings habe ich auch schon eine andere Reaktion auf diesen ersten Eindruck erlebt, über die ich nur den Kopf schütteln konnte: Ich stand am Mather Point, als ein Kombi auf den Parkplatz fuhr und die Türen aufflogen. Eine Mutter und drei Kinder sprangen heraus und rannten nach vorn zur Plattform. Alle schienen mächtig beeindruckt. Unterdessen war der Vater mit seinem Smartphone beschäftigt. Er stand abseits und filmte und fotografierte seine Familie und den Canyon hinauf und hinunter, bis er offensichtlich genug hatte. Dann drehte er sich um und ging eiligen Schrittes zum Wagen zurück.

»Okay, alle miteinander. Zurück zum Auto!«, rief er und schaute auf seine Armbanduhr. Es waren höchstens fünf Minuten vergangen. Sein Tonfall klang leicht gehetzt.

»Aber Dad«, protestierte eines der Kinder. »Wir sind doch gerade erst angekommen.«

»Kein Problem«, kam die Antwort. »Ich hab alles gespeichert, ihr könnt euch das ansehen, wenn wir zu Hause sind.«

»Beeilt euch«, fügte die Mutter hinzu. »Wir müssen uns heute noch zwei Parks anschauen.«

Fast zwei Milliarden Jahre Erdgeschichte: fotografiert, gespeichert und abgehakt. Mensch und Natur. Solange wir die Natur nur durch ein Autofenster oder auf dem Display unserer Smartphones erleben, werden wir nie erfahren, was es bedeutet, ein Teil von ihr zu sein.

Die Zugfahrt endete viel zu schnell an dem 1901 aus mächtigen Baumstämmen erbauten *Grand Canyon Depot* – einem National Historic Landmark[18] – nur fünfzig Meter vom Rand des Canyons und von der historischen *Bright Angel Lodge* entfernt. Für die erste Nacht hatte ich dort ein Zimmer reserviert, um mich zu akklimatisieren. Schließlich stand mir eine anstrengende Wanderung bevor: sechzehnhundert Meter Höhenunterschied und fünf Klimazonen; sieben Stunden Wanderzeit hinunter und etwa zehn bis zwölf Stunden hinauf.

Ich checkte ein und ließ mein Gepäck im Zimmer. Eine magische Kraft zog mich zum Canyonrand, dem South Rim. Zwei Jahre war ich nicht hier gewesen. Ich hatte ihn vermisst. Obwohl mir der Anblick vertraut war, verschlug er mir auch dieses Mal wieder die Sprache. Ich lief ein Stück den Rim Trail entlang, bis ich allein war und setzte mich auf einen Granitfelsen. Tief sog ich die trockene Arizona-Luft ein. Es roch nach einer Mischung aus Wüstenbeifuß und heranziehendem Schnee.

Kein Autor kann den Grand Canyon angemessen beschreiben, kein Künstler ihn jemals darstellen. Man kann ihn nicht erfassen. In seiner erhabenen Unermesslichkeit ist er nicht nur einzigartig, sondern universal. Die gigantische Schlucht ist für die Natur das, was die Menschheit für uns ist: die Summe aller Aspekte, vereint in einem einzigartigen, großartigen Ganzen. Sie ist die Schöpfung per se.

Was ist so anziehend an diesem »Loch«, wie Ken, der Leiter unseres Fotoworkshops, den Canyon liebevoll genannt hatte?

Ich ließ meinen Blick schweifen und fand jede mir bekannte Form: Hohe Gipfel und ganze Berge, die sich aus den Tiefen erheben. Da waren riesige Hochebenen, flache Mesas, Hügel und Monolithen. Ich blickte auf ein Szenario, das aussah, als hätten sich die Götter damit vergnügt, Pyramiden, Tempel oder Burgen zu bauen. Sie haben Zinnen, Spitzdächer, Säulen und Türme geschnitzt, Brücken und Bögen geschlagen, Terrassen, Balkone und Balustraden entworfen.

Es war spät geworden. Die Sonne näherte sich dem Horizont, und das beginnende Farbspektakel löste eine wahre Völkerwanderung bei den Touristen und Fotografen aus. Noch wirkten die

Töne dezent wie zartes Pastell. Aber als die Sonne weiter sank, vertiefte sich das Gelb zu Orange, das Lachsrosa zu Rot, das Grün und Blaugrau zu Zwetschenblau und der Flieder zu Lila. Das stetige Murmeln der Touristen wurde vom Klicken der Fotoapparate und staunendem Schweigen abgelöst.

Das menschliche Leben ist viel zu kurz, um die unendlichen Variationen des Grand Canyons in Fels und Farben zu beobachten. Sie ändern sich mit jeder Jahreszeit, zu jeder Stunde und mit jedem Wechsel von Licht und Wetter.

Als Reiseleiterin gehörte der Grand Canyon bei mir zum Pflichtprogramm einer jeden USA-Reise. Und natürlich war ein Sonnenauf- oder -untergang ein Muss. In Zeiten analoger Fotografie wetteiferten meine Gäste darum, wer die meisten Filmrollen für das Spektakel verbraucht hatte.

Am schönsten ist für mich jedoch der Anblick im Winter, wenn nach einem starken Schneefall die Plateaus weiß sind und jeder Ast mit Eiskristallen bedeckt ist. Tief in diesen eisigen Rahmen eingesetzt, strahlt der Canyon Wärme aus.

Ein besonderes Erlebnis ist es auch, wenn die Schlucht im Nebel liegt und nur einige winzige rostrote Türmchen aus der Wolkendecke herausragen. Ein solch magischer Nebeltag hatte mir auf einer meiner Reisen eine Beschwerde beim Reiseveranstalter eingebracht. »Frau Radinger hat nicht für freie Sicht gesorgt.« Frau Radinger bedauerte.

Zurück in meinem Zimmer bereitete ich mich auf den nächsten Tag vor. Im Gegensatz zum Fotoworkshop vor zwei Jahren, bei dem die Maulesel unsere Zelte und das Gepäck in die Schlucht transportiert hatten, würde ich diesmal mein eigenes Muli sein. Darum galt es, so viel einzupacken wie nötig, aber so wenig wie möglich. Wenn man die ganze Ausrüstung selbst tragen muss, werden vermeintlich wichtige Dinge unbedeutend.

Für die Wanderung brauchte ich Verpflegung und Wasser. Ich machte mir meinen eigenen Trail-Mix, indem ich salzige

Erdnüsse, M&M's, Rosinen und Schokoladenchips vermischte. Die Gesamtmenge teilte ich auf: eine Tüte für den Hin- und eine für den Rückweg. Außerdem packte ich Müsliriegel, Äpfel, Möhren und getrocknetes Rindfleisch (Beef Jerky) ein sowie drei Liter Wasser für den Abstieg.

Für den Aufenthalt auf der Ranch kamen zwei T-Shirts, Unterwäsche, Zahnbürste, Zahnpasta und Seife – ökologisch abbaubar – in den Rucksack. Meine Notausrüstung bestand aus einer Taschenlampe, die ich zur Stirnlampe umfunktionieren konnte (im Canyon gibt es nachts keine Lichtquelle), einem Schweizer Messer, Erste-Hilfe-Päckchen, Trillerpfeife und einem Schlangen-Notfall-Kit. Diese kleine leuchtend gelbe oder orange Plastikbox enthielt einen Abbindeschlauch, eine Absaugpumpe mit zwei Aufsätzen in verschiedenen Größen und Wundreinigungsmaterial wie Alkoholpads und Verbände zum Abdecken des Bisses. Sicherheitshalber warf ich noch Magnesium-Tabletten gegen den zu erwartenden Muskelkater in den Rucksack. Auf mein Tagebuch wollte ich auf keinen Fall verzichten, genauso wenig auf Lektüre, also musste noch ein Taschenbuch mit, das ich später auf der Ranch lassen wollte. Jetzt war ich auf alles vorbereitet.

Am nächsten Morgen war das Wetter perfekt: Kein Wölkchen am Himmel und mit fünf Grad Celsius die ideale Starttemperatur für die anstrengende Wanderung.

Der Shuttlebus setzte mich pünktlich um acht Uhr am Ausgangspunkt und Einstieg zum South Kaibab Trail ab. Nach einem Blick auf den völlig vereisten Weg zog ich Spikes über die Schuhe. Den Gürtel mit meiner Kamera und zwei Flaschen Wasser schnallte ich mir griffbereit um den Bauch, schulterte den Rucksack und passte den Hüftgurt an, zog Stirnband und Handschuhe über und fasste die Wanderstöcke mit festem Griff. Noch ein kleines Stoßgebet für einen sicheren Abstieg, dann machte ich mit einem leisen »Happy birthday to me« den ersten Schritt.

Nach etwa einer Stunde stieg die Sonne über den Felsen auf und kehrte das Spektakel, das ich am Abend zuvor beobachtet hatte, um. Der ganze Abgrund schien sich zu erheben, Zentimeter für Zentimeter in Richtung Licht. Der Farbtopf kippte und lief über. Die Farben sickerten die Wände hinab und sammelten sich in Pools darunter.

»Hi!« Eine Stimme riss mich aus meiner Faszination. Es folgte ein »Ups«, und ein junger Mann schlitterte in Turnschuhen(!) den Pfad hinunter, dessen Eis gerade zu tauen begonnen hatte. Es war ein Student aus Phoenix, der »mal eben« zum Frühsport bis zum Colorado und zurück laufen wollte. Als ich ihm erzählte, dass ich eine Woche unten bleiben würde, fand er das »cool« und eilte schon weiter. Er war einer von fünf Joggern, die mich überholten. Irgendwie taten sie mir leid, weil sie sich keine Zeit nahmen, die Schönheit der Landschaft zu sehen. Wenn sie allerdings wie ich immer wieder stehen geblieben wären, hätten sie es wohl am selben Tag nicht mehr zurückgeschafft.

Am Vorabend hatte ich im Backcountry-Office die geplanten Zeiten für Beginn und Ende meiner Wanderung anmelden müssen. »Machen Sie jede Stunde wenigstens fünf Minuten Pause und alle zwei bis drei Stunden eine längere Essenspause. Und vergessen Sie nicht, viel zu trinken«, hatte mir der Ranger eingeschärft. Diesen Rat befolgte ich brav, denn ich hatte die Folgen einer Dehydrierung schon auf einer Reise ins Tal des Todes in Nevada am eigenen Leib erlebt: Durchfall und Kreislaufkollaps. Dagegen hilft nur vermehrtes Trinken. Man vergisst leicht, dass man sich am South Rim auf einer Höhe von 2200 Metern aufhält.

Der South Kaibab Trail ist etwa vier Kilometer kürzer als der Bright Angel Trail, den ich für den Rückweg geplant hatte, aber sehr viel steiler. Die meiste Zeit musste ich zwanzig bis fünfzig

Zentimeter hohe ausgewaschene Stufen hinunterklettern. Der Weg war sehr uneben, weil er auch von den Maultieren benutzt wurde, die Touristen und Verpflegung in den Canyon bringen. Überall lagen Felsbrocken, über die ich steigen musste. Das verlangte meine ganze Aufmerksamkeit. Ohne Wanderstöcke hätte ich es kaum geschafft, vor allem nicht mit dem zwanzig Kilo schweren Rucksack. Um die verlorene Energie aufzutanken, blieb ich immer wieder stehen, um zu trinken, einen Müsliriegel zu essen oder einfach, um zu fotografieren. Dabei hielt ich mich an die Ratschläge von Ken beim Workshop *Inner Canyon Photography:* »Ihr müsst in den Canyon hinein fotografieren. Kein Plateau mit Himmel. Das ist ein Anfängerfehler und macht eure Fotos flach. Die Tiefe des Canyons bekommt ihr, wenn ihr direkt in ihn hinein fotografiert.«

Nachdem die Sonne höher geklettert war und auf den Weg schien, stiegen die Temperaturen. So nach und nach konnte ich mich aus meinen warmen Sachen schälen. Im Sommer ist der South Kaibab Trail sehr gefährlich, weil es keinen Schatten gibt.

Jede Biegung des Weges enthüllte eine andere wunderbare Szene und lud mich ein weiterzugehen. Man sieht nicht wirklich einen Ort, bis man ihn erwandert hat, egal, an wie vielen Aussichtspunkten man anhält.

Drei Mal begegneten mir auf dem Abstieg Maulesel, die den Müll der Phantom Ranch nach oben oder Lebensmittel und Touristen nach unten brachten. Die genügsamen Tiere sind sehr viel trittsicherer als Pferde und kommen mit der Hitze gut zurecht. Als ich die verschwitzten Mulis und Esel sah, nahm ich mir vor, jedes Fitzelchen Abfall eigenhändig wieder nach oben zu tragen. Die Tiere sollten neben dem Müll der Ranch und des Campingplatzes nicht auch noch meinen privaten Abfall schleppen müssen. Dazu sind übrigens alle Canyon-Wanderer verpflichtet. Auf der Ranch gibt es keine Mülleimer.

Um elf Uhr machte ich eine längere Pause und verzehrte gerade meine salzige Trockensalami, dazu Nüsse und M&M's, als mir zwei Cowboys mit schwer bepackten Eseln entgegenkamen. Auf dem schmalen Pfad waren die Tiere mit dünnen Seilen hintereinander angebunden, vermutlich um zu verhindern, dass, wenn ein Esel stürzt, alle anderen mit in den Abgrund gerissen würden.

Einer wurde unruhig, legte die Ohren an und fing an zu tänzeln. Doch trotz meiner Befürchtung, dass er den Abhang hinunterstürzen würde, fing er sich schnell. Der letzte Esel blieb einfach stehen. Dabei zerriss seine Verbindung zu den anderen Tieren. Trotz meiner regelrechten Panik vor Pferden reagierte ich für meine Verhältnisse wahrlich heldenhaft. Mutig griff ich den Zügel und führte das Tier zu dem einen Cowboy zurück.

»Thanks Ma'm.« Er tippte zwei Finger an die Krempe seines Hutes und zog weiter. Erst jetzt spürte ich, wie meine Knie zitterten.

Ich sollte Vertrauen haben in die Mulis und Esel vom Grand Canyon, die Tag für Tag äußerst trittfest ihre schwere Arbeit machen. Mit besonders schwergewichtigen Touristen auf ihrem Rücken scheinen sie manchmal extra nah am Abgrund zu laufen, was von diesen dann stets mit einem spitzen Schreckensschrei quittiert wird.

Esel – sie sind die bedeutendsten Nutztiere auf der Welt und schließen sich eng den Menschen an, enger noch als Hunde. Millionen Esel verrichten die schwere Arbeit des Schleppens, Tragens, Pflügens und Ziehens. Sie sind Traktoren, Lieferwagen, Familienwagen und Diener – und sie schützen hervorragend Schafe gegen Beutegreifer. Leider werden ihre Langmut und ihre Güte viel zu oft ausgenutzt und sie werden misshandelt. Wie wenig danken wir diesen wunderbaren Tieren ihren Dienst?

Auf dem weiteren Weg nach unten überholte mich der eine oder andere Wanderer. Einige nahmen sich Zeit für ein Schwätzchen, die meisten jedoch zogen die Einsamkeit vor. Ein kurzes »Hi!«, ein Lächeln, das war's. Jeder von uns hatte genug mit sich selbst zu tun.

Beim weiteren Abstieg in die Schlucht zeigte sich die dritte Dimension des Canyons: seine unglaubliche Tiefe. 1,6 Kilometer vom South Rim nach unten, dreihundert Meter mehr vom North Rim aus. Bis zum Boden des Grand Canyon durchquerte ich fünf Klimazonen. Das entsprach einer Strecke von Zentralmexiko bis Nordkanada, vom Schnee am Rim zu halbtropischem Wetter unten am Colorado River. Durch alle Zonen des Pflanzenlebens, von den Mesquiten der Sonora-Wüste zur kanadischen Zitterpappel.

In Länge und Breite wächst der Canyon weiter, während der Fluss sich immer tiefer in den Stein eingräbt. Seine schiere Unermesslichkeit nimmt zu. Doch diese Dimensionen sind nur sein Rahmen. Der Grand Canyon ist wie eine Droge: Je mehr man davon nimmt, desto mehr will man. Bei meiner Wanderung bin ich auf einsame Wanderer gestoßen, die immer wieder ins »Loch« zurückkommen. Es ist die undefinierbare, zwingende Faszination des Canyons, die sie dort festhält.

Gegen 14 Uhr überquerte ich die Kaibab-Hängebrücke, die über den Colorado führt. Ein Ranger kontrollierte meine Reservierung. Dann stand ich auf dem Boden des Grand Canyon und schaute andächtig zu, wie der rotbraune Colorado ruhig dahinfloss. Ich hatte es geschafft und mir den ersten Teil meines Geburtstagstraums erfüllt. Jetzt musste ich es in ein paar Tagen nur noch lebendig wieder nach oben schaffen.

Die Phantom Ranch liegt in einem grünen Seitental des Grand Canyons am Bright Angel Creek, durch Weiden und Pappeln gegen die sommerliche Hitze geschützt. Die Blockhütten und die

Lodge aus dem Jahr 1922 versetzen die Gäste in eine andere Zeit. Das Klacken der Eselshufe auf dem Trail, das leise Murmeln der Cowboys, wenn sie die schweren Packtaschen von den Tieren ziehen. Mensch und Tier sind eine jahrhundertealte Einheit.

Die Gäste werden in vier »Dormitories« (Gemeinschaftsquartieren) untergebracht, mit je zehn Stockbetten, streng getrennt nach Frauen und Männern. Zusätzlich gibt es zwei Duschhäuser und mehrere kleine Blockhütten. Ich hatte mir den Luxus einer Cabin für mich allein gegönnt. Die Ausstattung bestand aus zwei Stockbetten, einem einfachen Holztisch mit Stuhl, einem Waschbecken mit fließend kaltem Wasser und einem winzigen Klo in einem Schrank(!).

Ich setze mich vor der Cabin auf die Bank, streckte die schmerzenden Beine aus und genoss die letzten Sonnenstrahlen. Das Thermometer am Haupthaus der Ranch hatte bei meiner Ankunft zwanzig Grad Celsius angezeigt. Als die Hütten in den Schatten tauchten, wurde es schnell kühler. Oben am Rim schien die Sonne noch. Dort spielte sich das ganz normale Leben ab. Es war ein surreales, nicht greifbares Gefühl.

Das Läuten der Essensglocke riss mich aus den Gedanken. Ich ging zum Speiseraum in das Haupthaus der Lodge. Gegessen wurde in zwei Schichten an langen Tischen und zu festen Zeiten: Abendessen um 17 Uhr und um 18:30 Uhr, Frühstück um 5:30 Uhr und um 6:30 Uhr. Pünktlichkeit war angesagt. Wer zu spät kam, stand vor verschlossener Tür. Alle Mahlzeiten mussten mit der Unterkunft reserviert werden. Die Speisekarte ist das ganze Jahr über gleich: an einem Tag Eintopf mit Rindfleisch, am nächsten Steaks, dazu täglich ein vegetarisches Gericht. Nur zu Weihnachten trugen die Mulis gefrorene Truthähne zur Ranch. Es war mir bei der Reservierung schwierig erschienen, mich zu entscheiden, auf was ich in zwei Jahren Hunger haben würde. Aber jetzt war mir das völlig egal. Hauptsache viel und kalorienreich.

Das Essen stand in großen Schüsseln auf den Tischen, dazu gab es Salat, Gemüse und Maisbrot. Alkohol war tabu, dafür erfrischten uns Eistee, Eiswasser und Kaffee. Zum Nachtisch gab es Schokoladenkuchen (immer). Wenn man also mehrere Tage hier verbrachte, konnte das Essen eintönig werden. Auch das Frühstück war stets gleich: Eier mit Speck, Pfannkuchen und Pfirsiche aus der Dose.

Zum Abendessen wurden uns Sitzplätze zugewiesen – jeden Tag mit anderen Wanderern zusammen, selbst Paare wurden getrennt. So sollten wir uns besser kennenlernen. Wir waren ein Haufen Fremde, aber wir hatten alle etwas gemeinsam: das Wandern.

Ein mehrsprachiges Murmeln und Englisch in verschiedenen Akzenten erhoben sich über das Klappern von geschäftigem Besteck hinweg. Die meisten von uns waren mittleren Alters. Die Jüngeren gehörten wohl eher zu denen, die mir unterwegs begegnet waren: rein in den Canyon, raus aus dem Canyon. Oder sie zogen die Übernachtung auf dem Campingplatz vor. Manche der Älteren sahen für eine derart beschwerliche Wanderung ungeeignet aus, aber man soll sich da nicht täuschen. Die Gründe, warum sie in den Grand Canyon wanderten, waren so vielfältig wie ihre Persönlichkeiten. Viele nutzten das Abenteuer als Gradmesser für ihren Kampf gegen das Alter oder als Flucht vor Problemen in ihrem Leben. Andere genossen die Schönheit und den Frieden in der Tiefe.

Leslie, eine fünfundvierzigjährige Physiotherapeutin aus Massachusetts, war auf der Suche nach sich selbst. »Ich erinnere mich an eine junge Frau voller Neugierde und Lebensfreude, aber das war nicht die, die mich kürzlich aus dem Spiegel anschaute«, erzählte sie mir beim Essen. Der Hike sollte ihr helfen, persönliche Entscheidungen zu treffen. Einige ihrer Freundinnen hatten sich ursprünglich anschließen wollen, als sie von ihrem Plan hörten, fanden dann aber doch alle Ausreden.

Die achtundfünfzigjährige Peggy war Vizepräsidentin einer Bank in Columbus, Ohio. Ihr war es ähnlich wie Leslie ergangen. Peggy sprach über Job, Burn-out und die Notwendigkeit, die Grenzen ihres Lebens neu zu definieren. Sie hatte ihrem Mann Bill zum sechzigsten Geburtstag ein Buch mit dem Titel *Jedes Jahr ein Abenteuer* geschenkt. Bill hatte das Abenteuer Nummer eins gewählt, den Grand Canyon.

»Ich weiß nicht, ob das eine so gute Idee war«, erzählte der kräftig gebaute Mann und verdrehte die Augen gen Himmel. »Wir sind vor zwei Tagen angekommen, und meine Frau will jeden Tag eine andere Wanderung machen.«

Peggy lächelte ihn an und drückte seine Hand. »Ich kann einfach nicht genug bekommen.«

Serge, siebenundvierzig, ein Mathematiklehrer, und seine Frau Nancy, dreiundvierzig, Krankenschwester, aus Mount Shasta in Kalifornien, hatten noch länger als ich am Reservierungstelefon gewartet. 1981 waren die beiden mit dem Fahrrad durch Amerika gefahren. »Mit zehn Dollar pro Tag«, fügte Serge stolz hinzu. Jetzt, zwanzig Jahre später, wollten sie es noch einmal wissen. »Diesmal lassen wir es aber gemütlicher angehen«, sagte Nancy.

John, der Student, der während seiner Semesterferien hier kochte und bediente, begann den Tisch abzuräumen und für die nächste Essensschicht zu decken. Er empfahl uns, an einem der Rangerprogramme teilzunehmen, bei denen die Gäste Unterhaltendes und Lehrreiches über den Grand Canyon erfahren konnten. Ich war jedoch zu müde und humpelte zu meiner Cabin zurück. Bevor ich einschlief, hörte ich in der Ferne einen Kojoten mein Geburtstagslied singen.

Die nächsten Tage verbrachte ich damit, tagsüber durch den Canyon zu streifen und abends entweder den Rangern am Lagerfeuer zuzuhören oder den unglaublichen Sternenhimmel zu bestaunen. Hier, wo es keine störenden Lichtquellen gab, sah es so aus, als hätte die Natur auf einem Tuch aus blauschwarzem Samt Millionen glitzernder Diamanten ausgestreut. Die Milchstraße leuchtete in voller Pracht, und ab und zu zog ein Satellit oder ein glänzendes Stück Weltraumschrott vorbei. Die Stille der Nacht wurde nur vom gelegentlichen leisen Schnauben der Mulis und dem Heulen der Kojoten unterbrochen.

Als Frühaufsteherin genoss ich besonders den Sonnenaufgang. Auch ohne Wecker war ich schon um fünf Uhr wach, zog mich warm an, griff die Taschenlampe und entfernte mich ein Stück von der Ranch. Offenbar war ich nicht die Einzige, denn an manchen Stellen sah ich einen Lichtschein blitzen.

Am Bright Angel Creek setzte ich mich auf einen Stein und beobachtete, wie die Sterne langsam verblassten. Der dunkle Vorhang, der über der Schlucht lag, wurde dünner, bis er sich schließlich ganz verzog und die Canyonwände sichtbar wurden. Dann betrat die Sonne die Bühne. Sie kündigte den neuen Tag an und verwandelte Farben und Panoramen in ein Kaleidoskop. Das Plätschern des Flusses untermalte die Show der Götter. Vielleicht würde es weniger Kriege geben, wenn alle Menschen den Tag in einem solchen Frieden beginnen könnten, war mein wagemutiger Gedanke.

Auf meinen Erkundungen durch den inneren Canyon musste ich immer wieder umkehren, wenn riesige Felswände den Weg blockierten. Ich drang in grüne Täler vor, watete durch klare Bäche und kletterte durch Schluchten, vorbei an spektakulären Wasserfällen und Felszeichnungen der Ureinwohner.

Auf dem South Kaibab Trail wanderte ich ein Stück zurück bis zur Hängebrücke. Der Colorado fließt hier noch relativ langsam, während er dort, wo die Schlucht sich verengt, zu einem reißenden Fluss mit hohen Wellen wird. Die Brücke war breit genug, um ein Pferd durchzulassen, mehr nicht.

Ich wäre gerne auf dem North Kaibab Trail zur Nordkante des Canyons gewandert, die noch einmal dreihundert Meter höher liegt als die Südkante. Dieser Wanderweg war jedoch jetzt im Februar wegen Eis und Schnee gesperrt.

Mit jedem Tag, den ich im Grand Canyon verbrachte, verlor ich ein wenig mehr das Zeitgefühl. Ich berührte Milliarden Jahre alte Steine. Dicke Formationen von Quarzkristallen zogen sich horizontal durch die Felsen. Zu Hause habe ich auf meinem Schreibtisch einen Kristall stehen. Ich behaupte immer, dass er mir Energie gibt. Aber hier war ich *mittendrin*. In manchen Schichten waren marine Versteinerungen eingeschlossen: Seelilien, Brachiopoden (das erfuhr ich aus dem Geologie-Faltblatt, das der Ranger abends verteilte) und terrestrische Fossilien wie Blatt- und Libellenflügelabdrücke sowie Fußabdrücke von Skorpionen, Tausendfüßern und Reptilien. Übrigens hat man hier nie Saurierfossilien gefunden. Die Felsen des Canyons sind älter als die ältesten bekannten Saurier. Die untersten Schichten des Canyons, der Vishnu-Schiefer und der Zoroaster-Granit, sind 1,7 Milliarden Jahre alt, eine unvorstellbare Zeit für uns Menschen.

Die Unermesslichkeit des Abgrunds kann man von oben nicht erkennen. Man muss hineingehen. Mir wurde hier täglich von Neuem bewusst, wie winzig klein und wie unbedeutend wir Menschen angesichts von Milliarden Jahren Erdgeschichte sind. Dennoch werden auch wir ein Teil von ihr, wenn unsere Knochen längst zu Staub zerfallen sind.

Am letzten Tag lief ich am Campingplatz vorbei zur Anlegestelle der großen Raftingschlauchboote, die für die Höllenritte auf den tosenden Wellen beladen wurden. Auch diese Touren musste man rechtzeitig reservieren. Ein sehr mutiger Freund von mir gehört zu den wenigen Menschen, die den Colorado mit dem Kajak hinuntergefahren sind. Er hatte sich zehn(!) Jahre im Voraus anmelden müssen. Das alles war nichts für mich. Ich paddele gerne auf stillen Seen, aber dieses Vergnügen überließ ich den Wagemutigen.

Als ich am Flussufer saß, kam ich mit Ronda ins Gespräch. Die kleine Frau mit den dunkelblonden schulterlangen Locken war gerade angekommen und wollte zwei Nächte hier zelten.

Ronda war eine ungewöhnliche Frau. Die ehemalige Chefin einer Marketing-Agentur in Manhattan hatte ihren Job aufgegeben und lebte nun in einem Camper auf einem Wüstencampingplatz in Arizona. Wir zwei Aussteiger-Frauen hatten viel gemeinsam und tauschten unsere Erfahrungen aus.

»Viele bewundern, was ich getan habe, und wollen das auch«, sagte Ronda. »Doch nur die wenigsten tun es.« Sie lachte mich an. »*Du* hast es auch getan. Bist als Anwältin ausgestiegen.«

»Schon, aber nicht so extrem wie du«, wich ich aus.

Ronda war nicht glücklich in ihrem Job gewesen und hatte begonnen, die Einsamkeit zu suchen. Dann machte sie eine Raftingtour den Colorado hinunter und war völlig gefesselt von der Klarheit und dem Frieden, die sie in der Stille fand. Nach zwei weiteren Raftingtrips löste sie ihr Apartment in New York auf und zog nach Arizona. Jetzt verdiente sie ihren Lebensunterhalt mit Gelegenheitsjobs und lebte dauerhaft auf dem entlegenen Zeltplatz. Nachdem die abenteuerlustige Frau ein Jahr zuvor zum Base-Camp des Mount Everest aufgestiegen war, fand sie es nur logisch, jetzt 1,6 Kilometer tief in die Erde zu wandern.

»Wir gehen mit der Landschaft, in der wir leben, eine innere Verbindung ein und werden eins mit ihr«, war Ronda überzeugt. »Je mehr wir uns mit ihr vereinen, umso glücklicher werden wir.«

Mich hatte das Canyon-Fieber gepackt. Gerne wäre ich noch länger geblieben, aber mehr Übernachtungen hatte ich nicht gebucht. Außerdem freute ich mich auf mein Zuhause und meine Hündin, die ich schon sehr vermisste.

Am letzten Tag kaufte ich mir das obligatorische T-Shirt von der Phantom Ranch, das es nur hier unten gibt und mich damit für Eingeweihte als echten »Canyon Hiker« auswies. Dann schickte ich als Beweis für meine Leistung mehrere Ansichtskarten mit dem Stempel »Transported by mule from the bottom of the Grand Canyon«[19] nach Hause.

Beim Abendessen sprach ich mit Charly, einem sechsundsechzig Jahre alten früheren Lehrer aus Scottsdale, über meine Furcht vor dem morgigen Aufstieg. Er hatte diese Wanderung schon mehrmals gemacht und nickte verständnisvoll. »Du musst lernen, den Canyon zu respektieren. Seine gelassene Erscheinung kann täuschen. Wanderer, die den Canyon nicht respektieren, lernen schnell, dass er unversöhnlich sein kann. Darum sollte man die Wanderung nur machen, wenn man fit genug dafür ist.«

Ich war diesen kniebeugenden, herausfordernden South Kaibab Trail mit einem vollen, schweren Rucksack abgestiegen. Der Muskelkater hatte sich in meinen Beinen festgesetzt.

»Bist du noch müde?«, fragte Charly. Mein verzerrtes Lächeln sprach wohl für sich. »Morgen ist dein Rucksack leichter. Aber diesmal musst du hochklettern, und du bekommst kaum Luft. Du wirst zehn bis zwölf Stunden laufen und solltest den Aufstieg in deinem eigenen Tempo machen. Lass dich nicht von Schnelleren irritieren. Der Canyon ist keine Rennstrecke.«

Als ich am nächsten Morgen um fünf Uhr zum Frühstück ging, tröstete mich ein Meteoritenschwarm mit zahlreichen Sternschnuppen am tiefschwarzen Himmel über den Abschied von der Schlucht hinweg. Obwohl ich mein Taschenbuch der Ranch-Bücherei gestiftet hatte, war mein Rucksack kaum leichter. Ich hatte ein Lunchpaket bestellt und die Wasserflaschen aufgefüllt. Diesmal musste ich nur zwei Liter mitnehmen: Auf dem Bright Angel Trail gibt es – im Gegensatz zum South Kaibab Trail, den ich hinuntergelaufen war – auf halber Höhe eine Wasserstelle.

Weil meine Taschenlampe nach den ersten Minuten ihren Geist aufgab, musste ich mit dem Mondlicht auskommen und sehr genau aufpassen, wohin ich trat. Ein Dank an die Mulis, deren Hinterlassenschaften vom Abend ich nur zu folgen brauchte. Als ich die Hängebrücke überquerte und unter mir das Rauschen des Flusses hörte, wurde mir unheimlich. Dies war die Heimat von Pumas, die ihre Beute bevorzugt im Dunkeln und von hinten angreifen. Also erneut ein kleines Gebet mit der Bitte um Hilfe beim Aufstieg und eine sichere Heimkehr.

All meine Sinne waren aufs Äußerste geschärft. Kleine Füße tippelten Steine los, die auf den Weg kullerten. Die feinen Tröpfchen der Gischt des Colorado legten sich kühl auf meine Haut. Lange Zeit lief ich den Fluss entlang, den ich nur vom Rauschen her erahnen konnte. Erst als ich tiefer in die Schlucht wanderte, wurde er leiser. Völlige Stille umfing mich. Wenn ich stehen blieb, hörte ich nur das Schlagen meines eigenen Herzens. Ich hätte die Stille gerne länger genossen, aber ich musste weiter.

Um sieben Uhr ging endlich die Sonne auf. Oben am Canyonrand beleuchtete sie die Felsen. Es würde noch eine Weile dauern, bis ihre Strahlen bis hier unten reichten.

Als ich um eine Kehre kam, war mein Weg plötzlich versperrt. Ein mächtiger Dickhornbock stand direkt vor mir auf dem Trail – quer. Keine Chance zum Ausweichen. Was nun? Zurück konnte ich nicht. Vorbei ging gar nicht. Auf der einen Seite die Canyonwand, zur anderen Seite der Abgrund.

Ich versuchte es mit Beschwichtigung und redete mit dem Schaf. »Halloo! Bist du ein feines Schäfchen. Ich würde ja gerne vorbei ...«

Der Bock sah mich an, seine Ohren unter den mächtigen gewundenen Hörnern zuckten, er schien ebenso irritiert zu sein wie ich.

Also gut, dann würde ich das eben aussitzen beziehungsweise ausstehen. Langsam atmete ich tief ein und aus und bemühte mich, ruhig zu bleiben. Nach einer gefühlten Ewigkeit drehte sich der Bock um, machte zwei Schritte auf dem Trail nach oben und sprang dann mit eleganten Sätzen den Felsen empor.

Mit zitternden Knien wanderte ich langsam weiter. Nach vielen Spitzkehren kam ich gegen neun Uhr in Indian Garden an, einer Oase, in der es eine Ranger-Station und einen Campingplatz gibt. An einem Flüsschen grasten drei Maultierhirsche so nah, dass ich nur den Arm hätte ausstrecken müssen, um sie zu berühren. Langsam ging ich weiter.

Endlich Pause. Ich füllte die Wasserflaschen auf und verputzte mein Sandwich, einen Apfel und einen Müsliriegel.

Eine Gruppe Senioren hatte mich beim Aufstieg überholt und ruhte sich jetzt ebenfalls aus. Sie erzählten mir, dass dies ihre erste Wanderung in den Canyon sei. Die drei Männer und zwei Frauen waren zwischen sechzig und siebzig Jahre alt. Man erkennt die »Frischlinge« daran, dass sie beim Hinaufgehen eilig voranpreschen und Sprüche klopfen, weil du so langsam gehst. Spätestens auf dem letzten Drittel des Weges wendet sich das Blatt. Dann haben die Sprinter keine Energie mehr und hängen keuchend hinterher, während du mit demselben gleichmäßigen Schritt an ihnen vorbeiziehst, ein unsichtbares Lächeln auf den Lippen

Der Grand Canyon ist gefährlich. Trotz der Warnungen der Ranger meinen immer noch viele, dass sie es besser wissen. Es gibt in jedem Jahr Tote durch Kreislaufversagen, Hitzschlag oder Dehydrierung, und es gibt auch viele Abstürze von leichtsinnigen Turnschuhtouristen.

Nach Indian Garden kam der härteste Teil. In vielen steilen Serpentinen führt der Bright Angel Trail bergauf, sehr uneben und ausgetreten durch die vielen Mulis. Die letzten drei Meilen waren die schwersten, weil der Trail völlig vereist war. Also wieder mal die Spikes an die Schuhe. Ich versuchte, einen gleichmäßigen Rhythmus in meine Schritte und die Atmung zu bringen.

Das half. Aber immer, wenn ich nach oben sah, hatte ich das Gefühl, dass die Wände noch genauso hoch aufragten wie vorher. Dass ich dennoch vorwärtskam, zeigten mir die ersten Touristen, die mir schreiend und lachend mit Turnschuhen entgegenschlitterten. Vorbei war es mit der Ruhe.

Um fünfzehn Uhr schließlich war ich zurück in der Zivilisation, in einer anderen Welt. Überall Menschen, Autos, Busse. Ich genehmigte mir zuerst einen großen Cappuccino und eine Riesenportion Spaghetti. Danach checkte ich im Hotel ein und genoss eine lange heiße Dusche und das weiche Bett.

Geschafft! Einmal zwölf und einmal sechzehn Kilometer, sechzehnhundert Höhenmeter hinunter und hinauf. Gar nicht so schlecht für ein altes Mädchen wie mich.

Auf meiner Geburtstagswanderung bin ich zum Mittelpunkt der Erde gewandert. Zum Zentrum der Zeit. Gekommen war ich, um mein eigenes Zentrum zu suchen, die Erfüllung eines Traumes, die Realisierung des Unmöglichen. Gefunden hatte ich ein Geheimnis: die Erkenntnis der Unbedeutsamkeit. Der Grand Canyon hatte mich auf meiner Geburtstagswanderung mit grandiosen Naturerlebnissen reichlich beschenkt. Vor allem aber hat er mein winziges menschliches Leben in die richtige Perspektive gerückt und mir deutlich gemacht, wie unbedeutend ich im großen Netz der Natur für diesen Planeten bin und wie unwichtig meine Alltagsprobleme sind. Keinen einzigen Satz von mir muss die Welt sofort wissen. Ich brauche nicht teilzuhaben am globalen Teilen und Twittern, muss nicht immer eine Antwort parat haben oder eine Meinung kundtun. Es darf sogar auch mal völlig langweilige und ereignislose Stunden oder Tage geben. Das Geschenk des Grand Canyon für mich war, dass er das Empfinden meiner Bedeutung beschränkt hat auf die Menschen, mit denen ich lebe und für die ich wichtig bin.

Als Autorin ist der Grand Canyon für mich das größte und älteste Buch der Welt. Mehr als viereinhalb Kilometer Seiten aus Stein dick, enthält es die Geschichte von zwei Milliarden Jahren. Obwohl seine Seiten zerknittert, gefaltet und gebraucht sind, sind sie brillant gefärbt und schön graviert. Sie strahlen in Hellgrau, Weiß, Dunkelrot und intensivem Grün. Seiten aus groben Sandsteinen, fein strukturiertem Kalkstein, Schiefer, rauen Konglomeraten, Quarz und robustem Granit. Niemals glatt oder sauber gepresst, sondern in horizontalen Schichten, in vertikalen Wänden, in großen Falten. Verzerrt, verdreht, gebrochen. Ein paar Kapitel fehlen. Aber die anderen sind so klar geschrieben, dass ihre Bedeutung offenbar wird, ohne die Kontinuität zu unterbrechen. Der Grand Canyon ist ein Buch, das ich immer wieder lesen möchte.

Wenn ich heute an die Wanderung zurückdenke, dann vergleiche ich sie gerne mit dem Leben. Du fährst entspannt und zufrieden die Straße entlang – bis sich plötzlich vor dir eine Schlucht auftut und du nicht mehr weiterkommst. Um auf die andere Seite zu gelangen, musst du in die Tiefe hineinsteigen und durch. Dann erst geht es wieder aufwärts – und das ist noch einmal höllisch viel schwerer. Aber du lernst durchzuhalten. Wenn du es geschafft hast, bist du euphorisch. Aber keine Sorge – es bleibt nicht so. Alles beginnt immer wieder von vorn. Das ist das, was man *Leben* nennt.

BEGEGNUNGEN
IM NAVAJO-LAND

Meine Freunde halten mich für eine Abenteurerin. Ich sehe mich ganz und gar nicht so. Aber ich verstehe, dass es in ihren Augen *nicht* normal ist, den Job hinzuwerfen, um Wölfe zu küssen oder im Grizzlygebiet zu wandern. Ich bin permanent neugierig, will wissen, was es »da draußen« zu entdecken gibt. Einiges möchte ich mit anderen Menschen teilen. Darum habe ich viele Jahre lang Wildnisreisen veranstaltet und auch als Reiseleiterin gearbeitet.

Im Herbst 1998 ging ich auf meine ganz persönliche Abenteuerreise, bei der ich meinen Horizont erweitern, frei leben und meine eigenen Grenzen überwinden wollte.

Normalerweise bin ich auf Reisen eine durchplanende, extrem gut organisierte Perfektionistin. Jahrelange Reiseleiterjobs haben mich darin geschult, auf alles vorbereitet zu sein und die Kontrolle zu behalten. Sogar bei den Wolfsbeobachtungen folge ich einem Zeitplan – den ich den Aktivitäten der Wölfe anpasse. Ich plane meine Reisen minutiös – einschließlich eines Plans B und C. Schon im Voraus zu wissen, wo ich wann hinfahre und übernachte, gibt mir Sicherheit und lässt mir Zeit und Energie, mich auf die wichtigen Dinge zu konzentrieren. Aber diesmal wollte ich aus dem Zeitgefängnis ausbrechen. Ich hatte mir vorgenommen, mich ausschließlich von meiner Intuition leiten zu lassen.

Auf die Idee hatte mich mein Tiefkühlverkäufer gebracht. Georg trägt nicht nur ganzjährig kurze Hosen – einziges Zugeständnis bei Minustemperaturen sind gestrickte Kniestrümpfe –, er macht auch auf ungewöhnliche Art Urlaub: Gemeinsam mit seinem Hund geht er zum Bahnhof, steigt in den ersten Zug ein, der kommt, und fährt bis zur Endstation. Dann marschieren die beiden los »irgendwohin, wo's schön ist«. Geschlafen wird meist unter freiem Himmel.

»Manchmal klingele ich auch bei einem Bauernhof und frage, ob ich in der Scheune schlafen darf. Das hat mir noch niemand verweigert«, erzählte Georg. »Es kommt sogar vor, dass mich morgens die Bäuerin mit einem Kaffee weckt oder mich zum Frühstück einlädt.«

Ich war fasziniert. Das war völlig neu für mich. Einfach so losfahren, ohne konkretes Ziel: Konnte ich das auch? Ich wollte es wagen.

Ich buchte einen Flug (mit offenem Rückflugdatum) nach Phoenix in Arizona und fuhr mit dem Mietwagen nach Westen. Für den Notfall hatte ich meine minimalistische Campingausrüstung dabei: Zelt, Schlafsack, Gaskocher. Ob ich im Zelt, im Auto oder in einem Hotel schlafen würde – ich war bereit für alles. Wann und wo ich übernachtete, sollte mein Bauch entscheiden. Der Südwesten der USA war mir vertraut, ich hatte längere Zeit in Arizona und New Mexico gelebt.

Als Reiseleiterin für ein deutsches Studienreisen-Unternehmen hatte ich während der Sommermonate überwiegend ältere Touristen quer durch die USA gefahren, von New York bis Los Angeles, einschließlich Besichtigung aller Nationalparks und Sehenswürdigkeiten auf dem Weg. Das war extrem anstrengend gewesen, nicht nur für mich, sondern auch für meine Gäste. Gerade erst hatte ich eine solche Reise hinter mir. Drei Wochen lang jeden Tag ein anderer Nationalpark, ein neues Hotel, lange Strecken mit dem Bus. Meine Mitreisenden wussten oft gar nicht mehr, wo sie sich gerade befanden.

»Mein Zimmer geht nicht auf!«

»Welche Zimmernummer haben Sie denn?«

»Einundzwanzig.«

»Und was steht auf dem Schlüssel?«

»Dreiundvierzig. Ach herrje. Einundzwanzig hatte ich ja gestern.«

Die vielen Stunden Autofahrt täglich von der Ostküste zur Westküste forderten ebenfalls ihren Tribut. Manch Schlafenden musste ich wecken, wenn es etwas Spannendes zu sehen gab.

»Achtung! Vorne ein Elch!«

Anhalten, aussteigen, fotografieren, einsteigen, weiterfahren. Warum tut sich jemand das an? Für einige war es »die letzte Gelegenheit, noch mal so viel wie möglich zu sehen«. Andere wollten sich einen Überblick über die Schönheiten Amerikas verschaffen und, wenn ihnen etwas gefiel, für einen längeren Urlaub zurückkommen.

Nach einer solchen Reise überwog bei mir neben Erschöpfung die Traurigkeit, ein Gefühl des Verlustes. So schöne Orte und so wenig Zeit!

Das sollte diesmal anders werden. Zum ersten Mal seit vielen Jahren war meine To-do-Liste leer. Ich war eine Frau ohne Plan. Es gab keinen Zwang für mich, irgendwann irgendwo zu sein. Ich konnte schlafen, wenn ich müde war, und essen, wenn mich der Hunger packte. Ich hatte keine Verantwortung, musste niemanden führen. Ich war frei. Was für ein Luxus!

Auf Nebenstraßen wollte ich das Land der roten Felsen und der Ureinwohner erkunden, für das ich bisher nie genug Zeit gehabt hatte. Raus aus der Komfortzone, den Horizont erweitern.

Mein erster Stopp war *Window Rock*, der Regierungssitz der Navajo-Nation, des zweitgrößten Stammes der Ureinwohner in den USA. Die Stadt hat ihren Namen von dem roten Felsenfenster, das für die Indigenen eine große religiöse Bedeutung hat und in dessen Nähe sämtliche Regierungsgebäude liegen. Die *Navajo Nation Fair*, das größte Pow Wow[20] Amerikas, das an jedem ersten Wochenende im September stattfindet, hatte ich leider verpasst.

Ich schlief im Auto in der Nähe des *Navajo Nation Memorial Cemetery*, einem Friedhof, in dem die Gefallenen der beiden Weltkriege eine letzte Ruhestätte gefunden haben. Der ständig wehende Wind hatte die Nationalflaggen in schmale Bänder zerrissen. Auf vielen Grabsteinen konnte ich die Aufschrift »code talker« lesen. Die *Navajo Code Talker* waren im Zweiten Weltkrieg eine Elitetruppe der U.S. Marines, die militärische Informationen per Funk in »Dine«, der Navajo-Sprache, weitergaben. Es war die einzige Sprache, die die Japaner nicht entschlüsseln konnten. Die Code Talker haben auf diese Weise vielen Amerikanern das Leben gerettet.

Window Rock ist das Tor zu einer anderen Welt: einer Welt aus roten Felsen, tiefen Canyons, zerklüfteten Bergen, Wacholderwäldern und einer unübertroffen weiten Landschaft. Bei meinem Einkauf im Supermarkt hatte mir die Kassiererin einen Flyer zugesteckt, der mich neugierig machte. Er warb für das *Coyote Pass Hospitality Bed & Breakfast* von Will Tsotsie und versprach »eine Nacht in einem echten Navajo-Hogan«. Wenn das kein Hinweis auf den weiteren Verlauf der Reise war! Ich rief an und reservierte ein Zimmer.

»Kommen Sie heute Nachmittag um vier Uhr zur Tankstelle in Tsaile, ich hole Sie ab«, sagte Will.

Das Erste, was mir auffiel, als ich pünktlich die Tankstelle mitten im Herzen des Reservates erreichte, waren die Kontraste. Neben den modernen Gebäuden des Navajo Community College – übrigens dem ersten College in den USA, das einem Indigenen-Stamm gehört – standen die traditionellen Wohnhäuser der Navajo: sechs- oder achteckige Hogans[21]. Ein Brett neben dem Münztelefon der Tankstelle diente als Nachrichtenbörse. Ein Flyer warb für »Squaw-Dances«, ein handgeschriebener Zettel bot eine gebrauchte Waschmaschine zum Kauf an, und jemand suchte gut erhaltene Winterreifen für seinen Allrad.

Als Wills Schwester Effie erschien, um mich abzuholen, hatte ich längst jedes Zeitgefühl verloren. Über eine aufgeweichte Schlammpiste folgte ich ihr zu einer Ansammlung von Wohnwagen und Hogans. Gäste aus ganz Amerika kommen hierher, um auf dem Boden einer solchen Hütte zu schlafen – ohne fließendes Wasser oder Elektrizität – und etwas über die Kultur und das Leben der Navajo zu lernen.

Effie lud mich in den Trailer der Familie ein. Ein riesiger Fernseher, neben dem ein traditioneller Webrahmen stand, beherrschte die ansonsten ärmliche und chaotische Einrichtung. Während Effie indianischen Tee servierte, in dem Tannennadeln schwammen, lernte ich ihre Großmutter und ihre Großtante kennen. Die alten Frauen trugen die typische Kleidung der Navajo: einen weiten bunten Rock und eine einfarbige Bluse aus violettem Samt, dazu mehrere Halsketten aus Türkissteinen. Das graue Haar hatten sie zu einem Knoten gebunden. Männer waren keine zu sehen. Die Navajo leben im Matriarchat. Den Frauen gehören die materiellen Dinge, sie erben alles, und die Kinder werden in den Clan der Mutter hineingeboren. Der Clan von Wills Mutter war der Coyote Pass Clan, nach dem er auch sein Geschäft benannt hatte.

Endlich erschien mein Gastgeber und stellte sich vor. Will Tsotsie war Lehrer und – wie ich später erfuhr – angehender Medizinmann. Er nahm mich mit zu seinem Haus, einem modernen Bungalow, dessen Einrichtung eine Mischung aus traditionellen indigenen Gegenständen und Souvenirs von seinen vielen Auslandsreisen war. Über der Tür hingen Pfeil und Bogen zum Schutz vor Eindringlingen, an der Wand ein kostbarer Webteppich. Auf dem Schrank neben dem Computer standen zwei Samurai-Schwerter, Erinnerungen an eine Japanreise. Bei einer Tasse Tee und gerösteten Piñon-Nüssen lernte ich die Teilnehmer eines »Storyteller-Workshops« kennen. Sie wollten lernen, indigene Geschichten zu erzählen.

Will verschwand im Nebenraum und kam mit einem alten, abgewetzten Aktenkoffer zurück, aus dem er kostbaren Silber- und Türkisschmuck hervorzauberte. »Wir legen keinen Wert auf Geld, und es gibt keine Banken im Reservat«, erklärte er. »Wir legen unser Vermögen in Schmuck und Teppichen an.«

Stolz zeigte er uns sein traditionelles Tänzerkostüm und erzählte von einer Heilungszeremonie seines Stammes, die in dieser Nacht stattfinden sollte. »Haben Sie Lust, daran teilzunehmen, statt im Hogan zu übernachten?«, fragte Will mich. Es sei ihm eine Ehre. Die Ehre war ganz auf meiner Seite; ich sagte spontan zu.

Kurze Zeit später fuhr ich mit Will und zweien seiner Brüder mit einem Allradauto in tiefster Nacht eineinhalb Stunden auf einer Strecke durch die Wildnis, die der Rallye Dakar alle Ehre gemacht hätte. Auf einem Plateau hoch über dem *Canyon de Chelly* kamen wir an »Yei-te-chi« an, dem Ort der Heilungszeremonie. Mindestens zwanzig Pick-ups, teilweise mit Pferdeanhänger, und Allradfahrzeuge standen im Kreis um einen freien Platz, der von brennenden Holzfeuern umrahmt war. Etwas abseits warteten gesattelte und ungesattelte Pferde und ließen entspannt die Köpfe hängen. Aus dem großen achteckigen Zeremonien-Hogan am Kopfende des Platzes erklangen Gesänge und Trommeln.

Die Feierlichkeiten würden bis zum frühen Morgen dauern, hatte mich Will eingeweiht. Maskierte und kostümierte Tänzer wollten versuchen, in Zyklen von jeweils vier mal vier Tänzen (vier ist die heilige Zahl der Navajo), die Ohrenschmerzen eines alten Stammesmitglieds zu heilen. In einer Pause trat ein hochgewachsener Navajo auf mich zu, reichte mir die Hand und stellte sich als Julius, Enkel des kranken Mannes vor. Seine Familie hatte zu der Heilungszeremonie eingeladen.

Ich schätzte sein Alter auf dreißig Jahre. Er hatte schmale Gesichtszüge mit hohen Wangenknochen und dunklen Augen. Sein langes tiefschwarzes Haar war im Nacken zu einem Knoten gebunden. Zu dunkelblauen Jeans trug er ein weinrotes Hemd und eine Kette aus Türkisen sowie mehrere Silber- und Türkisringe an den Fingern. Ein farbiger Webteppich lag um seine Schultern. Die ganze Erscheinung des Mannes strahlte eine große Würde und eine unglaubliche Energie aus, die jeden in der Nähe in seinen Bann zog.

»Danke, dass Sie gekommen sind, um meinem Großvater zu helfen.« Ich muss wohl verwirrt geschaut haben, denn er ergänzte: »Jeder, der an der Zeremonie teilnimmt, hilft dem Kranken zu genesen.« Julius lud mich zu Kaffee und Navajo-Brot in den Hogan ein. Da normalerweise Weiße nie einen Zeremonien-Hogan betreten durften, sei es wichtig, ein paar Regeln zu kennen.

»Wenn Sie den Hogan betreten, gehen Sie auf die rechte Seite, das ist die Seite für die Frauen«, erklärte Julius. Ehrfürchtig trat ich ein. Ein Holzofen glühte so sehr, dass mir sofort der Schweiß ausbrach. An den Wänden saßen die Familienmitglieder und Freunde des Kranken und die geladenen Gäste – auf der rechten Seite die Frauen, auf der linken die Männer. Ich setzte mich rechts auf den mit Webteppichen ausgelegten Sandfußboden, mit dem Rücken an die Wand gelehnt.

Dem Eingang gegenüber saßen der oberste Medizinmann, die engsten Verwandten des Kranken und drei professionelle Navajo-Sänger. Die Hitze, die eintönigen Gesänge aus schrillen, intensiven Stimmen, der Klang der Trommeln, die rhythmisch geschüttelten Rasseln, die ständigen Wiederholungen – sie alle verfehlten ihre Wirkung nicht. Nach einer Weile geriet ich in eine Art hypnotischen Zustand und sah Bilder: einen gestrandeten, toten weißen Wal, neben dem ein Mensch stand, der mitfühlend auf das Tier hinunterschaute. Ich habe bis heute nicht die geringste Ahnung, was das bedeutete.

In den Pausen unterhielt ich mich mit den anderen Stammesmitgliedern. Sie waren alle sehr aufgeschlossen und freundlich.

Bob, ein Künstler, erzählte mir, dass die größten Probleme im Reservat immer noch Alkohol und Drogen seien. Ein Viertel seiner etwa zweihunderttausend Stammesmitglieder seien Problemtrinker, viele von ihnen auch drogensüchtig. »Die jungen Leute wandern in die Stadt ab. Aber einige kommen auch wieder zurück, so wie ich.« Bob hatte zwanzig Jahre lang in der Stadt gelebt und war Alkoholiker geworden. Dann kehrte er in seine Heimat zurück.

»Ich lebe jetzt ohne Strom und Elektrizität in einem Hogan im Canyon de Chelly. Ich bin arm, aber wenn ich meine Bilder male oder mit dem Pferd ausreite, dann bin ich glücklich.« Liebevoll klopfte er dem Pinto, der neben ihm stand, den Hals. »Ich bin jetzt trocken. Es ist nicht leicht, aber ich versuche, meine Navajo-Identität wiederzufinden.«

Als sich ein erster heller Streifen am Horizont zeigte, verließ der Kranke den Hogan und setzte sich am Rande des Versammlungsplatzes auf einen Stuhl. Vor ihm begann der letzte Tanz, an dem auch Will teilnahm. Er tanzte an vierter Stelle von sechs Tänzern und war damit, wie er mir später erklärte, einen Platz höher in der »Medizinmann-Rangordnung« aufgestiegen. Zum Abschluss sprachen der Kranke und seine Familie zu den Tänzern und allen Teilnehmern und segneten sie, indem sie Maismehl in alle vier Himmelsrichtungen warfen.

Die Zeremonie endete mit dem Aufgang der Sonne. Die Fahrt zurück zu Wills Haus war erneut holprig. Ich bedankte mich bei meinem Gastgeber, dass er mich mitgenommen hatte, und bezahlte meine Nacht im Hogan, auch wenn ich dort nicht übernachtet hatte. Jetzt wollte ich möglichst schnell an einen ruhigen Ort, um die Erlebnisse zu verarbeiten. Ich brauchte Einsamkeit und fuhr zum Canyon de Chelly. Obwohl ich jetzt schon über vierundzwanzig Stunden auf den Beinen war, fühlte ich mich voller Energie. Die nutzte ich sogleich für eine dreistündige Wanderung in den Canyon. Danach baute ich in der Dämmerung mein Zelt auf und fiel in einen tiefen, traumlosen Schlaf.

Geweckt wurde ich erst am nächsten Morgen durch tippelnde Pfoten und ein Kratzen am Zelteingang. Vorsichtig öffnete ich den Reißverschluss und blickte in erschrockene Hundeaugen. Der zerzauste Mischlingshund machte einen Satz zurück, als ich ihn ansprach. Anfassen lassen wollte er sich nicht, war sich jedoch nicht zu fein, mein Käsesandwich mit mir zu teilen. Damit verletzte ich zwar meine eigenen Vorsätze, keine wilden oder fremden Tiere zu füttern, aber ich war ja auf dieser Reise, um Regeln zu brechen und Grenzen zu überschreiten. Bei einem Abenteuer ist das erlaubt – so weit meine Ausrede. Frei laufende Hunde in den Reservaten sind meist nicht wirklich verwildert. Sie leben relativ ungebunden, aber sie haben einen Besitzer, zu dem sie nach ihren Streifzügen zurückkehren. Das erzählte mir ein Navajo an einer Tankstelle, wo ich mir einen Kaffee und ein paar Kekse holte und ansetzte, dem nächsten bettelnden Vierbeiner etwas abzugeben.

»Viele Touristen glauben, unsere Hunde sind herrenlos, weil sie frei herumlaufen. Manche wollen sie sogar mitnehmen und ›retten‹. Aber die Hunde haben eine Familie, ein Zuhause und Spielgefährten. Wir sperren unsere Tiere nicht ein, sondern respektieren ihre Freiheit.«

Ein schöner Gedanke. Leider kostet diese Freiheit viele Tiere das Leben, wenn sie auf den Straßen überfahren werden.

Während der nächsten Tage fuhr ich oft auf unbefestigten Wegen durchs Reservat der Hopi, ein Land reich an Geschichte mit uralten Dörfern und heiligen Bergen. Neun der zwölf Hopi-Dörfer sitzen auf den drei Mesas (Tafelbergen). *Walpi*, das wohl bekannteste Dorf, hockt auf der schmalen Spitze der First Mesa, zweihundert Meter über einem trockenen Tal. Der Blick von hier aus ist atemberaubend; an einem klaren Tag kann man die schneebedeckten Gipfel der San Francisco Peaks bei Flagstaff sehen. In diesem Ort, der seit dreihundert Jahren bewohnt wird, leben etwa dreißig Menschen. Auf der Second Mesa befinden sich drei Ortschaften, von denen *Shongopavi* mit siebenhundert Einwohnern die größte ist.

Auf der Third Mesa liegt *Oraibi*. Der Ort ist seit dem Jahr 1100 ununterbrochen bewohnt und damit das älteste bewohnte Dorf Amerikas. Weit entfernt von den Weißen, leben hier die traditionellsten Hopi. Dieser Stamm wurde nie von den Spaniern oder Anglos erobert. Ich respektierte die »No Photos«-Schilder am Dorfeingang und ließ meine Kamera im Kofferraum.

Moenkopi ist das westlichste Hopi-Dorf. Der Name bedeutet »Ort des fließenden Wassers«. Hier bauen die Farmer der Third Mesa ihre Nahrung an. Bevor Wasserleitungen gelegt wurden, mussten sie oft die hundert Kilometer von Oraibi bis Moenkopi zu Fuß zurücklegen. Das Dorf mit seinen grünen Feldern und Obstbäumen liegt bereits auf Navajo-Gebiet.

Auf der Suche nach weiteren, weniger bekannten Attraktionen im Navajo-Land entdeckte ich etwa fünfzig Meilen nordöstlich von Tuba City das *Navajo National Monument,* das allzu oft von Touristen auf dem Weg nach Kayenta und ins Monument Valley übersehen wird. Zu Unrecht, denn innerhalb des Monuments befinden sich mehrere große Anasazi-Ruinen[22]. Mich reizte eine Wanderung zu den abgelegenen *Keet-Seele-Ruinen* Aber ich bekam keine Genehmigung für die sechzehn Meilen lange Rundwanderung, weil die Quote bereits erfüllt war. Um ihre Natur zu schützen, haben die Navajo strenge Besuchsregeln. Jede Wanderung auf ihrem Gebiet muss angemeldet werden.

Stattdessen besichtigte ich unter der Führung eines Parkrangers die gut erhaltenen Klippenhäuser der *Betatakin-Ruinen*. Sie kleben regelrecht in einer schmalen Felsspalte unter einem mächtigen, sanft gerundeten Sandsteinfelsen, der aussieht wie ein gewaltiger Medizinball, im Begriff, die alte Kultur zu überrollen.

Nur dreißig Kilometer nördlich zweigt in Kayenta die US 163 nach Norden zum Monument Valley ab. Während den meisten Touristen das Monument Valley aus zahlreichen Western oder zumindest aus der Zigarettenwerbung hinreichend bekannt ist, bleibt das *Mystery Valley* das, was sein Name ausdrückt: ein Geheimnis. Die Indigenen haben einen einzigen Begriff für die beiden Täler: »Tse'-Bii'Ndzisgaii«, was weißes Mesa-Tal bedeutet. Das Mystery Valley ist nicht leicht zu finden und darf nur in Begleitung eines indigenen Führers betreten werden. Während in der Hochsaison etwa viertausend Menschen täglich das Monument Valley besuchen, sind es ganze vier bis sieben im Mystery Valley. Die Navajo-Regierung schränkt die Besucherzahlen stark ein, weil es für den Stamm ein heiliger Ort ist.

Am Visitor Center traf ich Fred, einen Navajo mit blauschwarzem langem Haar und schwarzem Cowboyhut. Er sollte mich durch das geheimnisvolle Tal führen.

Zuvor fuhr er mich mit seinem klapprigen Van zu den Drehorten der Westernfilme. Stolz erzählte er, dass schon sein Vater für Hollywood gearbeitet und für John Wayne und seine Crew die Pferdesättel hergestellt habe. Er selbst besitze noch zwei Stuntpferde, von denen jedes siebzigtausend Dollar wert sei. Sie konnten auf Kommando »stürzen«, ohne sich oder den Reiter zu verletzen.

»Ich lege ein rotes Tuch auf den Boden, das Pferd rennt los und fällt genau an dieser Stelle um«, sagte Fred und zeigte, wie eine Kamera gehalten werden musste, um die Szene glaubhaft zu machen. Zum Glück demonstrierte er nicht den Stunt selbst. Ich bin kein Fan solcher fragwürdiger Show-Dressuren.

Über ausgetrocknete Sandpisten fuhren wir weiter zum Mystery Valley. Es unterscheidet sich von seinem berühmten Nachbartal vor allem dadurch, dass seine Felsformationen nicht so rau und schroff in den Himmel streben, sondern sich in sanften, abgerundeten Formen über die einsame Landschaft ergießen. Wind und Wasser, die Bildhauer der Natur, haben sich durch weiche Gesteinsschichten gefressen und Bögen und Höhlen hinterlassen, in die die Anasazi vor vielen Hundert Jahren ihre Wohnungen gebaut haben. Im Mystery Valley lebten auf dem Höhepunkt der Anasazikultur nur etwa dreißig Menschen – im Vergleich zu der nahe gelegenen Mesa Verde mit fünftausend Bewohnern.

Fred fuhr mit mir weiter auf unbefestigten Wegen und durch tiefen Sand. In einem Seitencanyon kamen hinter einer scharfen Kurve die *Baby House Ruins* in Sichtweite. Fred riet mir, über den glatten Felsen hochzuklettern und in das Innere der noch gut erhaltenen Ruine zu schauen. Die Decke war schwarz vom Ruß alter Feuer. In den Sandstein waren Babyhände und -füße hineingekratzt oder gehämmert worden; daher wohl der Name des Hauses.

Sehr beeindruckend war eine weitere Galerie von Felsenkunst, das *House of Many Hands*, eine Anasaziruine mit drei Räumen im Schutz einer konkaven Sandsteinwand. Umherliegende Steinhaufen ließen erahnen, dass früher noch weitere Häuser hier gestanden hatten. An der dunklen Felswand befanden sich etwa zweitausend Handabdrücke (früher sollen es laut Fred siebentausend gewesen sein) in weißer oder gelber Farbe, keiner davon größer als der Handabdruck eines Kindes. Andere Petroglyphen (in Fels geschlagene Bilder) zeigten menschliche Figuren mit schmaler Taille und breiten Schultern. Fred wies auf die mandelförmigen Augen, die langen Arme, eine Art Antennen, die aus den Köpfen wuchsen, und auf die Hände mit nur drei Fingern hin. Auch so etwas wie ein Raumschiff war zu erkennen, das einen Feuerschweif nach unten auszustoßen schien.

»Wir wissen nicht, wo sie herkamen, ob von der Erde oder aus dem All...«, sagte Fred augenzwinkernd und ließ ein weiteres Mysterium des Mystery Valley ungeklärt.

Einige andere Ruinen warfen wegen ihrer Größe ebenfalls Fragen auf. Die Wohnräume der Anasazi waren niemals großzügig gewesen, aber hier hatten Menschen Unterkünfte gebaut, die so klein und niedrig waren, dass ein Erwachsener darin nicht aufrecht stehen konnte. In anderen Anasazi-Siedlungen waren solche Räume als Lebensmittellager genutzt worden. Hier jedoch zeigen die schwarzen Wände, dass die Bewohner Feuer gemacht und anscheinend in den Räumen gelebt hatten. Warum dieses Volk keine größeren Wohnungen gebaut hat, ist ein weiteres ungelöstes Rätsel.

Fred, der immer eine respektvolle Distanz zu den Ruinen hielt, weil er wie die meisten Navajo glaubte, dass eine Störung der »Alten« böse Geister hervorruft, bekam plötzlich einen lauschenden, nachdenklichen Gesichtsausdruck. »Hörst du sie?«, fragte er. »Sie sind hier, die Anasazi, ich kann sie hören und sehen. Es sind weiße Gestalten. Kannst du sehen, wie sie das Gras bewegen, und hören, wie sie im Wind singen?«

Ich bekam eine Gänsehaut.

»Sie kommen hierher, weil sie uns etwas sagen wollen«, fuhr Fred fort. »Etwas Wichtiges. Jeder, der hierherkommt, verlässt diesen Ort verändert. Die Geister erzählen uns, wie wir in Harmonie mit der Natur leben können.«

Er selbst kam mit seinen Leuten oft hierher. »Wir bleiben ein paar Tage oder eine Woche, campen und leben wie unsere Vorfahren. Wir versuchen zu hören, was sie uns zu sagen haben.«

Fred war der Meinung, jeder sollte einmal die Gelegenheit haben, ein Jahr wie seine Vorfahren zu leben – ohne Strom und fließendes Wasser, sich das Essen selbst jagen oder sammeln. Das würde alles verändern.

Dort im Mystery Valley, abseits der Hektik der modernen Zivilisation, fiel es mir nicht schwer, mir vorzustellen, dass die Anasazi unter uns waren. Ich empfand ein Gefühl des Friedens, Teil dieser Landschaft und dieser Menschen zu sein, die vor vielen Hundert Jahren hier gelebt hatten. Es war das Wissen, dass Raum und Zeit wirklich unbedeutend sind.

Die Geschichte der Anasazi und ihr geheimnisvolles Verschwinden ließen mir keine Ruhe. Ich besuchte noch weitere ihrer Ruinen, setzte mich zwischen die verfallenen Häuser und versuchte zu verstehen, wie ihr Leben gewesen war und warum sie es verlassen hatten. Vielleicht hatte dieses isoliert lebende Volk nicht immer »in Harmonie mit der Natur« gelebt, so wie Fred es sah, und vielleicht war gerade das sein Untergang gewesen.

Was war geschehen? Warum verschwindet eine Hochkultur? Und vor allem: Kann uns das in unserer heutigen Zeit auch passieren?

Heute, mehr als zwanzig Jahre nach meinem Besuch im Südwesten, scheint das Geheimnis zum großen Teil wissenschaftlich gelöst zu sein. Es war nicht ein einziges Ereignis, sondern eine Kombination mehrerer Faktoren, die zum Untergang der Anasazi geführt haben. Schuld war eine Verkettung verschiedener Umstände: eine Bevölkerungsexplosion, politische Unruhen und zusätzlich klimatische Veränderungen. Kommt Ihnen das bekannt vor?

Wenn wir auf das Leben der Anasazi in der Vergangenheit schauen, können wir vielleicht einen Blick in unsere eigene Zukunft werfen. Der Lebensraum der Ureinwohner war eine Landschaft der Extreme – mit Hochebenen, tiefen Canyons und flachen Wüstenbassins. Das Land war trocken mit nur wenigen Flüssen, die ganzjährig Wasser führten. Im Winter fiel Schnee und im Sommer waren die Temperaturschwankungen extrem mit Nächten unter null Grad und Tageswerten von über vierzig Grad.

Das Überlebenssystem der Anasazi war hochkomplex und funktionierte perfekt. Die Landwirtschaft florierte dank ausgeklügelter Bewässerungssysteme und einem hervorragenden Transportnetz. Die Bevölkerung nahm ab 800 n. Chr. rapide zu. Für Brennholz und für die Dachbalken ihrer großen, oft sechsstöckigen Häuser mit sechshundert Zimmern brauchten sie zunehmend mehr Holz, das von immer weiter her herangeschafft werden musste. So breitete sich die Abholzung aus und das Brenn- und Bauholz wurde knapp.

Als das Land um 1130 von einer extremen Dürre heimgesucht wurde, konnte die Bevölkerung damit nicht mehr fertig werden. Sie ließ den Grundwasserspiegel so weit sinken, dass die Pflanzenwurzeln ihn nicht mehr erreichten. Die Landwirtschaft kam zum Erliegen. Bald konnten nicht mehr alle Bewohner versorgt werden. Die Kluft zwischen Arm und Reich wurde breiter, soziale Spannungen entstanden. Dörfer siedelten an Orte um, die sich besser verteidigen ließen; manche standen auf Felsklippen, andere hatten Wassergräben und Türme. Die neu angekommenen Stämme der Apachen und Navajo traten in Konkurrenz um die Ressourcen. Gewalt und Kriege nahmen zu. Archäologen fanden Skelette, in denen Pfeilspitzen steckten, und Hinweise auf Hungertod und Kannibalismus.

Die Anasazi hatten sich einer komplexen Gesellschaft verschrieben. Sobald diese durch die Wechselwirkung von Umweltschäden und Klimawandel zusammengebrochen war, konnten sie sie nicht wieder aufbauen.

Kann dies auch uns geschehen? Heute gibt es fast acht Milliarden Menschen auf der Erde. Wälder werden im großen Stil abgeholzt, Bodenschätze rücksichtslos ausgebeutet. Wir wissen, was durch die Klimaveränderung auf uns zukommt. Soziale Konflikte begleiten uns bereits heute im Alltag. Bleibt die Frage, ob wir aus den Fehlern der Anasazi lernen können oder ob uns bald ebenso der Untergang droht.

Auf meiner Reise ins Navajo-Land hatte ich einen Blick in die Vergangenheit der Ureinwohner werfen können. Ich hatte erfahren, welche ökologischen und kulturellen Folgen das Handeln eines Volkes für die Zukunft haben kann. Dabei habe ich erschreckende Parallelen zu unserem eigenen heutigen Leben gesehen.

Dieses Reiseabenteuer war ein Geschenk. Ich war aufgebrochen, um »anders« unterwegs zu sein, ohne Planung und nur meiner Intuition folgend. Ich hatte meinen Horizont erweitern wollen, raus aus der Komfortzone, achtsam sein und dem vertrauen, was kommt. Vielleicht ist das der eigentliche Sinn des Abenteuers. Wir müssen keine Kontinente erobern oder Weltmeere überqueren. Alles, was wir tun müssen, ist, die Perspektive ändern, fremde Länder und Menschen von einer anderen Seite kennenlernen und – hoffentlich – verstehen. Das kann jeder überall. Neue Wege gehen, in der Natur sein, eine Wanderung auf dem Weg, der am wenigsten begangen ist, oder ein Zug nach »Irgendwo«, wie Georg, mein Tiefkühlverkäufer, ihn genommen hat.

AM WALDEN POND

Als ich Anfang 1990 für fast ein Jahr in die Wildnis von Minnesota zog, tat ich dies, weil ich mich in einen Kanubauer verliebt hatte, der in einer Blockhütte ohne Strom und fließendes Wasser mitten im Wolfs- und Bärengebiet lebte.

Heute würde man das Leben, das ich damals geführt habe, als »nachhaltig« bezeichnen. Für mich war es ein sehr bescheidenes Leben und noch dazu ein Knochenjob. Ich hatte keine Ahnung, auf was ich mich eingelassen hatte. Die Realität widersprach all meinen Vorstellungen vom romantischen Cabin-Leben in der Wildnis. Neben Holzhacken und Kanubauen lernte ich vor allem, mich auf mich selbst zu verlassen und zu erfahren, mit wie wenig man im Alltag auskommen kann.

Ich mag es, möglichst einfach und bescheiden zu leben. Es gefällt mir, wenn mein Umfeld klar und überschaubar ist. Ein mit »Zeugs« vollgestopftes Haus überfordert mich. Am glücklichsten war und bin ich immer in den kleinsten Unterkünften: im Zelt, dem Wohnmobil, der Blockhütte.

Als ich 1986 für vier Monate mit meinem Hund Klops nach Vancouver in Kanada ging, um an der University of British Columbia zu studieren, suchte ich vergeblich nach einer Wohnung. Mit Hund hatte ich keine Chance, zumal gerade die Weltausstellung Expo '86 stattfand und sämtliche Unterkünfte der Stadt ausgebucht waren – ich habe zu Beginn dieses Buches schon darüber berichtet. Kurzerhand mietete ich einen kleinen Camper, in dem wir beide – Klops und ich – lebten. Es gab einen Tisch, der sich zum Bett umfunktionieren ließ, einen Gaskocher, ein Spülbecken und eine chemische Toilette, die ich als Schublade aus dem Kleiderschrank herausziehen konnte. Mehr nicht – und dennoch war ich in diesem einfachen Leben so glücklich wie nie.

Unter der Woche parkte ich auf dem Campus, am Wochenende fuhr ich in die Berge oder ans Meer. Ich duschte am Uni-Pool und wusch meine Wäsche in Münz-Waschsalons. Selten habe ich mich so frei gefühlt.

Später, während meiner Wolfsforschung in Montana, mietete ich eine Blockhütte. Wenn ich als Reisejournalistin in den USA unterwegs war, lebte ich in Wohnmobilen oder schlief im Auto. Das einfache Leben, bei dem ich mich auf das Wesentliche konzentrieren kann, macht mich glücklich.

Anstoß für diese Sehnsucht haben mir vor sehr langer Zeit die Bücher von Henry David Thoreau und Ralph Waldo Emerson gegeben. Diese Autoren waren die Exponenten einer Bewegung, die sich »Transzendentalismus« nennt und die Auffassung vertritt, das Wesentliche könne der Mensch erst erfahren, wenn er sich mit seinem ganzen Wesen dem Erlebnis der Natur aussetzt: eine Erkenntnis, der ich aus vollem Herzen zustimmen kann.

Besonders Henry David Thoreau fasziniert mich. Der Schriftsteller und Naturforscher war achtundzwanzig Jahre alt, als er 1845 beschloss, eine kleine Hütte an einem See zu bauen, um sich dort für eine Weile dem Tumult der Zivilisation zu entziehen. Der See[23] heißt »Walden«, und so nannte er das Buch, das er später darüber schrieb: *Walden oder Leben in den Wäldern*, eines der bedeutendsten und berühmtesten Werke amerikanischer Literatur und heute die »Bibel« vieler Minimalisten. Thoreau sehnte sich nach Ruhe und Einsamkeit und wollte »dem eigentlichen, wirklichen Leben auf die Spur kommen«. Er schreibt mir aus der Seele:

Ich zog in die Wälder, weil ich den Wunsch hatte, mit Überlegung zu leben, […] und zu ergründen, ob ich nicht lernen könnte, was ich lehren sollte, um beim Sterben vor der Entdeckung bewahrt zu bleiben, daß ich nicht gelebt hatte. Ich wollte nicht das Leben, was kein

Leben war. Das Leben ist so kostbar. [...] Ich wollte tief leben, alles Mark des Lebens aussaugen, so herzhaft und spartanisch leben, daß alles, was nicht Leben war, aufs Haupt geschlagen würde.[24]

Der allgemeinen Vorstellung nach verschwand Thoreau in den Wäldern und hauste abgeschieden in seiner Hütte. In Wahrheit hat er aber der Zivilisation nie ganz den Rücken gekehrt. Eher war er so etwas wie ein Feierabend-Eremit. In seinem Häuschen hat er weniger gelebt, als dort gewohnt. Regelmäßig wanderte er drei Kilometer in die Stadt nach Concord und wieder zurück, um bei seiner Mutter zu Abend zu essen oder ihr die schmutzige Wäsche zu bringen. Einsiedelei war auch nicht seine Absicht. Ihm ging es darum, seinen Blick zu schärfen, sich auf das Wesentliche zu besinnen. Von Anfang an hatte er geplant, wieder in die Zivilisation zurückzukehren, was er nach zwei Jahren, zwei Monaten und zwei Tagen auch tat. Er war ein Aussteiger, aber ein Aussteiger auf Zeit, der noch dazu bestens vernetzt war mit anderen berühmten Romanautoren und Denkern: Mit Ralph Waldo Emerson, der in seinem Buch *Natur* die Ansicht vertrat, dass Menschen in einfacher Art und Weise und im Einklang mit der Natur leben sollten. Mit Nathaniel Hawthorne, Amerikas führenden Romancier *(Der scharlachrote Buchstabe)*. Und mit der Familie Alcott, deren hochbegabte Tochter Louisa May mit ihrem Roman *Betty und ihre Schwestern*[25] einen der großen amerikanischen Jugendbuchklassiker schrieb. Gemeinsam bildeten sie in Concord eine Art intellektuelles Zentrum der Vereinigten Staaten und trafen sich regelmäßig zum Austausch. Bei Einladungen zum Essen oder Spaziergängen diskutierten sie über ihre Ideen und über die Natur.

Es war immer mein großer Wunsch gewesen, Walden Pond mit eigenen Augen zu sehen. Nachdem ich mein Studium in Vancouver beendet hatte, fuhr ich mit dem Camper quer durch die USA an die Ostküste nach Massachusetts, um Concord und den Waldensee zu besuchen, der zu einer Art »Wallfahrtsort« für die

Umweltbewegung geworden war. Ich hatte Thoreaus Beschreibung des Ortes noch im Kopf, als ich ankam. Die Realität war ein Schock. Der im Buch so friedliche klingende Walden Pond gehört zu dem hundertzweiundzwanzig Hektar großen Naturschutzgebiet *Walden Pond State Reservation*. Der See und der Nachbau von Thoreaus Cabin liegen hinter der Stadtgrenze an der stark befahrenen Bundesstraße US 126 mit Tankstellen, Straßenschnellrestaurants und Hotels.

Ich stellte mein Auto auf dem Parkplatz ab und folgte den Wegweisern zum Nachbau von Thoreaus Hütte. Man hatte die Replik hier aufgestellt, wohl um den Besuchern den halbstündigen Fußweg zum Originalstandort zu ersparen.

Die Hütte ist etwa fünfzehn Quadratmeter groß und mit grauen Holzschindeln verkleidet. Die Eingangstür befindet sich an einem Ende, ein Kamin am anderen und zwei weiß gestrichene Schiebefenster auf jeder Seite. Die Tür stand offen, so wie sie auch zu Thoreaus Zeiten immer offen gestanden hat, um die Natur (Vögel, Schmetterlinge, Bienen) hineinzulassen. Es war noch früh, ich war allein. Behutsam betrat ich den Raum und versuchte, meine Erwartungen mit der Realität in Einklang zu bringen: ein schmales Bett, ein Schreibtisch und drei Stühle – »einen für die Einsamkeit, zwei für die Freundschaft und drei für die Gesellschaft«[26]. Das passte. Auf dem Schreibtisch lag ein Gästebuch. Die Kommentare reichten von »zauberhaft«, »tolles Haus!«, »OMG« (oh mein Gott), »Spinner« und »I love USA« über »Ich glaube nicht, dass ich hier leben könnte« oder »Ich vermisse die Einsamkeit«, bis hin zu einem leidenschaftlichen »Freiheit oder Tod!«. Ich fragte mich, was der Schriftsteller zu all dem sagen würde.

Als der erste Bus mit Touristen eintraf, wurde es mir zu voll. Ich folgte der grauen Steinmarkierung zu einem Waldweg, der ein wenig vom Seeufer abwich. Nach einer halben Stunde Fußweg hatte ich den ursprünglichen Standort von Thoreaus Hütte erreicht, den er mit offensichtlicher Sorgfalt gewählt hatte. Er wollte sie nicht am Wasserrand haben, wo sie zu sichtbar gewesen wäre und es zu feucht hätte werden können. Sie stand auf einer kleinen Anhöhe, wo er durch die Bäume auf den Teich hinunterblicken konnte. Es war die erste Behausung, die er besaß, mit Ausnahme eines Zeltes.

Am Originalort konnte ich zum ersten Mal den Geist von *Walden* spüren. Neun Granitblöcke, durch eine Eisenkette verbunden, markierten das Fundament und die Türöffnung der Hütte. In einen der Granitblöcke war die Inschrift *Site of Thoreaus Cabin, discovered Nov. 11, 1945 by Roland Wells Robbins*[27] eingraviert. Ein flacher Stein im Inneren zeigte die genaue Lage des Schornsteins an. Auf einer Holztafel am Hüttenstandort stand die »Ich zog in die Wälder«-Passage aus dem Buch.

Das alles hat – heute wie damals – einen Hauch von Heiligenverehrung, was wohl auch daran liegt, dass Thoreau für viele Amerikaner den Status eines weltlichen Heiligen erlangt hat.

Den Rücken an einen Baum gelehnt, setzte ich mich auf den Waldboden und blickte hinunter auf den See. Nach Thoreaus Erzählung hatte ich mir alles größer vorgestellt, weitläufiger und zerklüfteter, eine »richtige« Wildnis, nicht dieses runde Stück Wasser, das man von jedem beliebigen Punkt seiner Uferlinie aus sehen kann.

Der See hat eine Tiefe von etwa dreiunddreißig Metern und war bei meinem Besuch von faszinierender Klarheit.[28] Je nach Blickwinkel und Tageszeit kann das Wasser blau, grün oder völlig transparent erscheinen. Thoreau berichtet, dass der Walden Pond von einigen als bodenlos bezeichnet wird.

An diesem warmen Tag im Oktober war es am Vormittag schon geschäftig, was wohl auch daran lag, dass dies einer der wenigen Süßwasserseen im Großraum Boston ist und deshalb viele Großstädter anzieht. Am Strand begannen die ersten Familien, Klappstühle und Tische aufzustellen. Kinder rannten hin und her, ein Jogger lief am Ufer entlang. Vieles war nicht so, wie ich es mir beim Lesen von Thoreaus Büchern vorgestellt hatte.

Im Grunde würde dieser Ort nichts bedeuten – wenn da nicht der Blick auf den See wäre, der mich damals sofort einnahm. Warum eigentlich? Nüchtern betrachtet ist Walden Pond ein ganz normales Gewässer, wie man es tausendfach überall finden kann. Was macht seine Magie aus? Ist es die Seele des Schriftstellers, die hier noch lebt? Seine Worte, die uns nicht loslassen?

Sobald ich zum See schaute, schien sich die Welt zu verändern. Seine Bedeutung, die in keinem Verhältnis zu seiner tatsächlichen Größe stand, ließ den Teich vor meinem geistigen Auge wachsen und pulsieren. Vereinzelt stiegen Nebelfetzen in hauchdünnen weißen Federn von seiner Oberfläche auf. Die roten und gelben Farben der Bäume im Herbstkleid spiegelten sich im klaren Wasser und regten dazu an, über die Natur zu philosophieren.

Thoreau verbrachte viel Zeit auf seinem Teich. Manchmal paddelte er mit einem Boot hinaus und spielte auf seiner Flöte. Oder er ging um Mitternacht fischen und trieb zwischen Wachen und Träumen hin und her, bis er wach wurde, wenn er einen Zug an seiner Angelschnur spürte.

Ich zog die Schuhe aus und lief barfuß den Strand entlang. Thoreau badete täglich; es war eine religiöse Übung für ihn. Ob wohl einer der Steine, die seine Füße berührt haben, hundertfünfundsiebzig Jahre später immer noch hier lag? Der Gedanke kam mir albern vor. Wie ein Teenager, der von seinem Star schwärmt. In gewisser Weise war und ist der Schriftsteller auch ein Idol für mich – und ein Vorbild.

Thoreau widmete der Natur, dem Lauf der Jahreszeiten und den Geschöpfen, mit denen er die Wälder teilte, große Aufmerksamkeit. Er erzählte von den Gewohnheiten einer ganzen Reihe von Tieren, vom Waldmurmeltier bis zum Rebhuhn. Einige davon hatten für ihn eine spirituelle oder psychologische Bedeutung. So wurde beispielsweise der Seetaucher, der mit ihm »Verstecken« spielte, zu einem Symbol für die Verspieltheit der Natur. Ein Ameisenkrieg, über den er stolperte, veranlasste ihn dazu, über die menschliche Kriegsführung zu meditieren. Thoreaus Interesse an Tieren war nicht das eines Forschers. Er beobachtete und beschrieb sie nicht neutral und wissenschaftlich, sondern gab ihnen eine moralische und philosophische Bedeutung, als ob jedes von ihnen eine besondere Lektion zu erteilen hätte.

Bevor ich Concord verließ, fuhr ich zum Friedhof von Sleepy Hollow, einem weitläufigen Gelände mit hügeligem Rasen und Wald, auf dem fast alle verstorbenen Dorfbewohner bestattet sind. Hier liegt Thoreau auf dem Autorenkamm begraben, zwischen den Familiengräbern der literarischen Größen: den Alcotts und Emersons und Hawthornes. Ein kleiner grauer Stein mit dem Wort »Henry« darauf zeugt von der Bescheidenheit und Genügsamkeit, mit der der Autor sein Leben geführt hat.

Obwohl so ganz anders, als ich es mir vorgestellt hatte, war Walden Pond ein wunderbarer Ort, um eines Natur-Schriftstellers zu gedenken, dessen Reflexionen über unsere Art zu leben Jahr für Jahr zutreffender wirken.

Später nahm ich noch einmal das Buch zur Hand: *Walden oder Leben in den Wäldern*. Jetzt erst fielen mir die vielen Tabellen auf, in denen der Autor seine Einnahmen und die Ausgaben für den Hüttenbau und seinen Lebensunterhalt akribisch notiert hatte. Er stellte die Kosten dem Stundenlohn gegenüber, den er mit seiner Arbeit erzielen konnte, und rechnete aus, wie viel Zeit er opfern musste, um seinen einfachen Lebenswandel zu gewährleisten. Er beobachtete seine Nachbarn, die umliegenden Farmer, bei ihren Tätigkeiten und fasste seine Erkenntnisse in einem der bekanntesten Sätze der heutigen Minimalismus-Bewegung zusammen: *Die Mehrzahl der Menschen verbringt ihr Leben in stiller Verzweiflung.*[29]

Kosten – Ausgaben und Anschaffungen – in Lebenszeit umzurechnen, ist eine großartige Idee. Brauche ich etwas wirklich oder kann ich gut ohne es leben? Was genau gewinne oder verliere ich? So gesehen liest sich *Walden* wie ein Simplify-Your-Life-Ratgeber.

Eine weitere Schrift Thoreaus ist zum politischen Manifest geworden: *Über die Pflicht zum Ungehorsam gegen den Staat.* Der Essay entstand, als der Autor für einen Tag ins Gefängnis musste, weil er sich geweigert hatte, Steuerschulden zu begleichen. Er wollte mit seinen Steuern nicht die Sklavenpolitik und den expandierenden Mexiko-Krieg der Regierung unterstützen.

Thoreau war kompromisslos und trat später der »Underground Railroad« bei, einer radikalen Widerstandsbewegung. Es war ein Netzwerk von Menschen, die Fluchtrouten für entflohene Sklaven aus den Südstaaten nach Norden (also in die nördlichen Bundesstaaten, aber auch nach Kanada) organisierten.

Auf die Pflicht zum Ungehorsam beriefen sich nicht nur Mahatma Gandhi und Martin Luther King, sie hat auch die amerikanische Bürgerrechtsbewegung inspiriert und die weltweiten Studentenproteste der Sechziger- und Siebzigerjahre mit unschlagbaren Argumenten ausgestattet. Und sie könnte heute der Leitfaden der jungen Aktivisten von *Fridays for Future* sein.

Thoreaus Werke sind heute – hundertfünfsiebzig Jahre später – aktueller denn je. Er befürwortete die Strenge, Einfachheit und Einsamkeit und betonte konsequent den Minimalismus seines Lebensstils und die daraus abgeleitete Genugtuung.

Bevor ich in die Wildnis zog, lebte ich im Überfluss. Gefiel mir etwas, habe ich es gekauft. Ich jettete regelmäßig durch die Welt und gab viel Geld aus, um Dinge zu kaufen, die ich nicht unbedingt brauchte. In die USA flog ich meist mit einem zweiten, leeren Koffer zum Shoppen. Jeans, Sneaker und Vitamine waren deutlich günstiger als bei uns. Mein Vorrat an Kopfschmerztabletten und Vitamin C hätte ausgereicht, um meine Familie und

Freunde während einer mehrwöchigen Pandemie zu versorgen. Amerika war ein einziger großer Supermarkt. Da es damals noch kein Amazon gab und viele englische Bücher in Deutschland nur schwer erhältlich waren, kaufte ich Bücher in Massen und schickte sie als Riesenpaket per Schiffsfracht nach Hause. Selbst Steine (!) wollte ich besitzen. Bergkristalle aus New Mexico, Flusskiesel aus Alaska, sie alle schmücken meine Wohnung und verwunderten damals manchen Beamten, wenn ich das Paket in Wetzlar beim Zoll in Empfang nahm. Ich war im wahrsten Sinne des Wortes »steinreich«. Aber war ich auch glücklich?

Thoreau sprach sich dafür aus, dass wir unseren Wohlstand nicht daran bemessen sollten, wie viel wir besitzen, sondern wie viel freie Zeit uns zur Verfügung steht. Die Zeit, die uns bleibt, wenn unsere Grundbedürfnisse befriedigt sind, ist der beste Maßstab für Wohlstand. Für Thoreau bedeutete das: *Der Mensch ist reich, gemessen an den Dingen, ohne die er auskommen kann.*

Was brauchen wir überhaupt für ein gutes Leben? Brauchen wir wirklich so viel?

In der Minimalismus-Bewegung gibt es die Hundert-Dinge-Challenge. Kann man seinen gesamten persönlichen Besitz auf einhundert Gegenstände begrenzen?

Probieren Sie es aus. Leeren Sie nur einen einzigen Schrank aus und zählen Sie den Inhalt. Sie werden schnell an ihre Grenze kommen und vielleicht auch die zehntausend Dinge, die angeblich jeder Deutsche im Schnitt besitzt, schon als illusorisch betrachten. Wir haben das Vertrauen verloren, dass das Leben auch mit einfachsten Mitteln gelingen kann. Dabei geht es nicht darum, möglichst wenig zu besitzen, sondern das Richtige. Die Idee ist: auf Dinge zu verzichten, die wir ohnehin nicht brauchen und die wir nur behalten, weil sie nun einmal da sind.

Manchmal breite ich zu Hause eine Decke auf dem Boden aus und lege darauf sämtliche Gegenstände, die ich in der Wildnis brauchen würde: Zelt, Schlafsack, Nahrung, Wasser, Kleidung, Werkzeug. Alles passt auf die Decke. Dagegen würde für den Inhalt meines Hauses selbst eine komplette Lagerhalle nicht ausreichen.

Das meiste ist eine Belastung. Ich habe viel zu viele Haushaltsgeräte in meinen Küchenschränken, zu viele Kleider im Kleiderschrank, zu viele Aktenordner, zu viele Verpflichtungen, die mich in alle Richtungen ziehen.

Wann immer ich aus der Wildnis zurückkehre, sehne ich mich mehr als sonst danach, mein Leben auf das Wesentliche zu beschränken. Ich nehme mir vor, in Zukunft sehr viel einfacher und genügsamer zu leben, nichts zu kaufen, was ich nicht wirklich brauche. Jeder Gegenstand, der mein Leben nicht bereichert, ist Platz- und Geldverschwendung, darum werde ich alles weggeben, was ich nicht benötige, und alle Aufgaben ablehnen, die nicht notwendig sind.

Und tatsächlich, es gelingt mir für eine Weile, Platz zu machen für Stille und Einfachheit. Ich lasse den Fernseher mit seinen brüllenden Nachrichten und der ködernden Werbung ausgeschaltet und gehe mit meiner Hündin wandern. Ich beschließe, jeden Moment zu verlangsamen und zu genießen, statt immer weiter in die Zukunft zu eilen.

Dass es möglich ist, genügsam und nachhaltig zu leben, habe ich im Extrem in Minnesota praktiziert.[30]

Die Blockhütte, in der ich mit meinem Wildnismann lebte, wurde mit Holz geheizt, Trinkwasser holten wir aus dem See, geschmolzener Schnee sorgte für Wasch- und Spülwasser. Strom gewannen und speicherten wir mit Solarzellen und Autobatterien. Für die seltenen Besuche im dreißig Kilometer entfernten Supermarkt fuhr ich im Sommer mit dem Fahrrad oder paddelte mit dem Kanu über die zahlreichen miteinander verbundenen Seen, im Winter nahm ich die Langlaufski. Fische angelten wir im See, und mein Partner schoss im Herbst einen Hirsch, der uns das ganze Jahr über ernährte. Das Fleisch lagerte in einer ausrangierten Gefriertruhe, die wir mit Eisblöcken bestückten. Diese wurden im Winter aus dem See geschlagen, mit Sägespänen bedeckt und in einem separaten Blockhaus deponiert. So blieben die weniger haltbaren Lebensmittel frisch.

In dem in den Boden gegrabenen Vorratskeller lagerten wir Kartoffeln und Möhren in mit Sand gefüllten Holzfässern bis zur nächsten Ernte. Auf Regalen standen eingemachtes Obst und Gemüse. In diesem Raum herrschte sommers wie winters eine gleichmäßige Temperatur.

Den Sauerteigansatz, der mir von Nachbarn geschenkt worden war, verlängerte ich immer wieder und backte daraus köstliches Brot im Holzofen. Im Sommer peppte ich die Speisekarte mit frischen Wildkräutern auf, die vor der Haustür wuchsen.

Und bei alldem haben wir fast keinen Müll produziert. Alles wurde (wieder-)verwertet. Über die Reste des toten Hirsches, die wir an der Cabin ausgelegt hatten, freute sich die Marderfamilie. Sogar unsere Hinterlassenschaften im Outhouse wurden im Herbst ausgegraben und als Dünger auf dem Gemüsefeld verteilt.

Mir fehlte in dieser Zeit nichts. Mein Heißhunger auf Gummibärchen und Lakritze war schnell verflogen, zumal ich extrem hart arbeitete. Ich war so fit wie noch nie in meinem Leben und schlief tief und fest. Natürlich schmerzte sehr oft jede Faser meines Körpers von der ungewohnten Arbeit, aber das ließ mich auch fühlen, wie lebendig ich war. Dieses einfache Leben machte mich kerngesund.

Henry David Thoreau hat täglich im Waldensee gebadet. Das wollte ich auch in Minnesota probieren. Schwimmen in einem See gehört wohl für alle Aussteiger zum Wildniserlebnis dazu. Sobald auf unserem See die erste Ecke eisfrei war, machte ich mich bereit.

Wer im Winter baden geht, hat zwei Feinde: den Wind und den Schweinehund. Dem Wind kann man aus dem Weg gehen.

Den inneren Schweinehund kann man einfach nur hinnehmen. Mit kleinen Schrittchen lernte ich meine Grenzen kennen. Eisbaden liegt derzeit als *das* Gesundheitsrezept im Trend. Heute tragen die Profis Neoprenschuhe und Handschuhe. Dadurch verliert der Körper nicht so viel Wärme. Das alles gab es damals noch nicht. Dafür hatte das Wasser nur null Grad, weil es durch die dicke Eisschicht geschützt war.

Das erste Mal im Winter in einen See zu steigen, war ein völlig neues Gefühl für mich. Eine Mischung aus Panik, Anstrengung und Neugier. Was passiert mit mir? Werde ich überleben? Mutig und entschlossen benetzte ich zuerst die Beine und Arme mit Eiswasser und rannte halb hüpfend hinein. Eine eisige Hand presste die Luft aus meiner Lunge. Jede Faser meines Körpers erstarrte. Es war der totale Kontrollverlust. Ich versuchte, mich auf die Atmung zu konzentrieren – tief ein und noch länger aus. Das beruhigte irgendwie mein rasendes Herz. Im Wasser drehte ich mich im Kreis, schaute auf die Landschaft und in den Himmel. Dann fing mit aller Macht der Schmerz an und die Angst. Ich kletterte schnell ans Ufer. Meine Haut war krebsrot, ich schlotterte. Schnell schlüpfte ich in die Schuhe, damit meine nackten, nassen Füße auf dem Eis nicht anfroren. Ich trocknete mich ab und zog mich an. Dann rannte ich los, immer im Kreis, auf und ab springend. Bewegung musste mich vor dem Kältetod retten. Es dauerte eine Weile, aber dann überwältigte mich eine wohlige Wärme und die so oft beschriebene Euphorie, überlebt zu haben. Jetzt hätte ich Bäume ausreißen können. Es war ein erfrischendes, aber auch sehr beängstigendes Erlebnis.

Wasser, Feuer, Sonnenschein, Regenbogen – die schönsten Geschenke der Natur sind völlig kostenlos. Warum um alles in der Welt glauben wir, dass uns nur viel »Kram« glücklich machen kann? Das größere Auto, das neuere Smartphone, die weiteren Reisen.

Dabei haben Reduktion und Genügsamkeit in unserem materiellen Leben auch positive Auswirkungen auf die Umwelt.

Ich habe kürzlich meinen »ökologischen Fußabdruck« (in »gha«, globale Hektar) ermittelt. Auf der Seite fussabdruck.de werden dreizehn Fragen aus den Bereichen Ernährung, Wohnen, Konsum und Mobilität gestellt. Das Ergebnis war erschütternd: Ich hatte einen ökologischen Fußabdruck von 4,4 gha, geringfügig unter dem durchschnittlichen deutschen (4,9) und deutlich über dem der Welt (2,8). Ein nachhaltiger Fußabdruck hätte einen Wert von 1,7. Am schlimmsten hat mein Haus abgeschnitten – okay, ich werde jetzt einen Umzug in eine kleine Wohnung oder ein Tiny House in Angriff nehmen. Auch die Mobilität ist noch zu hoch, obwohl ich zu allen Lesungen und meist auch in den Urlaub mit dem Zug fahre.

Was den CO_2-Ausstoß betrifft, so liege ich mit 10,88 Tonnen geringfügig unter dem deutschen Durchschnitt von 11,6 Tonnen. Umgerechnet auf die Weltbevölkerung würde ich mit dem Leben, das ich jetzt führe, 2,6 Erden benötigen. Wenn ich an die ersten Jahrzehnte meines Lebens zurückdenke – besonders an meine beruflichen Reisen –, dann habe ich bei den vielen Transatlantikflügen vermutlich zwanzig oder mehr Erden verbraucht. Grund genug, es jetzt besser zu machen.

Fliegen ist ein heikles Thema für mich, denn ich habe einen großen Teil meines Lebens im Flugzeug verbracht. Ging ich an Bord, war ich zu Hause. Die Schuhe gegen dicke Socken getauscht, das Buch und die Wasserflasche in die Rückentasche des Vordersitzes gesteckt, Kopfkissen und Decke vom Plastikbezug befreit und das Handgepäck unter dem Vordersitz verstaut. All dies tat ich automatisch, bevor ich mich mit einem Seufzer der Erleichterung in den Sitz fallen ließ. Ah ... angekommen. Ich genoss jeden Moment: Wenn beim Start die Maschine mit der Nase durch die Wolken in den blauen Himmel stieß und unter mir die Erde in all ihrer Schönheit vorbeiglitt. Wenn wir über die schneebedeckten Alpen oder über die Gletscher von Grönland flogen oder mitten in das Nordlicht hinein. Noch heute treibt mir die Erinnerung an diese Augenblicke Tränen der Dankbarkeit in die Augen.

In den Siebzigerjahren war der Klimawandel kein Thema. Heute wächst die Zahl der Fluggäste kontinuierlich weiter – plus sieben Prozent waren es 2017 – auf 4,1 Milliarden[31]. Etwa drei Prozent der Weltbevölkerung gönnen sich den Luxus, mindestens einmal jährlich zu fliegen. Und gerade Fliegen ist das Schlimmste, was man als Individuum dem Klima antun kann.

Sollen wir damit aufhören?

Viele sagen, sie würden gerne, aber dann müsse die Bahn pünktlicher werden. Lieber zerstören wir die Lebensbedingungen von künftigen Generationen, als Verspätungen und Unannehmlichkeiten in Kauf zu nehmen.

Wie konsequent bin ich selbst? Ich gestehe, ich schaffe es immer noch nicht, vollständig auf das Fliegen zu verzichten, obwohl ich inzwischen lieber mit dem Zug fahre, vor allem innerhalb Deutschlands. In einem überfüllten Flugzeug eingequetscht zu sein, macht keinen Spaß. Kürzlich musste ich zu Lesungen und Buchpräsentationen nach London und Tallin. Ich bin geflogen, weil eine Bahnreise deutlich länger gedauert hätte und sehr viel teurer geworden wäre. Das ist inkonsequent, ich weiß. Aber ich bin nicht perfekt. Ich habe nicht den Mumm der großartigen Greta Thunberg, die das, was sie anmahnt, auch lebt. Ich könnte nicht mit dem Segelboot über den Atlantik fahren. Abgesehen davon bin ich dafür auch nicht seefest genug.

Wenn ich das Klima schützen will, muss ich lernen, zwischen Bedürfnissen und Wünschen zu unterscheiden, und mich im Neinsagen üben. Es geht nicht um totalen Verzicht, sondern um kluges Reisen. Große Flugreisen auf andere Kontinente habe ich aus meinem Leben gestrichen. Als Konsequenz fliege ich auch nicht mehr zur Wolfsforschung nach Montana. Ich versuche, nach meinen Idealen zu leben, und überlege bei jeder Reise, die ich plane, ob der Grund dafür eine Notwendigkeit oder mein Privatvergnügen ist.[32] Wenn ich den Schutz unserer Umwelt ernst nehme, muss ich auch meine Rolle darin ernst nehmen.

Aber es sind nicht allein unsere tatsächlichen – physischen – Aktivitäten wie Reisen, Wohnen oder Essen, die der Umwelt schaden. Um nachhaltig und genügsamer zu leben, sollten wir uns auch unsere digitalen Aktivitäten näher anschauen.

Das Internet ist unser zweites Zuhause. Hier kommunizieren, konsumieren und arbeiten wir täglich. Während wir in der analogen Welt inzwischen fast alles auf Klima- und Umweltverträglichkeit überprüfen, bleibt die digitale ziemlich unberührt davon. Und das, obwohl unsere Computernutzung sehr wohl Auswirkungen hat.

»Ich bin kein Umweltsünder. Ich verbrauche keine Ressourcen. Ich kaufe keine Bücher oder DVDs, sondern streame meine Filme und Musik«, sagte kürzlich in einer Diskussion stolz ein junger Mann. Vergessen hatte er offensichtlich, dass die Unmengen Daten, die er auf Netflix, Amazon Prime, Twitter, Instagram, Facebook, YouTube und Co. abruft, sehr viel Strom brauchen. Digitale Videos kommen in sehr großen Dateien, und die werden mit jeder neuen Generation mit höherer Auflösung noch größer.

Insgesamt ist die digitale Technologie für ungefähr vier Prozent der weltweiten CO_2-Emission verantwortlich.[33] Das Internet erzeugt etwa so viel CO_2 wie der weltweite Flugverkehr. Mit der Nutzung unserer Computer, Tablets, Laptops und Smartphones tragen wir also alle erheblich zum Klimawandel bei.

Für ihre Projekte CO_2GLE und Deforest hat die Netzkünstlerin Joana Moll den CO_2-Abdruck von Google ausgerechnet. Um eine Sekunde Suchanfragen weltweit wiedergutzumachen, bräuchte es dreiundzwanzig Bäume.[34] Denn hinter der Suchmaschine stecken unzählige Energie fressende Serverfarmen. Auf der Seite janavirgin.com/CO$_2$/ habe ich meinen direkten Verbrauch von CO$_2$ in Kilo bei Google verfolgt. Das hat mich so erschreckt, dass ich die Seite sofort wieder geschlossen und Google als Suchmaschine durch »Ecosia« ersetzt habe. Die gleicht den CO$_2$-Ausstoß aus, indem für jede Suchanfrage Bäume gepflanzt werden.

Wenn ich wirklich etwas gegen den Klimawandel tun will, macht es wenig Sinn, bei Instagram mein veganes Essen, die Fahrradtour oder den Einkauf aus dem Unverpackt-Laden zu posten, um gleich darauf die neuesten Netflix-Filme anzuschauen.

Ich frage mich, wie Thoreau und seine Freunde in der heutigen Zeit miteinander kommunizieren würden. Würde er heute eine WhatsApp-Gruppe gründen? Wie viele Follower hätten seine Ideen und Gedanken zu Natur und Nachhaltigkeit auf seinem Instagram- oder Facebook-Account?

Ich glaube, dass wir Menschen so sehr mit uns selbst beschäftigt sind, dass wir nicht mehr über den Rand unseres Smartphones hinausschauen. Wir sehen durchaus, was unser Handeln auslöst. Wir klagen »wie schrecklich«, ändern aber nichts. Wir fliegen mit Billigairlines in den Urlaub oder machen die zehnte Kreuzfahrt. Wir kaufen den neuesten SUV, mit dem wir unsere Kinder zur Schule um die Ecke fahren. Wir tun das alles, obwohl wir wissen, dass wir es nicht tun sollten. Es ist uns egal. Hauptsache, uns geht es gut. Wir ersticken an unserem Egoismus und leiden unter einem massiven Mangel an Menschlichkeit. Und unsere eigenen klugen Kinder schwänzen die Schule, um uns darauf aufmerksam zu machen, dass das, was wir tun, falsch ist.

Kann ich als Einzelner überhaupt etwas verändern, wenn Millionen andere so weitermachen wie bisher? Jede Veränderung beginnt mit einem ersten Schritt. Mehr Nachhaltigkeit in das eigene Leben zu bringen, ist eine Option, die jeder von uns hat. Wir müssen uns nur auf die wahren Werte des Lebens besinnen und darauf, worauf es für uns ankommt.

Genügsamkeit ist ein fortlaufender Prozess. Wer einmal damit begonnen hat, wird merken, wie befreiend es ist, Dinge wegzugeben. Über das Ausmisten und Simplifying sind zahlreiche Bestseller geschrieben worden. Es gibt keine Allgemeinregel, jeder muss für sich alleine herausfinden, auf was er verzichten kann und wie viel er braucht. Wie kann ich in meinem deutschen Alltagsleben bescheidener leben und dabei noch der Umwelt etwas Gutes tun?

Mein persönliches Genügsamkeitsrezept ist einfach: Meine Prioritäten entsprechen meinen Werten und Wünschen. Ich umgebe mich mit Dingen, die ich liebe, und lehne jeden überflüssigen, sinnlosen Kram ab. Ich entscheide bei jedem Gegenstand, den ich kaufe oder besitze, ob er mein Leben reicher, glücklicher macht.

Ich kaufe keine Billigkleidung mehr, sondern gute Qualität Made in Germany, damit die Sachen lange halten. Alternativ shoppe ich in Secondhand-Läden oder tausche Kleider mit Freundinnen.

Jedes meiner sechs Paar Schuhe trage ich so lange wie möglich. Wenn die Sohlen abgelaufen sind, bringe ich sie zum Schuster – und ja, den gibt es noch. Oder ich verwende meine alten Schuhe für Hundespaziergänge und zuletzt als Gartenschuhe. Muss ich die lieb gewordenen Begleiter dann entsorgen, tue ich das mit einem Schuss Wehmut – und Dankbarkeit. Zu Lesungen und den meisten Veranstaltungen trage ich inzwischen immer dasselbe Outfit, in dem ich mich wohlfühle. Das erspart mir Zeit und Geld fürs Shoppen. Die meisten Bücher kaufe ich gebraucht. Neue Bücher erwerbe ich in meiner kleinen Lieblingsbuchhandlung. Für jedes neu angeschaffte Buch verkaufe oder verschenke ich ein altes. Nur wenige Lieblingsbücher behalte ich.

Die Einrichtung meines Hauses stammt größtenteils vom schwedischen Möbelhaus. Das mag vielleicht nicht nachhaltig sein, aber dafür sind meine Billy-Regale schon über zwanzig Jahre alt. Einige wenige neue Möbelstücke, die ich mir geleistet habe, sind hochwertig und halten hoffentlich bis an mein Lebensende. Meine letzte Anschaffung war ein Esstisch aus unbehandelten Schwerholz-Paletten, den mir ein Schreiner nach meinen Wünschen angefertigt hat. Nachhaltiger geht es kaum.

In meinem zwölf Jahre alten Hyundai Atos kann ich die Hundekiste für Shira nur transportieren, weil ich die Rückbank ausgebaut habe. Zu Lesungen fahre ich mit dem Zug, zum Einkaufen mit dem Fahrrad.

Und ja, natürlich gönne ich mir auch etwas. Das gehört dazu. Durch mein bescheidenes Leben spare ich viel Geld, das ich gerne ausgebe: für ein gutes Restaurant mit Essen aus nachhaltigen, lokalen Produkten. Oder ich nehme mir Auszeiten in schönen kleinen Hotels und Pensionen, abgeschieden und in herrlicher Natur, wo ich mit meiner Hündin wandern kann.

Wandern ist für mich die schönste und nachhaltigste Art, Urlaub zu machen. Es kostet nichts und verschwendet keine Ressourcen. Wer offen und achtsam durch die Natur geht, wird sich automatisch mit Nachhaltigkeit beschäftigen und sich mit dem eigenen Lebensstil auseinandersetzen. Hier wurde ein Grillfeuer angezündet, dort Müll hinterlassen. Ich habe immer eine Mülltüte dabei und sammele ein, was ich unterwegs finde – sofern ich es tragen kann. Leider wird immer mehr Hausrat und Elektroschrott im Wald entsorgt. Niemand, der längere Zeit in der Natur ist, kommt unverändert zurück.

Von Thoreau habe ich gelernt, die Kosten einer jeden Anschaffung auf Lebenszeit umzurechnen. Wenn es also um die Dinge geht, ohne die ich auskommen kann, dann fühle ich mich mächtig reich.

Aber es geht nicht nur um mich, sondern um diesen wunderbaren Planeten, den wir durch unsere immer größere Gier zerstören.

Wir leiden unter dem Irrglauben, dass es immer genug Wasser, Land oder Holz geben wird und dass Öl immer billig sein wird. Wir setzen Wohlbefinden mit Wachstum gleich. Wir vergrößern unsere Bevölkerungszahl und dehnen unsere Herrschaft über jeden einzelnen Zentimeter der Erde aus. Wenn wir überleben wollen, müssen wir Zurückhaltung lernen und anderen Lebewesen Raum zum Atmen lassen. Wir müssen uns für ein einfacheres und nachhaltigeres Leben entscheiden.

In der Natur zerstören Tiere niemals ihren eigenen Lebensraum. Und wir? Extensive Landwirtschaft vergiftet unsere Nahrungsgrundlage, wir legen Feuchtgebiete trocken und betonieren Wälder für Straßen und Wohnraum zu. Für jede Stimme, die ruft: »Simplify! Vereinfache! Reduziere!«, rufen Dutzend andere: »Erweitere! Verstärke! Vergrößere!«

Was können wir tun? Wir könnten drastisch unseren Konsum an Nahrung, Benzin, unseren Gebrauch von Holz und Metall, die Größe unserer Häuser und Autos und die Menge unserer Kleidung reduzieren und würden erkennen, dass wir keinen Mangel erleiden. Und wir könnten den Überschuss für andere Dinge verwenden und das teilen, was wir haben.

Weniger belastet durch Besitz, weniger in den Wahnsinn getrieben durch Aktivitäten, könnten wir mehr mit unseren Kindern spielen, uns um unsere Alten kümmern, Blumen pflanzen, Bücher lesen, Musik machen, die Vögel im Garten beobachten. Wir könnten uns besser um unser Land kümmern.

Thoreaus Frage, was im Leben wirklich von Bedeutung ist, und sein leidenschaftliches Plädoyer für Verantwortung, Selbstbestimmung und ein naturnahes, ressourcenschonendes Leben haben dazu geführt, dass ich mein eigenes Leben überdacht und geändert habe.

In der Wildnis habe ich erfahren, dass ein einfaches, bescheidenes Leben uns glücklich machen kann. Man braucht sich nicht den Kopf zu zerbrechen. Es reicht, die Dinge so zu nehmen, wie sie kommen, sich ganz dem Alltag zu überlassen. Glück finde ich nicht in Äußerlichkeiten. Es kommt von innen.

Genügsamkeit ist ein Geschenk, das nicht nur gut ist für uns, sondern auch für unsere Umwelt.

DIE GROSSE STILLE

Es war kalt an diesem Februarmorgen in Montana. Der fahle Schein der aufgehenden Sonne umhüllte die Konturen der Barronette-Gipfel im Norden des Lamar Valley, während das Thermometer langsam aus den unwirtlichen Tiefen von minus dreißig Grad Celsius nach oben kletterte.

Nach zwei ausgebuchten Wolfstouren gönnte ich mir eine Auszeit und freute mich auf eine Wanderung zum Akklimatisierungsgehege des Rose-Creek-Rudels. Es ist das einzige Gehege, das seit der Wiederansiedlung der Wölfe 1995 noch steht – hauptsächlich als stählernes Denkmal für die Rückkehr der großen Beutegreifer.

Auf dem Parkplatz der Buffalo Ranch mitten in Yellowstones Lamar Valley schnallte ich die Schneeschuhe an, denn von nun an gab es keine festen Wege mehr. Der Trail führte hoch in die Berge. Obwohl vor mir schon einige Wanderer hier entlanggegangen waren, musste ich aufpassen, mich nicht zu verlaufen, denn der viele Neuschnee hatte ihre Spuren fast zugeweht. Mit einem Picknick und einer Thermoskanne Tee im Rucksack marschierte ich los. Anfangs lief ich noch kleinere Umwege um die Bisons herum, die es sich mitten auf dem Trail bequem gemacht hatten. Sie sahen friedlich aus, diese riesigen dunklen Ungetüme. Aber ich weiß, dass sie sehr wütend werden können, wenn man sie reizt oder stört, und ich wollte es nicht darauf ankommen lassen.

Der eben noch breite Trail wurde immer schmaler und schlängelte sich aufwärts über weite Bergwiesen, die nun unter einer dicken Schneeschicht verborgen lagen. Gelegentlich kam ich an einem Baum mit langen Rillen in der Rinde vorbei: Kratzspuren von Bären. Jetzt im Februar bestand jedoch keine Gefahr, von Meister Petz überrascht zu werden, da die Grizzlys noch gemütlich in der Winterruhe lagen.

Der Schneeschuhpfad zum Rose-Creek-Gehege ist länger als der Sommer-Trail, der durch die Wälder führt und der jetzt im Winter zu steil und unwegsam gewesen wäre. Gelegentlich blieb ich auf einer Anhöhe stehen und genoss den weiten Blick ins Lamar Valley, wo der Schnee unter der höher steigenden Sonne glitzerte. Neuntausend Quadratkilometer Einsamkeit erstreckten sich vor und hinter mir; eine Landschaft aus Feuer und Eis, in der alle großen Tierarten dieses Kontinents leben.

Kein Laut war zu hören außer meinem angestrengten Atem und dem Knirschen des Schnees unter den Schneeschuhen. Die Sonne entwickelte langsam ihre Kraft. Längst hatte ich meine dicke Daunenjacke in den Rucksack gepackt und durch eine dünnere Fleecejacke ersetzt. Die Sonnenstrahlen brannten auf meiner Haut. Nur zu leicht vergisst man, dass man sich hier auf 2500 Metern Höhe befindet. Das Steigen mit Schneeschuhen strengte jetzt mehr an. Nach drei Stunden schweißtreibendem Fußmarsch sah ich in der Ferne den Metallzaun silbern hinter den Bäumen schimmern. Noch einen kleinen Hügel erklimmen und ich war da. Im Schnee entdeckte ich Spuren, von denen ich nicht ausmachen konnte, ob sie von Kojoten oder ihren großen Verwandten stammten. Die Kojoten von Yellowstone sind sehr kräftig und werden von Touristen oft mit Wölfen verwechselt. Die Sonne hatte die Kanidenspuren vor mir teilweise geschmolzen und dadurch schwer identifizierbar gemacht. In dem Gebiet, in dem ich jetzt wanderte, lag die bevorzugte Wurfhöhle der Druid-Peak-Wölfe. Es konnte also durchaus sein, dass sich das Rudel hier in der Nähe aufhielt.

Endlich hatte ich das kreisrunde Gehege erreicht. Schwer atmend vom Aufstieg, näherte ich mich der Umzäunung. Die Sonne hatte einen Teil des Schnees getaut. Ich zog die Schneeschuhe aus, öffnete das Tor und schloss es hinter mir. Die hölzernen Schutzhütten, die seinerzeit für die Wölfe gebaut worden waren, zerfielen langsam. An Stellen, wo der Schnee geschmolzen war, lagen noch ein paar ausgeblichene Hirschknochen.

Ich setzte mich auf ein trockenes Plätzchen. Den Rücken an eine alte Kiefer gelehnt, hatte ich einen weiten Blick auf die umliegenden Berge. Wie haben sich wohl die ersten Wölfe gefühlt, die 1995 aus der kanadischen Freiheit hierhergebracht worden waren? Herausgerissen aus ihren Familien, betäubt, von Menschenhänden vermessen und gewogen, in enge, dunkle Metallkisten eingesperrt und in dieses Gehege transportiert. Die Tür öffnete sich, aber es gab kein Entkommen. Sie versuchten zu fliehen, fort vom schrecklichen Geruch der Zweibeiner. Aber der Zaun hielt sie auf und gab nicht nach, selbst als sie sich die Lefzen blutig bissen. Irgendwann resignierten sie und taten das, was Tiere schon immer getan haben, um zu überleben: Sie passten sich an. Sie fraßen das Futter, das ihnen gebracht wurde, gründeten eine neue Familie und schauten auf die großartige Landschaft, die vor ihnen lag. Ob Wölfe von Freiheit träumen? Wie war es wohl für sie, als die Tore geöffnet wurden und sie ihre neue Heimat betraten?

Der Baum, unter dem ich saß, war Zeuge dieses Ereignisses. Wie sehr beneidete ich ihn, dass er die aufregende Zeit der Wiederansiedlung miterleben durfte. Vor mir stieg »Diamantenstaub« auf, winzige Eiskristalle, die, von der kalten Luft erzeugt, um mich herum funkelten.

Einer der Hauptgründe, warum ich Yellowstone besonders im Winter so liebe, ist – neben den Wölfen – die Ruhe. Sie ist eine Stille der Kraft, der Macht, der Ausdauer und des Wartens. Diese Stille war so allumfassend, dass ich anfing, Dinge zu hören. Unten im Tal sangen die Kojoten ihr Lied, die Bäume seufzten und knarzten, wenn der Wind sie berührte. Ich hielt den Atem an und hörte meinen eigenen Herzschlag. All diese Geräusche verstärkten die Lautlosigkeit um mich herum. Ich konzentrierte mich darauf, irgendetwas anderes zu hören, aber es gab nichts.

Der Flügelschlag eines großen Raben und sein heiseres Krächzen rissen mich aus meinen Gedanken. Der Vogel hatte sich auf dem Zaun niedergelassen, neigte den Kopf zur Seite, und seine schwarzen Augen musterten mich neugierig, während ich mein Sandwich auspackte und mir einen Tee eingoss. Die Raben von Yellowstone sind für ihre Klugheit bekannt und dafür berüchtigt, dass sie gelernt haben, Klettverschlüsse an Rucksäcken zu öffnen, um an Futter zu kommen. Bei mir hatte er Pech.

»Keine Chance!«, rief ich ihm zu. »Such dir dein eigenes Futter.« Der Rabe hüpfte vom Zaun herunter und stolzierte ein paar Mal vor mir auf und ab, bevor er mit einem lauten »Kra« davonflog.

Mich fröstelte. Dicke Wolken hatten die Sonne vertrieben. In den Bergen ändert sich das Wetter schnell. Als die ersten Schneeflocken fielen, machte ich mich an den Abstieg. Nur noch schemenhaft nahm ich die Umrisse der Buffalo Ranch wahr. Gerade rechtzeitig, bevor der weiße Vorhang zuzog, kam ich vom Berg herunter.

Langsam machte ich mich mit dem Auto auf den Heimweg nach Silver Gate zu meiner Blockhütte. Am Pebble-Creek-Campingplatz, der jetzt im Winter geschlossen war, stand eine Elchkuh im tiefen Schnee und reckte ihren langen Hals nach einem Fichtenzweig. Sie zupfte die verbliebenen Knospen ab, an die die Hirsche nicht herangereicht hatten.

Das Gebiet zwischen Pebble Creek und Cooke City ist Elchrevier. Im Gegensatz zu den Hirschen, die im Winter in die Täler wandern, ziehen sich die Elche in die höhergelegenen Gebiete zurück. Dort, im Schutz der Nadelwälder, gibt es weniger Schnee und noch ausreichend Nahrung. Besonders im Dunkeln heißt es hier aufmerksam sein, denn wer möchte schon mit einem tonnenschweren Elch zusammenstoßen?

In Silver Gate brannte nur vereinzelt Licht in den kleinen Blockhütten. Eigentlich ist dies gar kein richtiger Ort, sondern vielmehr eine Ansammlung von Cabins und einem heruntergekommenen Motel. Dagegen ist Cooke City fast eine Großstadt. Dort gibt es eine Hauptstraße, zwei Tankstellen (eine davon mit öffentlichem Internetanschluss), vier Motels und einen Tante-Emma-Laden, der nur im Sommer geöffnet ist. Im Winter kaufen die Einheimischen ihre Lebensmittel an der Tankstelle. Im »Miners Saloon« treffen sich gelegentlich die Hüttenbesitzer, die in der Wildnis ohne Fernseher auskommen müssen, um gemeinsam ein Footballspiel anzuschauen. Eine kleine Blockhauskirche liegt auf halber Strecke zwischen Silver Gate und Cooke City und wird von den Einwohnern beider Orte besucht.

Man sollte meinen, dass es in einem Ort wie Cooke City, der als eine der isoliertesten Städte Amerikas (außerhalb von Alaska) gilt und in dem ganzjährig gerade mal neunzig mehr oder weniger wild aussehende Gestalten leben, relativ ruhig zugeht. Aber weit gefehlt.

Als ich an diesem Abend noch einmal reinfuhr, um zu tanken und etwas zu essen, hörte ich schon von Weitem das Dröhnen der Schneemobile, deren Fahrer hier jeden Winter einfallen. Der Ort mit der gesunden Bergluft lag unter einer dicken blauen Dunstglocke, die von den ständig laufenden Motoren dieser modernen Männerspielzeuge herrührte.

Ich stellte mein Auto bei der Soda Butte Lodge ab, dem ältesten Hotel und einzigen Restaurant des Ortes. Mindestens dreißig chromblitzende Schneemobile standen säuberlich aufgereiht vor dem Eingang, einige mit laufenden Motoren, während sich die Fahrer am mächtigen Steinkamin in der Lobby aufwärmten. Ich setzte mich an einen Tisch am Fenster und bestellte bei

Michael, dem stets gut aufgelegten und freundlichen Studenten, der auch bei stärksten Minustemperaturen mit kurzer Hose bedient, einen Hamburger. Größere kulinarische Genüsse konnte man im Wilden Westen nicht erwarten. Dafür war mein Fleischklops riesig und kämpfte mit einer gigantischen Portion fettiger Pommes frites um einen Platz auf meinem Teller.

Als ich später das Hotel verließ, sah ich, wie Michael einen Arktischen Fuchs fütterte, der bettelnd durch ein bodentiefes Fenster schaute. Er erzählte mir, dass sich das Tier jeden Abend seine Ration rohe Eier abholte.

Einige der Snowmobilfahrer ließen ihre Maschinen aufheulen und fuhren die zwanzig Meter bis zum »Miners Saloon«, klopften sich den Schnee von den schweren Stiefeln und verschwanden in der Bar, aus der laute Country-Musik drang.

Der Kontrast zwischen der Stille des Nationalparks und dem Lärm der kleinen Stadt hätte nicht größer sein können. Zum Glück sind in fast allen Teilen von Yellowstone Schneemobile verboten. Cooke City liegt außerhalb der Parkgrenzen, aber meine Hütte in Silver Gate war ein Refugium der Ruhe.

Viele Jahre lang habe ich ein sehr lautes Leben geführt. Als Flugbegleiterin und Reiseleiterin war ich ständig von Lärm umgeben. Umso mehr habe ich auf meinen Reisen Stille gesucht und sie in den amerikanischen Nationalparks auch oft gefunden. Ich bin durch den Grand Canyon und den Bryce Canyon gewandert, bin durch die Boundary Waters Canoe Area in Minnesota gepaddelt, habe die Mammutbäume der Muir Woods in Kalifornien bestaunt und im einsamen Big-Bend-Nationalpark in Texas unter einem unglaublichen Sternenhimmel geschlafen. Diese Parks sind zwar gut besuchte Touristenattraktionen, doch sobald man die Wege verlässt, kann man wenige Meter abseits der Straße in eine magische Stille eintauchen.

Wobei wirkliche Stille anders ist. Akustikforscher sagen, dass sie unterhalb von vierzig Dezibel beginnt – und nicht, wie man meinen könnte, bei null Dezibel. Angenehme Stille besteht aus leisen, wohltuenden und dabei stetigen Geräuschen: dahinplätschernde Wellen, Baumwipfel im Wind, ein vorbeisurrendes Insekt. Absolute Stille könnten wir gar nicht aushalten.

In den USA gibt es einen Ort, der als absolut ruhigster der Welt gilt. In einer schalldichten Kammer der »Orfield Laboratories«[35] in Minnesota wird eine Lautstärke von etwa minus neun Dezibel gemessen. Die dicken Wände aus Stahl, Beton und Spezialkonstruktionen aus Glasfaser absorbieren 99,99 Prozent aller Geräusche. Alles, was man hört, ist der eigene Herzschlag; man wird selbst zum Klang. Die Kammer dient Astronauten zur Vorbereitung auf die Totenstille im Weltall, der nicht jeder gewachsen ist. Angeblich hat es bisher niemand länger als fünfundvierzig Minuten dort ausgehalten. Innerhalb kürzester Zeit kommt es zu Halluzinationen.

Halluzinationen nach längeren Zeiten der Stille habe ich selbst schon erlebt. Nach dem Tod meiner Hündin Lady suchte ich die Abgeschiedenheit, um den Schmerz zu verkraften. Ich wollte keine Ablenkung durch den Alltag, sondern mich ganz hineingeben in das Gefühl des Verlustes. Wollte mein Innerstes nach außen kehren, weinen, schreien, zerbrechen, um mich dann wieder zusammensetzen zu lassen. Also zog ich mich in meine Blockhütte in Montana zurück, machte lange Wanderungen im Bergfrühling, tauchte in die Einsamkeit der Wildnis ein und löste mich auf. Alle meine Sinne waren auf einmal hellwach, geschärft durch die Stille. Alles wurde intensiver. Ich konnte die Geräusche besser unterscheiden: das Rauschen von Wind und Sturm, das Plätschern von Wasser. Und selbst Farben wie das Blau des Himmels schienen klarer zu werden.

Ich war nicht mehr länger Beobachterin der Natur, sondern wurde ein Teil von ihr. Fühlte mich ganz im Jetzt.

Auch die negativen Gefühle wurden intensiver. Verzweiflung und Trauer, die mich immer wieder überfielen, zogen mich tiefer hinab. Jetzt verstand ich, was gemeint ist, wenn Menschen von »Hüttenkoller« sprechen, wenn nichts mehr bleibt außer der großen Stille. Es ist leicht, sich in solchen Momenten extremer Gefühle fallen zu lassen. Loszulassen und ins Nichts einzutauchen.

Für mich waren diese Zeiten von Einsamkeit und Stille in der Wildnis ungeheuer tröstend. Zu wissen, dass die Natur immer da sein wird und dass auf jeden Tod neues Leben folgt, hat meine Trauer in einen größeren Rahmen eingebettet und mich geheilt.

Der am meisten gefährdete Klang auf der Erde kommt nicht von einer vom Aussterben bedrohten Tierart oder einem veralteten Transportmittel – es ist die Stille. Wer sie einmal für längere Zeit in der Natur erlebt hat, wird sich schwertun, mit dem Zivilisationslärm zu leben. Der Begriff »Lärmverschmutzung« wird inzwischen fast ebenso oft verwendet wie der von Umweltverschmutzung. Lärm kann krank machen. In Deutschland leben Millionen Menschen in Gebieten, die zu laut sind. Um das Problem bewusst zu machen, hat die Deutsche Gesellschaft für Akustik 1998 den *International Noise Awareness Day*[36] ins Leben gerufen, den Tag gegen den Lärm, wie die deutsche Veranstaltung heißt. Die meisten Menschen leiden unter zu viel Straßenlärm, gefolgt von lauten Nachbarn und Industrie- oder Gewerbelärm. Ich wohne an einer stark befahrenen Kreisstraße, und viele meiner Nachbarn sind sehr fleißige Gärtner oder haben einen Kaminofen. Das heißt, dass sie im Sommer an den Samstagen regelmäßig den Hochdruckreiniger anwerfen, um jedes Fitzelchen Grün aus den Pflasterfugen zu spritzen, den Rasenmäher in Gang setzen und mit der Kreissäge den Holzvorrat für den Winter vorbereiten. Zum Glück gibt es Sonntage, an denen die Welt ein wenig ruht.

Stille ist ein zutiefst menschliches Bedürfnis. Wir können sie heute fast nicht mehr erleben. Und obwohl Yellowstone zu den ruhigsten Orten der Welt gehört, zieht auch hier der Lärm ein.

»Hallo! Hallo! Klaus bist du's? Haaaaallo!«

Die Stimme, die die Stille des Lamar Valley durchschneidet, ist laut und fordernd.

»Ja, ich bin's! Der Helmut. Weißte, wo ich grad bin? In Yellowstone! Wir sind gestern angekommen. Scheiß Airline. Vier Stunden Verspätung. Die können was erleben, wenn ich wieder daheim bin. Du, und jetzt steh ich vor einem Rudel Bisons. Echt cool. Hallooooo?«

Helmut schaut ratlos auf sein Smartphone, hält es hoch über den Kopf, dreht sich mehrmals um die eigene Achse und wischt verärgert über das Display. Kein Netz.

Das »Rudel« Bisons ist friedlich grasend weitergezogen. Den Anrufer durchbohren die wütenden Blicke der anderen Touristen, die das Deutsch von Helmut zwar nicht verstehen, sich aber bei ihren Tierbeobachtungen gestört fühlen. Der neugierige Kojote, der auf dem Weg zu der kleinen Gruppe war, bleibt stehen und legt den Kopf schief. Schnell taucht der Dachs, der gerade seinen gestreiften Kopf aus dem Bau herausgeschoben hatte, wieder unter. Helmut bekommt von all dem nichts mit. Weiter geht's mit seiner Schimpftirade auf »die blöden Amis« und den schlechten Service.

Die digitale Welt hat in Yellowstone Einzug gehalten und an vielen Stellen die Ruhe vertrieben. Und immer mehr Besucher sind davon genervt.

Lärm überfordert mich, besonders, wenn ich arbeite. Autorenkollegen berichten davon, dass sie eine bestimmte Musik zur Inspiration brauchen. Ich brauche dafür Ruhe und schreibe diesen Text in völliger Stille in meinem Büro hinter schalldichten Fenstern. Wie schaffe ich es, inmitten der täglichen Routine Stille zu finden? Nach einem Moment der Ruhe ist es wieder leichter, das Wichtige vom Unwichtigen zu unterscheiden.

Viele Menschen schimpfen auf den Lärm, während sie sich freiwillig, wo immer sie sind, von ihrer eigenen Klangkulisse berieseln lassen. Ein Leben ohne Handy, Radio oder Fernsehen können sie sich nicht vorstellen. Es gibt Menschen, denen macht die Stille Angst. Eine Bekannte von mir braucht, wenn sie an einem ruhigen Ort Urlaub macht, Schlaftabletten, um einschlafen zu können, weil sie die Ruhe nicht aushält. Unsere Neigung, zu allen Tageszeiten Ohrenstöpsel zu tragen, entwickelt sich zu einer erlernten Taubheit. Wir blenden die reale Welt zugunsten unserer persönlichen Klangwelten aus. Der Preis dafür ist, dass wir vergessen, wie man hört.

Ich suche jeden Tag Augenblicke der Stille, halte nach ihnen Ausschau, um mich so rasch wie möglich in sie hineinzubegeben. Manche solcher Momente muss ich mir selbst schaffen. Das Telefon ausschalten, die Abwesenheitsmeldung in die Mail stellen, Nein sagen zu Einladungen. Dann schnappe ich mir meine Hündin und gehe mit ihr in den Wald. Die immense Natur zieht mich in ihren Bann. Ich lausche dem Nichts, und seine stillen Melodien und Rhythmen klingen harmonisch. Die Tiere erzählen mir von der großen Stille ihrer Heimat und heißen mich darin willkommen.

Unheimlich wird es, wenn diese Geräusche und Klänge in der Natur plötzlich fehlen. Ich habe einmal eine Sonnenfinsternis miterlebt. Während sich der Mond vor die Sonne schob, wurde es immer dunkler – und stiller. Die Vögel hörten auf zu singen. Es war ein beunruhigendes Gefühl. Wir assoziieren mit dem Gesang der Vögel Wachsamkeit und Sicherheit. Die Welt ist in Ordnung, das haben wir im Laufe unserer Evolution gelernt. Wenn die Vögel nicht singen, stimmt etwas nicht. Das mag eine nah bevorstehende Naturkatastrophe sein oder auch eine Sonnenfinsternis.

Wir alle suchen Orte, an denen wir uns wohlfühlen und die uns lehren, was wichtig ist. Diese Orte inspirieren unsere Kreativität und Hoffnungen und verbinden uns mit dem Universum. Wir brauchen sie für einen gesunden Geist, und wir haben die Verpflichtung, sie zu beschützen und zu erhalten. Wenn ein Ort Leben, Freiheit und Schönheit nährt, dann ist er für jeden wertvoll.

Ein besonderer Ort der Stille war für mich meine Blockhütte in Minnesota. Ich war so weit weg von der Welt, es hätte ein Krieg ausbrechen können und ich hätte nichts mitbekommen. Mein Paradies und Refugium war der See bei der Cabin. Wann immer ich nachdenken musste oder einfach nur die Einsamkeit suchte, paddelte ich mit dem Kanu hinaus. Die Ruhe und der Frieden waren überwältigend. Wenn ich die Ruder ins Boot zog und mich treiben ließ, wurde ich ein Teil der spiegelglatten Fläche. Die Gewalt der Stille packte mich, ohne dass meine Sinne sie erfassen konnten. Ich fühlte die Einsamkeit um mich herum und verlor die Grenzen meines Seins in dieser unendlichen Weite. Man muss mit der Natur allein sein, um sie wirklich zu erleben. Ich ließ mich auf den Boden des Bootes gleiten und schaute den Wolken zu. Wenn ich darüber einschlief, weckte mich in der einsetzenden Dämmerung der Ruf der Virginia-Eule, die im Wald ihr Nest hatte. An einem der vielen Seitenarme des Sees ächzte am Ufer eine Weißfichte unter dem Gewicht eines Weißkopfseeadlernestes.

Viele Tage verbrachte ich so, beobachtete die Tiere, schrieb in mein Tagebuch, las oder träumte einfach vor mich hin. Hin und wieder begegnete mir ein Vogel, den es nur im Norden gibt: der Loon oder Eistaucher. Er beeindruckte mich vom ersten Moment an: rote Augen in einem schwarzen Kopf auf einem Hals mit einer senkrechten schwarz-weißen Zeichnung ähnlich einer Halskrause. Am meisten faszinierte mich sein Schrei: ein wildes

Lachen, das in der Dunkelheit über den stillen See schallte – ein hypnotisches, fast spirituelles Erlebnis. Die Größe des Loons überraschte mich. Ich konnte mir nicht vorstellen, dass er mit seinen gewaltigen gesprenkelten Flügeln überhaupt genug Auftrieb zum Abheben erhielt. Aber dann sah ich ihn: Ähnlich einem voll beladenen Jumbojet, der auf einer viel zu kurzen Runway startet, begann er, auf dem Wasser gegen den Wind zu rennen und dabei immer schneller zu werden, bis er im letzten Moment das Laufwerk beziehungsweise die Beine hochzog und dicht über den Spitzen der Weißtannen in den Himmel stieg. Wäre der See kürzer gewesen, wäre der Vogel beim Starten garantiert in die Bäume gedonnert.

Seine besonderen Qualitäten jedoch zeigte dieser Alleskönner beim Tauchen. Mit hoher Geschwindigkeit schoss er bei der Nahrungsaufnahme in die Tiefe und blieb so lange unten, dass ich einmal besorgt die Zeit stoppte: vierzig Sekunden! Das Loon-Pärchen, das auf meinem See sein Revier hatte, präsentierte mir im Frühjahr seinen Nachwuchs. Das Weibchen trug die Jungen auf dem Rücken. Gemütlich in die Federn der Mutter gekuschelt, schauten sie mich mit Knopfaugen an. Im Kanu schien ich für sie ungefährlich zu sein, denn Mama-Loon zeigte überhaupt keine Scheu und schwamm oft dicht am Boot vorbei.

Gelegentlich beobachtete ich auch Fischotter und einen Biber, der am entgegengesetzten Ende des Sees eine neue Wohnburg baute. Keines der Tiere hatte Angst vor mir oder flüchtete. Das machte mich zu einem Teil von ihnen und ließ mich die Welt da draußen vergessen. Mein Dasein war nur noch auf dieses kleine Boot im See reduziert, das Schaukeln des Wassers, den Tannen- und Kieferduft und die Wärme der Frühlingssonne auf meiner Haut. Und die makellose Stille, nur unterbrochen vom hysterischen Jodeln des Loons. In Momenten wie diesen war mein Leben perfekt.

Gibt es auch in Deutschland Orte der Stille, an die ich mich zurückziehen kann? Vielleicht ist der Wald noch ein solcher Ort. Er kann bis zu neunzig Prozent des Lärms abhalten, wenngleich es auch hier selten ganz still ist. In der Ferne hört man das Rauschen von Autobahnen, den Lärm von Motorsägen oder von Baustellen, ein Flugzeug, das am Himmel fliegt.

Möglicherweise suche ich die Stille an der falschen Stelle. Wenn ich sie nur in der Natur finden will, werde ich immer eine Getriebene sein. Denn überall gibt es Geräusche. Sogar den Gesang eines Vogels deuten manche Menschen als »Lärm«. Vielleicht muss ich Stille anders definieren, nicht durch das Fehlen von Geräuschen, sondern durch die Abwesenheit von Ablenkung. Im Alltag dröhnen wir uns ständig zu mit Reizen von außen, sind abgelenkt und verlieren so den Kontakt zu unserer inneren Stimme. Wir hören sie nicht mehr im Lärm der Welt und kommen erst wieder mit ihr in Kontakt, wenn es still ist. Wir sind wie ein Glas Wasser, das wir in einem Fluss gefüllt haben. Es ist trüb durch die vielen Sandpartikel, die wir aufgewirbelt haben. Erst wenn wir das Glas ruhig stehen lassen, sinken alle Teile auf den Boden, und das Wasser wird klar. So ist es auch, wenn wir uns in die Stille zurückziehen. Wir finden den Kontakt zu unserer inneren Stimme wieder, sehen klarer und können das Wesentliche vom Unwesentlichen unterscheiden.

Den Umgang mit Stille kann man lernen. Mönche und Nonnen sind Meister darin. Ich wollte wissen, wie sich eine solche Stille anfühlt und buchte ein »Schweige-Wochenende« in der Abtei Königsmünster[37] in Meschede. Untergebracht war ich im *Haus der Stille* in einem Einzelzimmer mit Bad. Von dem kleinen Schreibtisch vor dem bodentiefen Fenster schaute ich in den Garten mit blühenden Obstbäumen. Durch den angrenzenden Klosterpark machte ich lange Spaziergänge. Es gab feste Essenszeiten für Frühstück und Abendessen im kleinen Speisesaal und nur eine einzige Regel: keine Gespräche. Anfangs fühlte ich mich sehr unsicher. Begrüße ich die Menschen zum Frühstück mit »Guten Morgen«? Wie frage ich nach dem Salz? Schnell merkte ich, dass man mit einem Kopfnicken und einem Lächeln viel sagen kann – ganz ohne Worte. Nicht reden. Kein »Wo kommst du her? Was machst du?« Das fühlte sich für mich zunächst unhöflich an, dann jedoch immer respektvoller und sehr wohltuend. Warum müssen wir im Alltag eigentlich immer so viel plappern? Oft verlieren wir uns beim Sprechen, werden fahrig und unkonzentriert, entziehen uns der Gegenwart, statt wach und präsent zu sein. Wir reden über unsere Gefühle hinweg, statt sie wahrzunehmen. Nach dem Wochenende im Kloster hatte sich etwas verändert. Ich entdeckte, dass das Weglassen von Worten Freiräume eröffnete. Es brachte mich zur Ruhe. Zum Aufatmen. Zum Sein. Und ich erkannte, dass ich nicht unbedingt ein Kloster brauchte, um mir selbst nahe zu sein. Es reicht, einfach einmal nichts zu sagen, selbst wenn ich mit anderen zusammen bin. Oder mich für eine kurze Zeit zurückzuziehen, damit mir meine innere Stimme wieder vertraut wird.

Jenseits der Wildnis und in meinem deutschen Alltag finde ich heute überall Inseln der Ruhe: in einer Kirche, der Bücherei, dem Park, im Wald, in Räumen der Stille an Flughäfen und Bahnhöfen, beim Yoga. Aber auch wenn ich mit einer guten Freundin nach einem tiefen Gespräch bei einem Tee auf der Terrasse sitze und wir schweigend gemeinsam den Sonnenuntergang genießen.

Selbst mitten in einer lauten Stadt kann man Stille finden. Kürzlich beobachtete ich am Frankfurter Hauptbahnhof einen Mann, der am Gleis auf einer Bank saß und offensichtlich meditierte. Sein dunkler Anzug mit farblich passender Krawatte, die auf Hochglanz polierten Schuhe und die Laptop-Tasche auf den Knien wiesen ihn als Geschäftsmann aus. Er hatte die Augen geschlossen und strahlte den Frieden eines Buddhas aus. Weder die herumeilenden Menschen noch die Lautsprecheransagen schienen ihn zu erreichen. Erst als der ICE einfuhr, schlug er die Augen auf und stieg ruhig in den Zug ein. Ich war beeindruckt – und ein bisschen neidisch.

Stille ist in uns, und sie ist ein Geschenk, das wir uns immer wieder neu machen können.

Die Morgendämmerung ist für mich als extreme Frühaufsteherin die ruhigste und beglückendste Tageszeit. Ich schnappe mir den Hund und fahre hinaus in die Natur. Auf meinem heimischen Lieblingsberg beobachte ich, wie die Sterne verblassen und sich das Schwarz des Himmels verwandelt, von Indigoblau zu Grau und Pfirsichfarben bis zum blassen Blau. In solchen Momenten wird meine Welt auf ihre Grundelemente reduziert, und ich erkenne, was wichtig ist. Alles steht still.

DUNKELHEIT UND STERNE

Im Winter 1999 flog ich zu einer Recherchereise in den Südwesten der USA, um mich über den Mexikanischen Wolf zu informieren, der ein Jahr zuvor in Arizona und New Mexico wiederangesiedelt worden war. Ich sprach mit den Forschern, besuchte die leeren Akklimatisierungsgehege der Wölfe und hoffte, einen dieser extrem seltenen und vom Aussterben bedrohten Kaniden in freier Wildbahn zu sehen. Leider vergeblich.

Ein befreundeter Biologe und Mitarbeiter im Wolfsprojekt gab mir einen Tipp: »Versuch es mal ganz im Süden von Texas. Dorthin wandern gelegentlich einzelne Exemplare aus Mexiko ein. Offiziell sprechen wir nicht darüber, weil der Wolf bei den Farmern nicht sehr beliebt ist.« Er empfahl den Big-Bend-Nationalpark als Ausgangspunkt und wünschte mir Glück.

Über Tucson und El Paso machte ich mich auf die lange Fahrt in eines der isoliertesten und wildesten Gebiete im Südwesten der USA. In Marathon bog ich von der Interstate 90 nach Süden ab zum achthunderttausend Hektar großen Big-Bend-Nationalpark. Der Name bezieht sich auf die Kurve im Rio Grande, dem Grenzfluss zwischen Mexiko und den USA, der unterhalb der Chisos-Berge abrupt seinen Lauf ändert. Auf seinem Weg zurück nach Norden zeichnet er ein zerklüftetes offenes V nach, bevor er wieder in Richtung Süden in den Golf fließt.

Die wenigen Straßen im Park schlängelten sich über den Wüstenboden, wo Sturzfluten gelegentlich die Knochen von Dinosauriern auswaschen. Sie führten zu Flussschluchten mit bis zu fünfhundert Meter steilen Felswänden, und sie kletterten zwischen von Erosionen geformten Gipfeln hinauf, die sich zwölfhundert Meter über das umliegende Land erhoben.

Auf der weiteren Fahrt in den Süden des Parks veränderte sich die Pflanzenwelt. Aus Eichen und Wacholder wurden Kakteen, die Berglandschaft wurde zur Wüste. Am Panther Pass machte ich eine Pause und genoss den Ausblick auf die sich dicht drängenden, verwitterten Felsmassen, bevor ich auf einer kurvenreichen Straße zum Chisos Basin Visitor Center weiterfuhr. Der Ranger versorgte mich mit einer Karte, auf der die wenigen Campingplätze des Parks verzeichnet waren. Auf meine Bitte erteilte er mir eine Backcountry-Genehmigung, ergänzt durch eine Warnung: »Sie befinden sich hier im Grenzgebiet zu Mexiko. Abgesehen von einigen wenigen Wetbacks (so werden die illegalen Immigranten in die USA genannt, weil sie mit ihrem Gepäck auf dem Rücken durch den Fluss schwimmen) treiben sich höchstens ein paar mexikanische Drogendealer hier rum. Aber in letzter Zeit war alles ruhig.«

Ich versprach, mich vor meiner Abreise bei ihm zurückzumelden, damit er keinen Suchtrupp nach mir ausschicken müsse.

Dann fiel mir noch was ein: »Ich habe schon viel von der Dunkelheit und dem Sternenhimmel hier gehört. Können Sie mir dazu etwas sagen?«

Der Ranger strahlte: »Glauben Sie mir, hier sind Sie richtig. Das ist der beste Ort auf der Welt, um Sterne zu sehen.«

Er zog einen Astronomie-Flyer aus einer Schublade und reichte ihn mir. »Lassen Sie sich verzaubern und halten Sie sich fern von den Campingplätzen, die sind immer noch zu hell.«

Auf Nebenstraßen fuhr ich in den Süden zum Rio Grande. Die wenigen Menschen, die ich sah, waren damit beschäftigt, in den Himmel zu starren. Nein, es war noch nicht Nacht, aber der Nationalpark ist ein Paradies für »Birder«, also für Vogelliebhaber,

die gern auch mal mit dem Fernglas vor den Augen völlig selbstvergessen eine Straße überqueren.

Vorsichtig umfuhr ich einen von ihnen, der eine Hand zum Gruß hob, ohne den Himmel aus den Augen zu lassen, und machte mich auf den Weg zum Santa Elena Canyon am Nordufer des Rio Grande. Am Rand einer Sandbank sitzend, verspeiste ich einen Apfel und schaute dabei auf den ruhig dahinfließenden Grenzfluss. Auf der gegenüberliegenden Seite türmte sich eine Wand aus Kalkstein bis zu einer Höhe von etwa fünfhundert Metern. Sie wurde unterbrochen durch eine gigantische vertikale Einkerbung, kaum breiter als der Fluss, der aus ihr floss. Die Felsen rechts drängten sich an die Vereinigten Staaten, links an Mexiko.

Unter der hoch aufragenden Felswand war die Luft kühl und feucht. Es roch eigenartig, nach einem schweren, wilden und mir irgendwie vertrauten Parfüm. Es erinnerte mich an meine Reisen im Südwesten der USA, bei denen es nach jedem Regen ähnlich roch. Es gibt Orte, die sprechen alle deine Sinne an – die Augen, den Geruch, das Gehör, dein Bewusstsein. Der Geruch einer Landschaft wird häufig durch Regen freigesetzt. Es ist eine Kombination von Molekülen, die für einen Landstrich so einzigartig ist wie seine Geologie.

Es war der Duft der Wüste, den ich roch. Er entströmte dem Kreosotbusch, einer typischen immergrünen Wüstenpflanze, die über tausend Jahre alt werden kann. Sie saugt mit ihren Wurzeln jeden Wassertropfen in der Umgebung aus der Erde und kann so monatelang überleben, auch wenn es nicht regnet. Als ich noch in Santa Fe, New Mexico, lebte, habe ich mir einmal einen vertrockneten Zweig des Strauches, der hinter meinem Haus wuchs, abgebrochen und in einer Glasflasche mit nach Hause genommen. Wenn ich heute Sehnsucht nach »alten Zeiten« bekomme, zerreibe ich ein paar Blätter, streue sie auf eine Untertasse und gebe einen Tropfen Wasser darauf. Dann schließe ich die Augen und atme tief den Duft der Erinnerung ein.

Es ist die bemerkenswerte Überlebensfähigkeit und Vielfalt der Pflanzen und Tiere der Wüste, die mich immer wieder fasziniert. In einer vermeintlich nicht lebensfähigen Umgebung gedeihen die prächtigsten Pflanzenarten.

Die Chisos-Berge, in denen ich einen Übernachtungsplatz suchte, stellen für Naturwissenschaftler eine biologische Insel dar. Isoliert von anderen hohen Bergen gibt es hier eine überraschende Mischung von Arten. Mehr als zwölfhundert Pflanzen- und vierhundertfünfzig Vogelarten, von denen nur einige hier heimisch sind, wurden innerhalb der Grenzen des Parks identifiziert.

Ich fuhr auf einer Schotterstrecke weiter ins Hinterland, fort von den Campingplätzen mit ihren Propanlampen, hinein in die Dunkelheit. Ich werde nie verstehen, warum man beim Zelten in freier Natur so viel Licht haben muss.

Der Astronomie-Flyer hatte Big Bend als »den besten Ort in Amerika, um unter den Sternen zu schlafen« angekündigt. Und das aus gutem Grund: Die Luftfeuchtigkeit ist aufgrund der geschützten Lage sehr gering, daher bilden sich kaum Wolken. Die Zivilisation ist weit entfernt, es gibt keine Lichtverschmutzung.[38]

Die Bergketten glühten noch im Abendrot, als ich den Kombi an einer flachen Stelle parkte, abgeschirmt durch schroffe Felsen. Dunkelheit stieg auf und ergoss sich über das Land, während ich mein Spektiv aufstellte, das ich immer dabei habe, wenn ich in der Wildnis bin. Besonders, wenn ich hoffe, Wölfe zu sehen. Ich bereitete das Innere des Wagens für die Nacht vor, klappte die Rücksitze um und legte die Isomatte und den Schlafsack darauf. Weil ich noch ein wenig Zeit bis zur vollständigen Dunkelheit hatte, wollte ich mich vor dem Sternenspektakel kurz ausruhen.

Gegen dreiundzwanzig Uhr wurde ich durch das Heulen eines Kojoten wach. Aufgeregt verließ ich den Wagen und leuchtete mit der Taschenlampe in die Büsche. Ob ich vielleicht einen der kleinen Kaniden entdecken würde? Nein, leider nicht. Dann machte ich das Licht aus und blickte nach oben. Und starrte mit offenem Mund auf das Wunder über mir.

Nie zuvor hatte ich die Sterne so gesehen wie in dieser Nacht. Es waren so viele, dass sie den ganzen Himmel erhellten. Sterne überall, von einem Horizont zum anderen. Das Wort »Sternenlicht« gewann eine neue Bedeutung. Über mir erstreckte sich eine sagenhaft dichte Milchstraße. »Der Pfad der Weißen Frau« oder »Die milchspendende Göttin«, wie sie auch genannt wird. Der Himmel war nicht flach, sondern dreidimensional. Nie zuvor hatte ich die Farben der Himmelskörper ausmachen können so wie jetzt: Blau, Gelb und ein strahlend reines Weiß. Eine Wolke aus Sternenstaub sah aus wie Puderzucker auf einem Kuchen.

Schließlich fand ich die Plejaden. Sie sind der bekannteste Sternhaufen am Himmel, ein auffälliger Lichtflecken, in dem man mit bloßem Auge etwa fünf bis sechs Sterne erkennen kann. Der ganze Haufen setzt sich aus zwölfhundert Sternen zusammen und ist vierhundertdreißig Lichtjahre von uns entfernt. Mit meinem Teleskop konnte ich alle sieben Schwestern deutlich erkennen.[39]

Als sich meine Augen an den Anblick gewöhnt hatten, erkannte ich den Orion und entdeckte inmitten von Hunderten leuchtender Himmelskörper, die das Sternbild beinahe verdeckten, den Großen Bären. Kein Mond schien, doch es gab Sternschnuppen, willkürlich, sporadisch und häufig. Darunter einige mit einem langen, flammenden Schweif. Und ich war mittendrin. Das ganze Firmament blinkte, tanzte und sang still vor sich hin. Alles schien ungeheuer gegenwärtig und lebendig.

Die Schönheit der Sterne ist unvorstellbar. Sie leuchten bei unglaublich hohen Temperaturen unzählige Äonen lang. Sie flackern, strahlen und funkeln, und die Explosionen ihrer Geburt und ihres Sterbens verhallen ungehört im Kosmos. Schallwellen können sich, anders als Licht- und Funkwellen, nicht in einem Vakuum ausbreiten. Da draußen, jenseits der atmosphärischen Hülle, ist eine unermesslich weite, immerwährende Stille.

Das sind unfassbare Dimensionen. Die Milchstraße unserer eigenen Galaxie hat etwa so viele Sterne wie mein Körper Zellen, und es gibt mindestens hundertfünfundzwanzig Millionen weitere Galaxien. Zahlen verlieren an Bedeutung, wenn man daran denkt.

Hier stand ich und tat das, was die Menschen seit Tausenden von Jahren getan hatten: Ich sah zum Nachthimmel in dem Bewusstsein, dass all diese Pracht zwar da war, ich sie aber niemals erreichen würde. Ich warf einen Blick in die Vergangenheit; viele der Himmelskörper, die ich dort leuchten sah, sind schon vor Tausenden Jahren erloschen, gestorben, und erst jetzt erreichte mich ihr Licht. Die Wunder des nächtlichen Himmels zu betrachten, verbindet jeden Einzelnen von uns mit allen Menschen, die je auf diesem Planeten gelebt haben. Die Atome, aus denen unser Körper besteht, stammen aus dem Gas und der Materie vorzeitlicher Sterne.

Jede Faser meiner Muskeln war angespannt vor Ehrfurcht und Staunen. Ich weiß nicht, wie lange ich dort in der Dunkelheit stand. Als ich vor Kälte anfing zu schlottern, kroch ich in den Schlafsack im Auto und schaute weiter durch die Scheibe des Rückfensters in den Himmel, bis mir irgendwann die Augen zufielen.

Am nächsten Morgen wurde ich durch ein Geräusch geweckt. Ein Tippeln, Schnaufen, Grunzen. Ich lauschte angestrengt und versuchte, mich nicht zu bewegen. Was war das? *Wer* war das? Vielleicht der Mexikanische Wolf, den ich bisher vergeblich gesucht hatte? Aber würde der grunzen? Dann schon eher die mexikanischen Drogendealer. Verflixt, wo war mein Pfefferspray? Sehr vorsichtig und in Ultrazeitlupe öffnete ich die Tür – und erstarrte. Da draußen wartete kein Wolf, sondern ein Dutzend ... Wildschweine auf mich. Genauer gesagt: Javelinas, eine verwilderte Hausschweineart, die zur Familie der Pekaris gehört. Es kursieren die gruseligsten Geschichten über diese Tiere. Sie seien extrem aggressiv und würden mit ihren langen, spitzen Hauern jeden angreifen, der ihnen im Weg ist. Ähnliche Storys, wie wir sie auch immer wieder von unseren heimischen Wildschweinen hören. Ebenso wie bei uns in Berlin und anderen Großstädten kann man auch in den Vorstädten von Phoenix und Albuquerque häufig Herden von Javelinas sehen, die durch die Straßen laufen und in Mülltonnen wühlen. Und genau wie unsere deutschen Schwarzkittel sind die Pekaris friedliche Tiere, die nicht die geringste Absicht haben, einen Menschen anzugreifen.

Lediglich der Kontakt mit der Duftdrüse auf ihrem Rücken, mit der sie sich gegenseitig identifizieren, könnte unangenehm werden, wenn man sie aufschreckt. Leise griff ich nach der Kamera. Die frühmorgendliche Stille wurde durch die Geräusche meines Verschlusses und die Herde von Pflanzenfressern unterbrochen, die friedlich durch das Gras wühlten und zufrieden grunzten und schmatzten. Die Tiere ließen sich nicht stören. In meinen Augen waren sie eigentlich recht hübsch. Kleiner, knuffiger als unsere heimischen Wildschweine. Wenig später sah ich sie sogar Kakteen fressen; die Dornen schienen ihnen nichts auszumachen. Erst als ich anfing, geräuschvoll mit dem Campingkocher zu hantieren und meinen Morgenkaffee zuzubereiten, verzogen sie sich.

In der aufgehenden Sonne setzte ich mich auf einen Stein und schaute, was ich in der Nacht versäumt hatte. Die abgestorbenen Blütenstände der Jahrhundertpflanze, einer Agave, ragten wie trockene und verwitterte Baumstämme über die unteren

Berghänge. An der Seite eines der Stängel bemerkte ich die runde Öffnung eines Spechtlochs. Langsam, über einen Zeitraum von zehn oder zwanzig Jahren speichert diese bemerkenswerte Pflanze Nahrung in ihren fleischigen Blättern. Dann, in einer einzigen Saison, schießt der blühende Stängel bis zu einer Höhe von vier bis fünf Meter nach oben. Im späten Frühling und frühen Sommer erscheinen an seiner Spitze massenhaft goldene Blüten. Danach stirbt die ganze Pflanze ab. An ihrer Basis macht sich eine kleinere Pflanze oder ein Pflanzenring bereit, ihren Platz einzunehmen. Man muss sich das einmal vorstellen: Die Agave lebt ein ganzes Jahrhundert, um in einer einzigen Nacht ihre Schönheit in das Universum zu schicken und gleich darauf zu sterben. Geduld, Ausdauer, Zeit – das sind Eigenschaften, die wir überall in der Natur finden und mit denen wir uns so schwertun.

Ich hatte im Big Bend zwar nicht den Mexikanischen Wolf gefunden, aber eine Mischung aus rauer Wüste, gottähnlichen Bergen und fruchtbaren Flusstälern in einem großen, atemberaubenden Landstrich, gekrönt von einem glitzernden Sternenhimmel als Geschenk. Und die Begegnung mit den Wildschweinen war sozusagen das Sahnehäubchen.

Auf dem Nachtflug nach Hause blickte ich aus dem Fenster und sah unter mir die Wüste im Dunkeln liegen. Nur vereinzelt war Beleuchtung von Dörfern oder Farmen zu sehen oder ein paar Straßenlaternen. Heute wäre dies ein anderer Anblick, denn es gibt kaum noch schwarze Flecken auf der Oberfläche unserer Erde. Das Licht der Städte breitet sich aus und strahlt bis weit in den Himmel. »Sky Glow« nennen die Forscher das Phänomen, bei dem eine Lichtglocke meist kilometerweit zu sehen ist und oft noch von der Wolkendecke reflektiert wird.

Ich erinnere mich an meinen allerersten Besuch in Las Vegas –

irgendwann Mitte der Siebziger. Es war schon spät, ich hatte viel Zeit in der Wüste verbummelt. In stockdunkler Nacht und ohne Beleuchtung führte die Straße einen Hügel hinauf. Als ich über die Kuppe fuhr, lag vor mir im Tal völlig überraschend die bunte Glitzerstadt wie ein Weihnachtsbaum, dessen Lichter jemand angeknipst hatte. Klar abgegrenzt von der pechschwarzen Wüste. Der Anblick hatte etwas Surreales.

Was für ein Unterschied dazu mein letzter Besuch 2015. Die Stadt war schon in über hundert Kilometern an ihrem breiten Lichtschimmer am Horizont zu erkennen. Laserstrahlen der großen Casinos durchschnitten schmerzhaft die Nacht.

Auf NASA-Bildern sieht die Erde von oben aus, als litte sie unter einem fiebrigen roten Ausschlag, übersät mit hell glühenden Pusteln.[40] Dunkle Stellen gibt es nur noch dort, wo keine Industrienationen sind.

Das elektrische Licht hat uns die Freiheit geschenkt, unserer Arbeit oder unserem Leben noch lange nach Sonnenuntergang nachzugehen. Wir können selbst entscheiden, wann wir wach sind oder schlafen gehen, und wir fühlen uns vermeintlich sicher, wenn es abends oder nachts heller ist. LED-Straßenlaternen werden überwiegend eingesetzt, weil sie Strom sparen. Die Beleuchtung heute strahlt außerdem mehr nach oben.

Weltweit nimmt die Lichtverschmutzung zu: pro Jahr um zwei bis fünf Prozent, mit erheblichen Auswirkungen auf Mensch und Natur.[41] Etwa dreißig Prozent der Wirbeltiere und sogar über sechzig Prozent der Wirbellosen sind nachtaktiv und können durch künstliches Licht in der Nacht beeinträchtigt werden. Vögel, die in Städten leben, brüten früher als ihre Artgenossen auf dem Land. Zugvögel werden in ihrem Orientierungssinn gestört. Der Lichtsmog ist – neben intensiver Landwirtschaft und Flächenversiegelung – mit ein Grund, warum unsere Insekten sterben. Und auch Menschen fühlen sich durch den Verlust der Nacht belästigt und werden sogar krank.

Nach dem *World Atlas of Artificial Night Sky Brightness* (Weltatlas der künstlichen Helligkeit des Nachthimmels) von 2016 leben achtzig Prozent der Weltbevölkerung unter einem lichtverschmutzten Himmel. In den Vereinigten Staaten und Europa können neunundneunzig Prozent der Öffentlichkeit keine natürliche Nacht erleben![42]

Wir haben uns in der Nacht entwickelt. Der Übergang von Hell zu Dunkel geschieht allmählich. Zuerst ist das Dämmerlicht da, dann kommt die Mondhelligkeit (bei Neumond gering) und wenn wir Glück haben, das Licht der Sterne. Die meisten Menschen denken nicht daran, nachts einen Blick zum Himmel zu werfen. Sie rennen von einem beleuchteten Ort zum anderen, und sobald es dunkel wird, knipsen sie das Licht an.

Wir sind nicht für die Dunkelheit gemacht. Wir sind visuelle Wesen. Das Sehen ist unser wichtigster Sinn. Wir brauchen ihn, um unsere unmittelbare Umgebung zu verstehen. Ich bin kein Nachtmensch, sondern ein extremer Frühaufsteher – keine Eule, sondern eine Lerche. Ich erlebe daher die »Dunkelheit« am liebsten vor der Morgendämmerung. Spätabends oder mitten in der Nacht fühle ich mich nicht wohl, bin müde und eher ängstlich.

Als ich 1991 nach Minnesota in die Wildnis zog, erlebte ich zum ersten Mal echte Dunkelheit. Die Cabin lag weit entfernt von jeder Lichtquelle, einzig der Mond und die Sterne gaben etwas Schummerlicht, und das nur bei wolkenlosem Himmel. Als ich bei einem nächtlichen Gang zur Außentoilette plötzlich stolperte und die Taschenlampe herunterfiel und ausging, geriet ich in Panik. In der tiefen Schwärze konnte ich buchstäblich meine Hand nicht vor Augen sehen. Nichts Vertrautes war mehr da. Alle meine Sinne waren hellwach, schmerzhaft darauf konzentriert, etwas – irgendetwas! – zu sehen. Aber da war nichts. Dann setzte die Angst ein. Ich lauschte verzweifelt auf ein Geräusch, an dem ich mich orientieren konnte. Die Stimmen der Nacht sind erschreckend leise. Endlich ertastete ich die Lampe und schaltete sie wieder ein.

Das sollte mir nicht noch einmal passieren. Ich wollte meine Angst überwinden und mich mutig in die Umarmung der Dunkelheit begeben. Auf vertrauten Wegen wollte ich bei Nachtwanderungen die Schärfung all meiner Sinne trainieren. Zuerst mit der Taschenlampe, dann mit Mondlicht, dann in völliger Dunkelheit.

Eine Wanderung bei Nacht ist eine völlig andere Erfahrung als das Wandern auf dem gleichen Weg am Tag. Die Dunkelheit verbirgt vertraute Orientierungspunkte und verändert diejenigen, die man noch sehen kann. Die Tiefenwahrnehmung wird zu einem Ratespiel, und eine ganz neue Gruppe von Tieren kommt zum Vorschein.

Ich fing langsam an, tastete mich mit jedem Schritt vor und ließ meinen Augen Zeit, sich anzupassen. Sie gewöhnten sich schneller an die Dunkelheit, als ich dachte. Die anderen Sinne übernahmen – und gerieten in Überreaktion. Ich hörte jedes kleinste Geräusch: die Zweige und Blätter, die unter meinen Füßen knackten und raschelten, die Schwingen einer Eule, die über mich flog, die Grillen, die Frösche und in der Ferne das Heulen eines Wolfes. Ich roch den See bei unserer Hütte, bevor ich ihn hörte. Die Wellen plätscherten sanft ans Ufer. Ein Loon jodelte, und ein anderer Vogel schien auf dem Wasser zu laufen, bevor er sich mit kräftigem Flügelschlag in die Luft erhob. All dies hörte ich wie nie zuvor.

Um nicht zu stürzen, musste ich meine Arme und Hände zu Hilfe nehmen. Als der Weg zum See abfiel, hielt ich mich an kleinen Bäumchen fest, dankbar für ihre Unterstützung. Die Felsen waren glatt und feucht von der Nachtluft. Ich setzte meinen Fuß dorthin, wo meine Hand gerade war, weil ich wusste, dass ich diese Stelle sicher betreten konnte. Ich spürte alles unter meinen Füßen und war näher an der Erde, als ich es mir jemals vorgestellt hatte. Die Luft war kühl, leicht und feucht. Erfrischend für die Lungen. Reinigend.

Hatte sich die Dunkelheit anfangs noch wie eine Einschränkung angefühlt, so schien ich nun Superkräfte zu entwickeln. Meine fehlenden Eulenaugen konnten mich nicht mehr davon abhalten, die Details der Mitternachtslandschaft zu entdecken. Ich begann, die subtilen Unterschiede der verschiedenen Schattierungen der Bäume zu erkennen. Die Dunkelheit wurde mit jedem Schritt vertrauter. Ich fragte mich, warum ich all dies bei Tag offenbar nicht bemerkt hatte, und beschloss, am nächsten Tag die Wanderung zu wiederholen, nur diesmal mit sehr viel mehr Achtsamkeit.

Bis heute bleiben alle Nachtwanderungen, die ich gemacht habe, in meiner Erinnerung lebendiger als jeder Tagesausflug. Sie haben mir eine ganz neue Erfahrung in der Wildnis eröffnet.

Wer jemals eine wahre, wirklich dunkle Nacht erlebt hat, wird sie nicht vergessen. Sie prägt sich in unser Gedächtnis ein und wird zu einem unauslöschlichen Bild, das uns inspiriert und den Wunsch in uns weckt, sie immer wieder zu erleben. So ging es auch mir in Minnesota. Ich begann, regelmäßig nachts zu wandern. Die totale Wachheit, die ungekannte Energie, der Zustand absoluter Präsenz putschten mich auf. Obwohl die Hütte mitten im Wolfs- und Bärengebiet lag, verschwendete ich in der Dunkelheit keinen Gedanken an mögliche Gefahren. Es war mir gelungen, meine Angst zu überwinden. Das machte mich unbesiegbar. Ich fühlte mich eingehüllt von dieser natürlichen Nacht. Umgeben von Mitgeschöpfen, in deren Heim ich eingedrungen war, die sich aber um mich nicht scherten, solange ich sie nicht belästigte, umfing mich die Dunkelheit auf eine seltsam spürbare Weise.

Wir müssen der Dunkelheit und dem Nachthimmel mehr Aufmerksamkeit schenken. Die meisten von uns wachsen in einer Stadt auf. Ihnen wird nicht bewusst, dass sie Abertausende Sterne sehen müssten. Sie nehmen den Himmel – so wie sie ihn kennen – als selbstverständlich und normal wahr. Aber wir müssen die störende Helligkeit nicht hinnehmen. Wir können auch zu Hause selbst etwas tun für mehr Dunkelheit. So sollten wir beispielsweise abends weniger künstliches Licht anmachen. Blaues Licht durch Fernsehen, Computer und Smartphone stört unsere Nachtruhe. Stattdessen hilft ein kurzer Spaziergang vor dem Schlafengehen, um runterzufahren. Und das Handy können wir für die Nacht ausschalten. Weg mit unnötigem Licht. Meine Nachbarn haben ihren Garten mit Solarlampen ausgerüstet. Nun strahlen die ganze Nacht helle Lichtkugeln entlang der Gartenwege, um sie »sicher« zu machen. Nachts – wenn sowieso kein Mensch mehr draußen im Garten rumläuft.

In meiner Kindheit gehörte der Anblick der Milchstraße zu den gewohnten Erscheinungen des Abendhimmels. Auch heute kann man in Deutschland noch Oasen der Dunkelheit finden. Regionen, die sich dem Schutz der Nacht verschrieben haben, dürfen sich *Dark Sky Park* nennen, ein Titel, den die International Dark-Sky Association vergibt, eine Organisation, die weltweit gegen den Lichtsmog kämpft. Um aufgenommen zu werden, müssen sich die Gemeinden der jeweiligen Region zum Beispiel verpflichten, ihre Beleuchtung abzuschirmen. Das Licht soll nach unten abstrahlen, die Blauanteile reduziert werden. Ebenso gehören Veranstaltungen dazu, die über die Problematik der Lichtverschmutzung informieren, sowie astronomische Führungen.

In Deutschland gibt es vier Sternenparks. Sie liegen im Westhavelland, in der Eifel, den Chiemgauer Alpen und der Rhön mit der Sternenstadt Fulda.

Ich hatte für den 20. März 2020 eine Sternenführung in der Rhön gebucht. Simon, Mitglied im Sternenpark Rhön e.V. und begeisterter Hobbyastronom, wollte mir mit seinem Astronomie-Teleskop den Sternenhimmel näherbringen. Ich war so bereit, wie man nur sein kann, wenn man sich darauf freut, endlich einen Blick ins Universum werfen zu dürfen.

Und dann legte ein Virus namens Covid-19 eine neue, unbekannte und beängstigende Dunkelheit über unser Land. Nichts ging mehr. Hotels geschlossen, Kontaktbeschränkungen, Führung abgesagt. Was tun? Ich war dankbar für die Lektionen, die ich von den Tieren gelernt hatte, und erinnerte mich wieder an die Anpassungsfähigkeit der Kojoten. Dem Kosmos war Corona egal, meine Pläne scherten ihn nicht. Es wurde Zeit, die Perspektive zu ändern. Ich brauchte keinen Sternenpark, ich hatte überall Zugang zum Universum.

In einer der nächsten klaren, wolkenfreien Nächte stellte ich bei Neumond meinen Liegestuhl in die dunkelste Ecke meines Gartens, dorthin, wo weder die Straßenlampe noch die Solarlichter meiner Nachbarn leuchteten. Mit dem Fernglas und mehreren Decken machte ich mich bereit für die Nacht.

Es war absolut still. Keine Geräusche, keine Vogelstimmen, kein Wind. Über mir die Milchstraße. Eine Ur-Erinnerung kehrte zurück – ich war zu Hause und wurde ein Teil des Universums. Die Unendlichkeit des Alls bot mir eine eigenartige Sicherheit, ein Aufgehoben-Sein.

Wenn man sich die Weite und Leere des Weltraums vergegenwärtigt und sich dann die winzige leuchtend blaue Murmel vor Augen führt, die unsere Heimat ist, dann kann man wirklich nur ein Verantwortungsgefühl für unseren Planeten entwickeln, denn dann weiß man auch, wie selten und schön er ist.

Der Sternenhimmel in der Dunkelheit ist ein Geschenk der Natur. Er erweitert unsere Wahrnehmung der Welt. Wir sollten dieses Geschenk mehr wertschätzen, denn es liegt direkt über uns – kostenlos. Alles, was wir tun müssen, ist den Kopf in den Nacken legen. Wir haben ein Jahresticket für das Äonen Jahre alte Schauspiel der Natur.

SAGT DEN WÖLFEN, ICH BIN ZU HAUSE

»Bist du das Rotkäppchen?«, fragte das Kind und legte vertrauensvoll seine Hand in meine.

Ich schaute auf die Kleine mit den altmodischen blonden Zöpfen herunter, die mich aus strahlend blauen Augen ansah.

»Ja, das bin ich«, antwortete ich und schmunzelte. Gerade hatte ich die kleine Lisa von ihren Großeltern in Empfang genommen. Sie flog alleine von Frankfurt zurück nach London zu ihren Eltern, und ich brachte sie zu ihrem Flugsteig. Fröhlich winkte sie Opa und Oma zu, die sich noch die Abschiedstränen trockneten, während die Sechsjährige bereits in einer anderen Welt war.

»Und wo ist der Wolf?«

Eine weitere neugierige Frage. So einfach würde ich aus dieser Nummer nicht rauskommen. Ich überlegte fieberhaft.

»Der ist zu Hause und schläft.«

»Bei der Großmutter?«

In was war ich da hineingeraten?

»Willst du ihn sehen?«, fragte ich.

Lisa nickte eifrig und hüpfte ungeduldig auf beiden Beinen auf und ab, als ich in die Tasche griff und ein Bild von meinem Hund hervorzog, einem schwarzen Mischling.

»Das ist doch kein Wolf!« Kluges Kind. Lisa schien enttäuscht.

»Warte, ich hab noch was.« Ich kramte tiefer und hielt ein zerknittertes Schwarz-Weiß-Foto hoch. Es zeigte meinen allerersten Hund, einen großen Deutschen Schäferhund, der äußerlich tatsächlich einem Wolf ähnlich sah. Aus irgendeinem Grund trug ich das fünfzehn Jahre alte Bild immer noch mit mir herum. Fasziniert blickte Lisa auf das Foto und sagte: »Der ist aber schön.«

Da kniete ich nun in der Abfertigungshalle des Frankfurter Flughafens neben einer kleinen Pippi Langstrumpf mit altmodischen Zöpfen, ein altes Hundefoto in den Händen. Um uns herum eilten die Passagiere mit Koffern und Gepäckwagen zu den Ausgängen. Für uns beide gab es nur den »Wolf« auf dem Foto. Erst ein Rauschen aus dem Funkgerät riss mich in die Gegenwart zurück. Meine Leitstelle erinnerte mich daran, dass Lisas Flug bereits aufgerufen war und ich mit ihr zum Gate musste.

»Magst du Wölfe?«, fragte ich die Kleine, die eifrig nickte.

»Und du hast keine Angst vor ihnen?«

»Nö! Warum?«

»Aber du kennst das Märchen vom Rotkäppchen. Da frisst der Wolf die Großmutter.« Jetzt wollte ich es wissen.

»Hm, aber das ist voll doof. Der arme Wolf.«

Mit einem breiten Grinsen eilte ich mit der Kleinen durch die Passkontrolle zu ihrem Gate. Ich kniete nieder, umarmte sie zum Abschied und übergab sie dem Flugbegleiter. Obwohl ich viel zu tun hatte, wartete ich, bis ihre Maschine abgeflogen war. Irgendetwas an den Fragen des Kindes hatte mich berührt.

Das war im Jahr 1971, und ich war tatsächlich ein »Rotkäppchen«. So lautete die inoffizielle Tätigkeitsbeschreibung der Angestellten des Lufthansa-Betreuungsdienstes, einer Sonderabteilung der Fluggesellschaft, die sich um Alte, Kranke, Behinderte und alleinreisende Kinder kümmerte. Damit wir leichter von den Fluggästen erkannt werden konnten, trugen wir zur blauen Uniform einen roten Hut, im Gegensatz zum restlichen Bodenpersonal, dessen Kopfbedeckung blau war.

Auf dem Hut prangte das Logo von Lufthansa: ein goldener Kranich.

Erst Jahrzehnte später bei einer Lesung aus meinem Buch *Die Weisheit der Wölfe* fiel mir diese Geschichte wieder ein. Ich erkannte, dass mir damals im betriebsamen Frankfurter Flughafen ein kleines Mädchen ein Fenster in die Zukunft geöffnet hatte, lange bevor ich eine der bekanntesten deutschen Wolfsforscherinnen wurde.

Es war ein langer Weg vom Rotkäppchen zur unabhängigen Naturforscherin, vom Jetset-Leben in die Wildnis, von der Anwaltskanzlei in die Bergwelt von Montana. Ein Weg mit Umleitungen und Abkürzungen, Verirrungen und intuitivem Wissen, breiten Straßen und Sackgassen, tiefen Tälern und hohen Gipfeln, mit Begeisterung und Tränen, Angst und großem Mut, Abenteuern und Wundern. Es gab viele radikale Neuanfänge und Entscheidungen. Aber eines blieb unverändert und trieb mich immer weiter an: die Liebe zu den Wölfen.

Sie begann in der Kindheit mit meinem Schäferhund, dessen Bild ich der kleinen Lisa gezeigt hatte. Viele Jahre später führte sie mich in ein amerikanisches Wolfsgehege, wo ich bei einem Verhaltensforschungspraktikum alles über gefangene Wölfe lernte. Und ab 1995 arbeitete ich im Yellowstone-Nationalpark als Freiwillige im Wolfsprojekt mit und beobachte seit dieser Zeit das faszinierende Familienleben und Verhalten wild lebender Wölfe. Für mich war es ein großes Privileg, das zu erleben.

Über dreißig Jahre lang habe ich über Wölfe aufgeklärt. Ich habe eine Zeitschrift[43] zu dem Thema gegründet, Bücher geschrieben und Vorträge gehalten. Ich wurde zu Talkshows eingeladen und diskutierte auf Veranstaltungen mit Wolfsgegnern und -freunden. Als ich mit einigen Mitstreitern 1991 die *Gesellschaft zum Schutz der Wölfe e.V.* gründete, gab es noch keine Wölfe in unserem Land. Sie kamen erst zehn Jahre später zurück.

Durch meine jahrelange Aufklärungsarbeit half ich, ihnen den Weg zu bereiten.

Heute ist der Wolf in Deutschland angekommen. Wir haben gelernt, mit ihm zu leben. Echte Probleme und irrationale Ängste (und Leute, die diese Ängste ausnutzen) wird es im Zusammenhang mit den Beutegreifern immer geben. Für mich ist das Wichtigste, dass eine gewisse Normalität beim Thema Wolf eingekehrt ist. Keine Panik, kein Aufschrei, kein Heiligenpodest, sondern einfach nur ein »Okay. Sie sind da. Machen wir weiter mit unserem Leben.« Die Aufregung ist einer Gelassenheit gewichen, von der ich hoffe, dass sie bleibt. Das ist es, wofür ich all die Jahre gearbeitet habe. Die Wölfe können nun auf eigenen Pfoten stehen und überleben. Viele wunderbare Menschen und Experten helfen ihnen dabei und führen meinen Kampf weiter.

Die Wölfe haben mich alles gelehrt, was ich über die Natur, ihre Zusammenhänge und meinen Platz in der Welt wissen musste. Jetzt ist es an der Zeit, loszulassen und weiterzugehen. Wir brauchen einander nicht mehr. Wir sind frei.

Am Anfang dieses Buches habe ich über Neuanfänge und Entscheidungen gesprochen. Es verlangt Kraft und Mut, aus alten Mustern auszusteigen und Veränderungen herbeizuführen, besonders, wenn es etwas ist, mit dem man so lange gelebt hat. Aber das Leben ist zu kurz, um im Alten zu verharren. Es geht darum, die Wahrnehmung zu ändern, den eigenen Wünschen Raum zu geben. Was am Ende zählt, ist, wie viel Liebe wir gegeben haben und wie viel Zeit wir mit Dingen verbracht haben, die uns am Herzen liegen. Das innere Feuer, das viele Jahre lang meine Sehnsucht lebendig hielt, war der Wunsch, die Wölfe zu retten. Dieses Feuer ist zu einer wärmenden Glut geworden. Nun kann ich mich um mein Innerstes kümmern: um meine Seele, mein Selbst.

Die Naturvölker glauben, dass der Wolf eine besondere Gabe

hat: Er führt den Menschen als Lehrer zurück auf seinen ureigensten Lebensweg. Für dieses Geschenk der Wildnis bin ich zutiefst dankbar.

DANKE

Einen Großteil dieses Buches habe ich während des Corona-Lockdowns im Homeoffice geschrieben. Für mich als hauptberufliche Autorin änderte sich durch die Pandemie wenig. Nur die inspirierenden Treffen mit Kollegen und Freundinnen im Eiscafé sind ausgefallen. Wir holen das nach!
Viele Verlage mussten die Veröffentlichungen ihrer Bücher verschieben oder sogar aussetzen. Dass Sie *Das Geschenk der Wildnis* jetzt in den Händen halten, verdanke ich dem Einsatz aller Mitarbeiter des Ludwig Verlags, die unter erschwerten Bedingungen aus dem Homeoffice heraus an der Planung und Entstehung dieses Werkes mitgewirkt haben.
Im Buch erzähle ich von der Resilienz der Kojoten, die sich anpassen und aus jeder hoffnungslosen Situation das Beste machen. Ihr seid meine Kojoten:
Uwe Neumahr (Agentur), Jessica Hein (Lektorat), Ulrike Strerath-Bolz (Redaktion), Beatrix Braken-Gülke (Presse) und Carolin Lachenmaier (Veranstaltungen). Danke für euren Einsatz.
Danke auch an meine stillen Helfer im Hintergrund für eure Unterstützung: Tanya Carpenter, Andrea Weil, Andrea Märtens und Sabine Fladung-Wagener.
Besonders aber danke ich Ihnen, liebe Leserin und lieber Leser, für das Vertrauen, das Sie mir durch das Lesen dieses Buches entgegengebracht haben. Ich hoffe, ich konnte Ihnen mit dieser Reise durch die Wildnis eine Freude bereiten.
Unter www.elli-radinger.de halte ich Sie auf dem Laufenden.

ANMERKUNGEN, QUELLEN, LESETIPPS

1. Eine luxuriöse Form des Campings. Reisetrend des 21. Jahrhunderts.
2. Ein Video zeigt, wie in Santiago de Chile ein Puma durch die Straßen läuft: https://www.tierwelt.ch/news/wildtiere/wildtiere-erobern-corona-zeiten-die-staedte, 7.4.2020
3. https://spaceflight.nasa.gov/gallery/images/apollo/apollo8/html/as08-14-2383.html, 7.4.2020
4. https://100photos.time.com/photos/nasa-earthrise-apollo-8, 7.4.2020
5. Sie können sich das Bild von der NASA-Webseite herunterladen: https://www.nasa.gov/content/blue-marble-image-of-the-earth-from-apollo-17, 7.4.2020
   https://spaceflight.nasa.gov/gallery/images/apollo/apollo8/html/as08-14-2383.html
   https://100photos.time.com/photos/nasa-earthrise-apollo-8
6. Die Langversion finden Sie im Kapitel: »Nur mal kurz die Welt retten«, S. 195ff., in: Elli H. Radinger: *Die Weisheit der Wölfe*, Ludwig Verlag, 2017
7. Zum Vergleich: Das Erdbeben 2010 auf Haïti hatte eine Stärke von 7,0. Es gilt als das weltweit verheerendste Beben des 21. Jahrhunderts und betraf ein Drittel der Bevölkerung von Haïti.
8. Der Pacific Crest Trail (PCT) ist ein über viertausend Kilometer langer Fernwanderweg entlang der Westküste der USA. Er führt größtenteils über hohe Gebirgszüge von der mexikanischen bis zur kanadischen Grenze.
9. https://www.nap.edu/catalog/24750/revisiting-brucellosis-in-the-greater-yellowstone-area, 4.3.2020

10 Büffelgras (*Buchloe dactyloides*) aus der Familie der Süßgräser (*Poaceae*) ist ein relativ kurzes, Soden bildendes Gras, das ungefähr zehn bis fünfzehn Zentimeter hoch wächst. Es hat graugrüne gedrehte Blätter, die beidseitig fein behaart sind. Es ist eine sehr widerstandsfähige, anspruchslose, erosionshemmende Pflanze und wichtiger Bestandteil des Prärie-Ökosystems.

11 Wile E. Coyote ist eine Zeichentrickfigur von Chuck Jones aus der Warner-Bros.-Produktion.
https://wbanimation.fandom.com/wiki/Wile_E._Coyote_and_Road_Runner, 5.4.2020

12 https://www.nationalgeographic.com/news/2016/08/coyote-america-dan-flores-history-science/, 5.4.2020

13 https://www.nytimes.com/2020/01/09/science/chicago-coyote-attacks.html, 5.4.2020

14 https://blockclubchicago.org/2019/05/29/coyote-pup-season-in-chicago-means-the-urban-predators-are-out-and-about-heres-how-to-avoid-hurting-them-and-yourself/, 5.4.2020

15 Der Appalachian Trail ist ein 3.500 Kilometer langer Weitwanderweg im Osten der USA. Er führt von Georgia nach Maine.

16 https://www.dw.com/de/konstrukteure-lernen-von-walen/a-16043594, 7.4.2020

17 Der Ketalachs, auch Hundslachs genannt, wird bis zu einem Meter lang und fünfzehn Kilo schwer. Im Meer hat er eine silbrig blaugrüne Farbe, große Exemplare sind am Rücken stahlblau. Angler haben mir erzählt, dass der Ketalachs nicht sehr gut schmecke und sich daher eher als Hundefutter eigne (daher wohl auch der Name). Dieser Lachs ist wegen seines roten Rogens, dem Keta-Kaviar, bekannt geworden, der in der Küche meist als Ersatz für echten Stör-Kaviar verwendet wird.

18 National Historic Landmarks (NHL) sind Stätten in den Vereinigten Staaten, die vom Innenministerium als besonders bedeutend eingestuft wurden, weil sie Orte wichtiger Ereignisse der amerikanischen Geschichte sind, oder wie beim Grand Canyon Depot ein herausragendes Beispiel für Gestaltung und Bau. Das Depot ist einer von drei noch erhaltenen Bahnhöfen in den USA, die aus Baumstämmen gebaut wurden.

19 »Mit Maultieren vom Grund des Grand Canyon transportiert.«
20 Diese Treffen der Indigenen sind Kulturveranstaltungen, die durch Tänze und Gesänge die kulturelle Identität stärken und überlieferte Wertevorstellungen vermitteln.
21 Ein traditioneller Hogan wird aus Baumstämmen errichtet, die sich an den Ecken überkreuzen. Die Fugen der Seitenwände werden mit Lehm ausgefüllt, das Dach mit einer dicken Erdschicht gedeckt. In den Hogans gibt es keine Fenster an den Seiten, sondern nur ein oder zwei recht kleine Dachfenster, die zum Lüften und als Rauchabzug dienen. Die Feuerstelle befindet sich in der Mitte des Hogan. Der Eingang zeigt nach Osten, damit die Bewohner die aufgehende Sonne und damit den neuen Tag begrüßen können.
22 Die Anasazi waren ein prähistorisches indigenes Volk im Südwesten der USA. Sie siedelten dort zwischen 500 bis 1300 n. Chr. und gelten als Vorfahren des Stammes der Pueblo-Ureinwohner.
23 Teich oder See? Obwohl Thoreau in seinen Büchern von »Teich« spricht, ist der Walden Pond ein Toteissee. Diese entstehen durch das Abschmelzen von Toteis und das Nachsacken des darüber befindlichen Sedimentmaterials. In dem sukzessive wärmer werdenden Klima wird das entstandene Toteisloch dann vom ansteigenden Grundwasser gefüllt. Toteiseen sind meist zu- und abflusslos.
https://www.biologie-seite.de/Biologie/Toteissee, 7.4.2020
Ich verwende im Folgenden beide Begriffe abwechselnd.
24 Henry David Thoreau: *Walden oder Leben in den Wäldern,* Nikol Verlag, 2016, S. 15
25 Heute durch Hollywood-Verfilmungen besser bekannt als *Little Women*. Greta Gerwigs Film war 2020 für sechs Oscars nominiert.
26 *Walden*, S 201
27 Kurz nachdem Thoreau nach seiner zweijährigen Auszeit nach Concord zurückgekehrt war, wurde die Hütte entfernt und von einem benachbarten Bauern als Getreidelager genutzt, und schließlich wurde das Dach auf einen Schweinestall gesetzt. Die Stätte war 1945 verlassen, als Roland Wells Robbins, ein

Amateurarchäologe, nach dreimonatigen Ausgrabungen die Schornsteinsteine wiederentdeckte und mit der Restaurierung begann.

28 Im April 2018 wurde berichtet, dass Massen von Touristen an den See pilgern, um Einsamkeit zu erleben. Wissenschaftler vom New Yorker Paul Smith College haben analysiert, dass die eine Hälfte des Nährstoffs Phosphor im Seewasser aus Urin von Menschen stammt, die andere aus eingeschwemmtem landwirtschaftlichem Dünger. Diese Düngung des Sees fördert das Algenwachstum, weshalb das Wasser heutzutage grün und trüb erscheint. https://orf.at/v2/stories/2433896, 7.4.2020

29 *Walden*, S. 39

30 Elli H. Radinger: *Minnesota Winter. Eine Liebe in der Wildnis.* Aufbau TB, 2015

31 https://www.sueddeutsche.de/wirtschaft/reisen-fliegende-konsumenten-1.3996006, 7.4.2020

32 Allen, die umweltschonend reisen möchten, empfehle ich das wunderbare Buch von Frank Herrmann: *FAIRreisen. Das Handbuch für alle, die umweltbewusst unterwegs sein wollen.* oekom Verlag, München 2018

33 https://www.freiewelt.net/nachricht/internet-generation-erzeugt-mehr-co2-ausstoss-als-der-gesamte-flugverkehr-10078589/, 7.4.2020

34 https://www.deutschlandfunknova.de/beitrag/co2-abdruck-jede-sekunde-googeln-verbraucht-23-baeume, 7.4.2020

35 https://www.atlasobscura.com/places/orfield-labs-quiet-chamber, 7.4.2020

36 http://www.tag-gegen-laerm.de/, 7.4.2020

37 https://koenigsmuenster.de/, 7.4.2020

38 2012 erhielt Big Bend von der International Dark-Sky Association den vollen Status eines International Dark Sky Parks der Goldklasse. Nur dreizehn Parks auf der Welt haben diese Bezeichnung.

39 In der griechischen Mythologie waren die sieben Plejaden die sieben Töchter von Atlas und Plejone. Am Himmel zählen die Eltern ebenfalls zu den Plejaden. Die Zahl der sichtbaren Sterne

dieser Gruppe ist nicht konstant, unter anderem, weil die Helligkeit von Plejone variiert. Je nach Bedingungen sind deshalb am Himmel zwischen sechs und neun Plejaden-Sterne zu sehen.
40 Weltatlas der künstlichen Helligkeit des Nachthimmels https://apod.nasa.gov/apod/ap160630.html, 7.4.2020
41 http://bit.ly/bfn-543, S. 34, 7.4.2020
42 https://www.darksky.org/80-of-world-population-lives-under-skyglow-new-study-finds/, 7.4.2020
43 Das *Wolf Magazin* erscheint heute als kostenloser monatlicher Online-Newsletter: www.wolfmagazin.de

BILDNACHWEIS

Bildredaktion: Tanja Zielezniak

Umschlag: U1: Mauritius Images (Bernd Römmelt, Westend61), U4: Mauritius Images (Westend61/Fotofeeling)

Innenteil: Alle Bilder stammen von Elli H. Radinger, mit Ausnahme von: S. 10, S. 16, S. 36, S. 80/81: Gunther Kopp; S. 14/15 (Mauritius Images/NASA Photo/Alamy), S. 194/195 (Mauritius Images/Images & Stories/Alamy), S. 196 (Mauritius Images/Zachary Frank/Alamy), S. 236/237 (Mauritius Images/Delphotos/Alamy): Mauritius Images; S.82, S.254/255: Dan & Cindy Hartmann; S. 100/101: Gerry Hogston; S. 122/123: Hardee Neubert; S. 124 (Shutterstock/slowmotiongli): Shutterstock.com

Bildteil 1: S. 1, S. 8/9, S. 12/13, S. 14/15, S. 16: Gunther Kopp; S. 2/3: Dan & Cindy Hartmann; S. 4/5: Hardee Neubert

Bildteil 2: S. 8/9: Hardee Neubert; S. 12/13, S. 14/15: Gunther Kopp

Bildteil 3: S. 2/3, S. 6/7, S. 12/13: Gunther Kopp